HERIBERT BUSSE

DIE THEOLOGISCHEN BEZIEHUNGEN DES ISLAMS ZU JUDENTUM UND CHRISTENTUM

GRUNDZÜGE

BAND 72

HERIBERT BUSSE

DIE THEOLOGISCHEN BEZIEHUNGEN DES ISLAMS ZU JUDENTUM UND CHRISTENTUM

Grundlagen des Dialogs im Koran
und die gegenwärtige Situation

WISSENSCHAFTLICHE BUCHGESELLSCHAFT
DARMSTADT

CIP-Titelaufnahme der Deutschen Bibliothek

Busse, Heribert:
Die theologischen Beziehungen des Islams zu Judentum und Christentum: Grundlagen d. Dialogs im Koran u. d. gegenwärtige Situation / Heribert Busse. – Darmstadt: Wiss. Buchges., 1988
(Grundzüge; Bd. 72)
ISBN 3-534-06394-5
NE: GT

Bestellnummer 06394-5

Satz: Maschinensetzerei Janß, Pfungstadt
Druck und Einband: Wissenschaftliche Buchgesellschaft, Darmstadt
Printed in Germany
Schrift: Linotype Garamond, 10/11

ISSN 0533-344 X
ISBN 3-534-06394-5

INHALT

1. EINLEITUNG

Der Islam ist aus dem arabischen Heidentum hervorgegangen. Er hatte von Anfang an enge Beziehungen zum Judentum und Christentum und mußte sich mit beiden Religionen auseinandersetzen. Als Frucht eines langen Entwicklungsganges, der sich, soweit er dokumentiert ist, über mehr als zwei Jahrzehnte hinzog, hat Muhammad ein eigenständiges Bekenntnis formuliert und seine Haltung gegenüber Juden und Christen in Lehre und Praxis festgelegt. Der Koran enthält darüber Zeugnisse unterschiedlicher Art: zum einen sind es Aussagen über dogmatische Fragen, zum anderen Erzählungen aus dem Alten und Neuen Testament oder aus dem Umkreis dieser Schriften. Sie werden herangezogen, um die Geschichte der göttlichen Offenbarung nachzuzeichnen oder einzelne Lehren an Hand von Beispielen aus der Heilsgeschichte zu erläutern. Darüber hinaus finden sich im Koran Aussagen über die Rechtsstellung der Juden und Christen und Regeln über das Zusammenleben der Muslime mit den Andersgläubigen. Auf dieser Basis sind die Gesetze dekretiert und die Verhaltensmuster entwikkelt worden, nach denen die Muslime, nachdem sie Herren eines Weltreichs geworden waren, die Juden und Christen in ihrem Machtbereich behandelt und ihre Beziehungen zu den christlichen Staaten gestaltet haben. Theoretisch ist dies alles noch heute gültig; in der Praxis ist jedoch unter dem Einfluß modernen Denkens manche Änderung eingetreten. Im Zuge der um sich greifenden Reislamisierung sind die Muslime, wie sich gezeigt hat, schnell bereit, zu den alten oder als alt und damit orthodox geltenden Regelungen zurückzukehren.

Während die Muslime Juden und Christen in ihrem Machtbereich nicht nur tolerierten, sondern auf der Grundlage von Gesetzen, die Offenbarungscharakter haben, offiziell anerkannten, war das gegenseitige Verhältnis der christlichen und islamischen Staatenwelt Jahrhunderte lang durch kriegerische Auseinandersetzungen geprägt. Die Muslime betrachteten den Krieg gegen die Ungläubigen *(ǧihād)* als heilige Verpflichtung, die Christen propagierten in der gleichen Weise den Kampf gegen die islamischen Mächte bis in die Neuzeit hinein als religiöses Anliegen. Daneben liefen auf beiden Seiten die Bemühungen, den Gegner mit den Waffen des Geistes zu bekämpfen; auf christlicher Seite glaubte man lange Zeit, die Muslime durch missionarische Aktivitäten gewinnen zu können. Mit dem Wachsen der Kenntnisse über den jeweils anderen entwickelte sich das Bewußtsein der gemeinsamen Grundlagen und Anliegen. So führte der Weg von der kriegerischen Konfrontation und Polemik zur Mission, dann zum Dialog. Dieser entspann sich zuerst zwischen Christen und Muslimen, dann zwischen Christen und Juden. Die logische Endstufe ist der Trialog, die Gesprächsbereitschaft und das Gespräch jeder einzelnen der drei Religionen nach jeweils zwei Richtungen.

Von den koranischen Aussagen und der Präsenz von Juden und Christen in ihrer Welt angeregt, haben die Muslime sich immer mit den beiden Religionen beschäftigt. Sie konnten dies verhältnismäßig unvoreingenommen tun, weil sie den Islam als die Vollendung der Offenbarung und deren Abschluß betrachteten, während die Juden das Christentum und sowohl Juden als auch Christen den Islam als durchaus überflüssige, von den Mächten des Bösen getragene und in sich böse Einrichtung zu beurteilen geneigt waren. Das ganze Mittelalter hindurch bis weit in die Neuzeit hinein war das christliche Urteil über den Islam getrübt, häufig auch in grotesker Weise verzerrt[1]. Erst in der Aufklärung setzte ein Wandel des Islambildes ein. Im 19. Jahrhundert entstand als Frucht der ursprünglich von der Bibelwissenschaft ausgehenden Beschäftigung mit dem Orient und den orientalischen Sprachen die Islamkunde als eine eigenständige akademische Disziplin. Sie hat wesentlich dazu beigetragen, daß der Weg für das Gespräch zwischen den Religionen geebnet worden ist, auch wenn es zunächst manche Irrtümer und Mißverständnisse gegeben hat. Eine ähnlich vorbereitende Rolle für den Dialog zwischen Christentum und Judentum und letztlich auch für den Dialog mit dem Islam hat die zur gleichen Zeit in Deutschland aufblühende „Wissenschaft des Judentums" gespielt. Entsprechend dem in den Geisteswissenschaften vorherrschenden Historismus stand die Frage nach den Quellen des Korans und des Islams im Vordergrund. Man glaubte, den Islam besser zu verste-

[1] Vgl. Norman Daniel, Islam and the West, die Making of an Image, Edinburg 1960 (3. Auflage 1966). Einen Überblick über die abendländischen Islamstudien von den Anfängen bis zur Gegenwart gibt W. Montgomery Watt, Der Islam I, Stuttgart/Berlin/Köln/Mainz 1980 (Die Religionen der Menschheit, Bd. 25,1), S. 17–38.

hen, wenn man die Abhängigkeit von den älteren Offenbarungsreligionen erforschte. Gelehrte wie Julius Wellhausen (1844–1918) und Theodor Nöldeke (1836–1930) haben sich bahnbrechend mit der Geschichte des frühen Islams beschäftigt. Wellhausen lieferte noch heute gültige Untersuchungen über das alte arabische Heidentum, Medina vor dem Islam, Muhammads Gemeindeordnung von Medina und seine Beziehungen zu den auswärtigen Mächten. Nöldeke schuf die Grundlagen der koranischen Chronologie[2].

Wellhausen, der von der evangelischen Theologie her kam, war in der Beantwortung der Frage nach der Herkunft des Islams zurückhaltend. Jüdische Gelehrte kamen zumeist zu dem Ergebnis, daß der Islam als ein Ableger des Judentums zu betrachten sei[3]. Adolf von Harnack nannte den Islam bekanntlich eine christliche Sekte. Nach dem Ersten Weltkrieg vertraten zahlreiche christliche Autoren die These, das Christentum habe an der Wiege des Islams gestanden. Dazu gehören, um nur die wichtigsten zu nennen, Wilhelm Rudolph[4], Richard Bell[5], Tor Andrae[6] und Karl Ahrens[7]. Gegen diese Phalanx zog, obwohl nicht Jude, Charles Cutler Torrey mit der These vom rein jüdischen Ursprung des Islams zu Felde[8]. Zur gleichen Zeit gab es aber auch Gelehrte, die um ein aus-

[2] Geschichte des Qorāns, Göttingen 1860. Das Werk wurde von Nöldekes Schüler Friedrich Schwally in drei Teilen neu bearbeitet: Über den Ursprung des Qorāns, Leipzig 1909; Die Sammlung de Qorāns, Leipzig 1919; Die Geschichte des Korantextes (mit O. Pretzl), Leipzig 1938.

[3] Zu nennen sind u. a. Abraham Geiger, Was hat Mohammed aus dem Judentum aufgenommen?, Leipzig 1902, und Abraham I. Katsh, Judaism in Islam. Biblical and Talmudic Backgrounds of the Koran and its Commentaries, Suras II and III, New York UP 1954 (Nachdruck 1962 unter dem Titel: Judaism and the Koran).

[4] Wilhelm Rudolph, Die Abhängigkeit des Qorans von Judentum und Christentum, Stuttgart 1922. (Man darf sich durch den Titel nicht täuschen lassen; Rudolph tritt für christliche Abhängigkeit ein.)

[5] Richard Bell, The Origin of Islam in its Christian Environment, London 1926 (Nachdruck 1968).

[6] Tor Andrae, Der Ursprung des Islams und das Christentum, Uppsala/Stockholm 1926.

[7] Karl Ahrens, Christliches im Qoran, in: Zeitschrift der Deutschen Morgenländischen Gesellschaft 84 (1930), S. 15–68, 148–190.

[8] Charles Cutler Torrey, The Jewish Foundation of Islam, 1933 (Nachdruck mit Vorwort von Franz Rosenthal, New York 1967).

geglicheneres Urteil bemüht waren. Hier sind Joseph Horovitz[9] und Heinrich Speyer[10] zu nennen.

Parallel mit den Bemühungen um die Quellen des Korans sind zahlreiche Biographien des Propheten Muhammad geschrieben worden; besondere Erwähnung verdienen die von Frants Buhl[11], Tor Andrae[12] und Rudi Paret[13].

Nach dem Zweiten Weltkrieg änderte sich das Bild vollkommen. Nun erwachte, durch individuelle Initiativen in den dreißiger Jahren vorbereitet, in kirchlich-theologischen Kreisen das Interesse am Dialog mit dem Islam; der Gedanke der Mission und Bekehrung trat ganz in den Hintergrund. Das Zweite Vatikanische Konzil verkündete 1965 die Erklärung über das Verhältnis zu den nichtchristlichen Religionen, ›Nostra Aetate‹, in der „voller Hochachtung" vom Islam gesprochen und auch die Haltung der Kirche zum Judentum neu definiert wird. Andere Kirchen äußerten sich in offiziellen Erklärungen in der gleichen Weise, und es fanden Konferenzen, Kongresse und Seminare auf verschiedenen Ebenen zur Verwirklichung des Dialogs statt. Theologen und Islamkundler stellten die Frage nach den Gemeinsamkeiten der beiden bzw. der drei Religionen. Joseph Henninger eröffnete mit einer Reihe von Aufsätzen, die unter dem bezeichnenden Titel ›Christliche Glaubenswahrheiten im Koran‹ (Schöneck/Beckenried 1951) als Buch erschienen sind, einen Reigen von größeren und kleineren Arbeiten.

[9] Joseph Horovitz, Koranische Untersuchungen, Berlin/Leipzig 1926.

[10] Heinrich Speyer, Die biblischen Erzählungen im Qoran, Diss. phil. Frankfurt a. M. 1921 (3. unveränderte Auflage Hildesheim 1971).

[11] Frants Buhl, Das Leben Muhammeds. Deutsch von H. H. Schaeder, Leipzig 1930 (Nachdruck Heidelberg 1955).

[12] Tor Andrae, Mohammed, sein Leben und sein Glaube, Göttingen 1932.

[13] Rudi Paret, Mohammed und der Koran. Geschichte und Verkündigung des arabischen Propheten. 5., überarbeitete Auflage, Stuttgart 1980 (Urban-Taschenbücher, 32). Reiche Materialien enthält die zweibändige Biographie von W. Montgomery Watt, Muhammad at Mecca, Oxford UP 1953; ders., Muhammad at Medina, Oxford UP 1956. Manches in diesem sonst verdienstvollen Werk ist auf harte Kritik gestoßen, z. B. die Ausführungen über die von Muhammad verbotene Kindestötung, vgl. Muhammad at Medina, S. 270f. – Einen lesenswerten Überblick über die Geschichte der Leben-Muhammads-Forschung gibt Maxime Rodinson, Bilan des études mohammadiennes, in: Revue historique 229 (1963), S. 169–220.

Die wichtigsten sind die von D(enise) Masson[14], Jacques Jomier[15], Youakim Moubarac[16] und Ludwig Hagemann[17]. Auch Walter Beltz ist hier zu nennen[18]. Der Dialog, das Zwiegespräch wird in den Arbeiten von F. E. Peters[19] und W. Strolz[20] zum Dreiergespräch, „Trialog". Die Liste ließe sich verlängern.

Im Zentrum der Kontroverse und des Dialogs hat immer die Person Jesu gestanden. Die Zahl der Werke und Arbeiten, in denen dieses Thema behandelt wird, ist groß. Die kürzlich erschienene Bibliographie von Don Wismer zählt an Werken, die seit 1650 allein in englischer und französischer Sprache erschienen sind (darunter auch solche von Muslimen, die aus orientalischen Sprachen übersetzt sind), ohne Koranübersetzungen, nicht weniger als 726 Nummern[21]. Eine wichtige Publikation der letzten Jahre ist ein Buch des finnischen Neutestamentlers Heikki Räisänen[22]. Der Verfasser steht dem Dialog skeptisch gegenüber. Er befragt den Koran unter Ausschluß der islamischen Tradition nach dem, was Muhammad über Jesus sagte, was er damit meinte und warum er es eben so und nicht anders sagte. Er gibt einen Aufriß des Lebens Jesu an Hand des Korans, behandelt eine Reihe einschlägiger Themen (Lehre und Frömmigkeit Jesu, seine Aufnahme und Erhöhung usw.) und schließt mit einer Darstellung der dogmatischen Auseinandersetzung, wie sie im Koran über die Natur und Sendung Jesu geführt

[14] Denise Masson, Le Coran et la révélation judéo-chrétienne, études comparées, 2 Bde., Paris 1958.

[15] Jacques Jomier, Bibel und Koran, hrsg. vom Klosterneuburger Bibelapostolat, Klosterneuburg 1962.

[16] Youakim Moubarac, Pentalogie islamo-chrétienne, 5 Bde., Beirut 1972–73.

[17] Ludwig Hagemann, Propheten – Zeugen des Glaubens. Koranische und biblische Deutungen, Graz/Wien/Köln 1985.

[18] Walter Beltz, Die Mythen des Korans, der Schlüssel zum Islam, Berlin/Weimar 1979.

[19] F. E. Peters, Children of Abraham. Judaism, Christianity, Islam, Princeton UP 1982.

[20] Walter Strolz, Heilswege der Weltreligionen, Bd. I: Christliche Begegnung mit Judentum und Islam, Freiburg/Basel/Wien 1984.

[21] Don Wismer (Hrsg.), The Islamic Jesus. An Annotated Bibliography of Sources in English and French, New York/London 1977. Das Werk hat, was die Auswahl der Titel angeht, manche Mängel.

[22] Heikki Räisänen, Das koranische Jesusbild. Ein Beitrag zur Theologie des Korans, Helsinki 1971.

wird. Der Verfasser beschränkt sich ganz rigoros auf eine werkimmanente Interpretation der koranischen Aussagen[23].

Dieser kurze Überblick kann nicht abgeschlossen werden, ohne auf eine These einzugehen, die von Patricia Crone und Michael Cook aufgestellt worden ist[24]. Unter Berufung auf jüdische und christliche Quellen, unter denen die von dem armenischen Bischof Sebeos kurz nach 661 geschriebene ›Geschichte des Herakleios‹ einen prominenten Platz einnimmt, wird ein ganz neues Bild entworfen: Der Islam sei als Verbindung einer jüdisch-messianischen Bewegung mit den Arabern, den Nachkommen Abrahams durch Hagar, entstanden; die „Religion Abrahams" sei das Mittel gewesen, die Araber bzw. Hagarener an die Juden zu binden; die Muslime seien zuerst extrem christenfeindlich gewesen, hätten dann aber, um sich von den Juden zu trennen und selbständig zu werden, eine christenfreundliche Haltung eingenommen; der Koran sei in seiner gegenwärtigen Form nicht vor dem Ende des 7. Jahrhunderts entstanden. Darin schließen die Autoren sich der von John Wansbrough[25] aufgestellten These an, der Koran sei nicht, wie im Anschluß an die islamische Überlieferung von der westlichen Forschung bisher stets angenommen, unter dem Kalifen Oṯmān (reg. 644–656), sondern erst viel später aus verstreuten Teilen zu dem Buch, das wir heute vor uns haben, zusammengestellt worden. Dies ermöglicht es ihnen, das Bild, das der Koran von der Entwicklung liefert, als das Produkt einer späteren Umdeutung zu erklären.

Wir lassen Wansbroughs These auf sich beruhen und nehmen an, daß der Koran zu Muhammads Lebzeiten abgeschlossen worden ist und etwa anderthalb Jahrzehnte nach seinem Tod die uns vorliegende Gestalt angenommen hat. Im folgenden wird nach der Übersetzung von Rudi Paret[26] zitiert. Neben dem Koran ist die islamische Überlieferung über das Leben Muhammads für uns von großer Bedeutung. Die arabischen Materialien sind in dem Monu-

[23] Dazu noch ders., The Portrait of Jesus in the Qur'an: Reflections of a Biblical Scholar, in: The Muslim World 70 (1980), S. 122–133.

[24] Patricia Crone u. Michael Cook, Hagarism. The Making of the Islamic World, Cambridge UP 1977.

[25] John Wansbrough, Quranic Studies. Sources and Methods of Scriptural Interpretation, Oxford 1977.

[26] Der Koran. Übersetzung von Rudi Paret, Stuttgart/Berlin/Köln/Mainz 1962. Überarbeitete Taschenbuchausgabe, Stuttgart/Berlin/Köln/Mainz 1979, und ders., Der Koran. Kommentar und Konkordanz, 2. Auflage, Stuttgart/Berlin/Köln/Mainz 1977.

mentalwerk von Leone Caetani[27] in italienischer Übersetzung zusammengestellt. Eine wichtige Biographie des Propheten ist die von Ibn Isḥāq, die in der Bearbeitung durch Ibn Hišām (gest. um 830)[28] auf uns gekommen ist. Sie enthält wesentliche Aussagen über die Haltung Muhammads gegenüber den Juden und Christen und gibt Anhaltspunkte für die Zuordnung einschlägiger Koranverse zu bestimmten konkreten Situationen im Leben des Propheten. Das Werk ist aus der Rückschau geschrieben und vermittelt daher, vergleichbar den Evangelien und ihrem Jesusbild, nur bedingt ein Bild des historischen Muhammad[29].

[27] Leone Caetani, Annali dell'Islam, 10 Bde. Mailand 1905.

[28] Ibn Isḥāq, The Life of Muhammad. A translation of Ibn Ishaq's Sirat Rasul Allah, with introduction and notes by A. Guillaume, Oxford UP 1955 (5. Auflage 1978). Deutsche Übersetzung von Ferdinand Wüstenfeld, Das Leben Muhammad's, 2 in 3 Bdn., Göttingen 1858–1860 (Neudruck 1961). Übersetzung in Auswahl: Ibn Ishâq. Das Leben des Propheten. Aus dem Arabischen übertragen und bearbeitet von Gernot Rotter, Tübingen/Basel 1976 (Bibliothek Arabischer Klassiker, Erster Band).

[29] Eingehende historische und literarische Analyse von Rudolf Sellheim, Prophet, Chalif und Geschichte. Die Muhammed-Biographie des Ibn Isḥāq, in: Oriens 18–19 (1967), S. 33–91.

2. DIE RELIGIÖSE SITUATION AUF DER ARABISCHEN HALBINSEL ZUR ZEIT MUHAMMADS

2.1 Das politische und religiöse Umfeld

Als Muhammad, der Überlieferung nach 570 in Mekka geboren und 632 in Medina gestorben, den Islam verkündete, lag die Arabische Halbinsel im Einflußbereich religiöser Strömungen unterschiedlicher Art und Stärke. Das Christentum war zur herrschenden Religion am Mittelmeer geworden und hatte sich von dort nach Ostafrika, Mesopotamien, Persien und Indien ausgebreitet. Der Zoroastrismus hatte zur Zeit Muhammads seine Blüte schon lange hinter sich. Zwar hatte er unter den Sassaniden eine Renaissance erlebt und war zur Staatsreligion Persiens geworden – auch war den Persern mit der Eroberung Syriens und Ägyptens 614 der Durchbruch zum Mittelmeer gelungen –, doch führte Kaiser Heraklius 628 – zwei Jahre, bevor Muhammad Mekka eroberte – eine Wende herbei, eroberte die verlorenen Gebiete zurück und drang bis nach Mesopotamien vor. Diese Kämpfe, in denen die beiden Reiche sich gegenseitig zerfleischten, hatten zur Folge, daß den Arabern der Weg geebnet wurde. Der Zoroastrismus war keine Missionsreligion; er war an das Iranertum gebunden und fand sich mit dem Untergang des Sassanidenreiches in einer Verteidigungsstellung; in Persien sank er im Verlauf einer Entwicklung, die sich bis ins 10. Jahrhundert hinzog, zur Bedeutungslosigkeit ab. Das Judentum war im Römischen Reich, nachdem dies christlich geworden war, in große Bedrängnis geraten. Unter den Sassaniden war es vielleicht weniger gefährdet; in Randgebieten, wo das Christentum sich noch nicht durchgesetzt hatte, war es eine Kraft, mit der man rechnen mußte.

Neben den großen Religionsgemeinschaften gab es von der Gnosis geprägte Gruppierungen und Sekten, die einen weiten Einzugsbereich hatten und sich zeitweise auf eine große Anhängerschaft stützen konnten. Dazu gehörte der Manichäismus; er vereinigte in sich Elemente unterschiedlicher Art und besaß immer noch große missionarische Kraft. In Mesopotamien existierten vereinzelt noch heidnische Kulte. Im Süden des Zweistromlandes hatte die Täufersekte der Mandäer im Schutz des Marschenlandes den Ansturm von Christentum und Zoroastrismus überlebt. Alle diese Kräfte strahlten auf die Arabische Halbinsel aus und waren dort unterschiedlich wirksam. Sie stießen auf eine Bevölkerung, die noch heidnisch war, aber im Begriff stand, sich religiös neu zu orientieren. Am stärksten war Südarabien betroffen. Im Gefolge von politischen und wirtschaftlichen Veränderungen wurde es innerhalb von kaum mehr als zwei Jahrhunderten von einer christlichen, jüdischen und zoroastrischen Welle erfaßt, bis es schließlich dem Islam zufiel.

Der Norden der Arabischen Halbinsel lag im Wirkungsbereich von Persien und Byzanz. Das Zentrum mit dem Ḥiǧāz lag abseits, war aber keineswegs von der Außenwelt isoliert. Mekka lag an einer Handelsstraße, die parallel der Küste des Roten Meeres verlief und Südarabien mit dem Ostjordanland und Syrien verband. Von Petra führte eine Abzweigung nach Gaza am Mittelmeer. Von den Häfen Südarabiens gab es Seeverbindungen nach Indien und Ostafrika. Es ist die berühmte, schon von Ptolemäus beschriebene „Weihrauchstraße". Naǧrān (an der Grenze des heutigen Nordyemen) war ein wichtiger Knotenpunkt im Süden; von dort zweigte eine Straße ab, die entlang dem Ǧabal Ṭuwaiq in nordöstlicher Richtung (über das heutige ar-Riyāḍ) an den Šaṭṭ al-ʿArab führte. Die Stadt hatte eine bedeutende christliche Gemeinde. In den Städten im nördlichen Abschnitt der Weihrauchstraße gab es jüdische Gemeinden, über deren Anfänge jedoch wenig oder nichts bekannt ist [1]. Die wichtigsten, von Norden nach Süden, waren Taima', Ḫaibar und Yaṯrib/Medina. Die jüdische Gemeinde in Medina war in „Stämme" gegliedert, von denen drei im Leben Muhammads eine besondere Rolle spielen sollten, nämlich die Banū Qainuqāʿ, die Banū Naḍīr und die Banū Quraiẓa. Über das innere Leben dieser jüdischen Gemeinden ist nicht viel bekannt [2]. Man weiß nicht, ob sie bereits Anschluß an den Talmud gefunden hatten; es war ja noch nicht lange her, daß die Redaktion des Babylonischen Talmud zum Abschluß gekommen war. In Mekka scheint es keine geschlossene jüdische Gemeinde gegeben zu haben, Juden nahmen aber natür-

[1] Torrey, The Jewish Foundation of Islam, S. 1–13. Jetzt auch Moshe Gil, The Origin of the Jews of Yathrib, in: Jerusalem Studies in Arabic and Islam 4 (1984), S. 203–224.

[2] Arent Jan Wensinck, Muhammad and the Jews of Medina, Translated and edited by Wolfgang H. Behn, 2. Auflage, Berlin 1982.

lich an den Märkten teil, die in Mekka und Umgebung, mit dem großen Pilgerfest verbunden, stattfanden, und es kann nicht ausgeschlossen werden, daß Muhammad sich an jüdische Vorstellungen anschloß, als er lehrte, die Kaaba sei von Abraham gegründet worden.

Die religiöse Situation in Südarabien war, wie schon angedeutet, ein Korrelat der politischen und wirtschaftlichen Umwälzungen, die sich in den letzten Jahrhunderten vor dem Aufkommen des Islams abgespielt hatten. Am Anfang des 4. Jahrhunderts griff Äthiopien nach Südarabien über, wodurch die Ausbreitung des Christentums begünstigt wurde. Als bedeutende christliche Gemeinde ist vor allem die in dem eben genannten Nağrān zu erwähnen. Sie war, wie wir aus zeitgenössischen griechischen und syrischen Quellen wissen, kosmopolitisch geprägt und bestand aus mehreren Nationalitäten und Denominationen, Griechen, Syrern, Äthiopiern (Monophysiten) und Nestorianern[3]. Später wurde, wie arabische Quellen berichten, in Ṣanʿāʾ eine Kathedrale errichtet[4]. Ein starker Konkurrent des Christentums in Südarabien war das Judentum. Es wurde von Persien begünstigt, worin sich der Machtkampf zwischen Persien und Byzanz, mit dem Äthiopien verbündet war, spiegelt. Am Anfang des 6. Jahrhunderts trat der himyaritische Herrscher Ašʿar Ḏū Nuwās unter Annahme des Namens Joseph zum Judentum über und entfesselte eine Christenverfolgung, die vor allem Nağrān traf und das erneute Eingreifen der Äthiopier zur Folge hatte[5]. Bis 575 wurde Südarabien von äthiopischen Statthaltern regiert; dann nahm die perserfreundliche Partei Verhandlungen mit den Sassaniden auf, das Land wurde wenigstens nominell persisch, bis es 628 dem Machtbereich des Islam einverleibt wurde. Im Gefolge der persischen Oberhoheit gelangte auch der Zoroastrismus nach Südarabien, doch dürfte er über die engen Zirkel persischer Beamter oder Kaufleute nicht hinausgelangt sein.

Die nördlichen Grenznachbarn, die beiden Großmächte Byzanz und Persien, verzichteten auf direkte politische Einflußnahme auf

[3] Vgl. jetzt Irfan Shahid, The Martyrs of Najran. New documents, Brüssel 1971 (Subsidia Hagiographica 49).

[4] Die Kathedrale wurde erst nach der Mitte des 8. Jahrhunderts abgerissen; vgl. Theodor Nöldeke, Geschichte der Araber und Perser zur Zeit der Sassaniden, aus der arabischen Chronik des Tabari übersetzt, Leyden 1879, S. 200ff.

[5] Vgl. M. R. al-Assouad, Dhū Nuwās, in: Encyclopaedia of Islam, 2. Auflage, II 243b – 245a.

die Araber und waren wegen langandauernder Rivalitäten dazu wohl auch nicht in der Lage. In Syrien und Palästina bildete die griechische Bevölkerung, die der Reichskirche angehörte, nur eine dünne Schicht. Die einheimischen Bewohner gehörten zum größten Teil der jakobitischen Kirche an und waren Monophysiten. Jakobiten gab es auch im nördlichen Mesopotamien; ihr kirchliches Zentrum war Takrit, wo der Hierarch, der für die unter persischer Herrschaft lebenden Jakobiten zuständig war, residierte. Das südliche Mesopotamien war vom nestorianischen Christentum geprägt. Ihr Oberhaupt residierte in Seleukia-Ktesiphon (heute al-Madā'in, ca. 60 km südlich von Bagdad), der Haupstadt der Sassaniden. Im Vorfeld der beiden Großmächte waren „Phylarchen" etabliert, arabische Stammesherrscher, die im Sold des Kaisers bzw. Großkönigs standen und als deren politische Agenten in der angrenzenden Wüste fungierten. Byzantinische Phylarchen waren die Ghassaniden, die das Ostjordanland von Damaskus bis zum Roten Meer beherrschten und Monophysiten waren. Die Laḫmiden mit dem Zentrum al-Ḥīra am Euphrat, in der Nähe des heutigen Nadschaf, standen im Dienst der Sassaniden; sie waren nicht Christen, begünstigten aber den Nestorianismus. Ihre Herrschaft kam kurz nach 602 zu einem Ende. Organisierte christliche Gemeinden mit Bischöfen gab es in Ailāt am Roten Meer, Dūmat al-Ǧandal (al-Ǧauf, auf gleicher geographischer Breite wie Ailāt gelegen, aber 500 km östlich davon) und Taima'. Es ist nicht ganz klar, welchem Bekenntnis sie angehörten; sehr wahrscheinlich gab es dort, wie auch in Naǧrān, Christen verschiedener Denominationen[6].

Im Ḥiǧāz, Muhammads engerer Heimat, hatte das Christentum in organisierter Form noch nicht Fuß fassen können. Wenn auch in arabischen Quellen behauptet wird, der Apostel Bartholomäus habe dort gepredigt[7], scheint es doch sicher, daß eine systematische Missionierung nie stattgefunden hat. Wenn es dort Christen gab, waren es Mönche oder Einsiedler, die sich in die Wüste zurückgezogen hatten. Das Mönchtum war ja von Anfang an eng mit der Wüste verbunden gewesen. Unter den Anachoreten Arabiens mögen sich viele befunden haben, die sich aus dogmatischen oder

[6] Zu den beiden orientalischen Kirchen s. Bertold Spuler, Die nestorianische Kirche, und ders., Die westsyrische (monophysitische/jakobitische) Kirche, in: Handbuch der Orientalistik VIII: Die Religionsgeschichte des Orients in der Zeit der Weltreligionen, Leiden/Köln 1961, S. 120–216.

[7] Ibn Ishaq/Guillaume, The Life of Muhammad, S. 653.

disziplinären Gründen mit ihrer Kirche überworfen und in der Wüste Zuflucht gesucht hatten. Neben den Mönchen und Klerikern wird es auch vereinzelt christliche Laien verschiedener Denominationen gegeben haben, die sich als Kaufleute entlang der Handelsstraße niedergelassen hatten, vielleicht auch solche, die aus religiösen oder politischen Gründen ihre Heimat hatten verlassen müssen. Sie alle warben allein durch ihre Gegenwart für das Christentum. In den Quellen wird eine ganze Reihe solcher Christen erwähnt[8]. Ein in Mekka zeitweilig tätiger „Spezialist" war ein koptischer Zimmermann, der das Dach der Kaaba baute, als Muhammad etwa 35 Jahre alt war und noch vor dem Beginn seiner prophetischen Laufbahn stand[9], d. h. etwa im Jahre 605. Von christlichen Sklaven in Mekka wird in der Biographie des Propheten berichtet: Muhammad soll sich oft mit Ǧabr, einem jungen christlichen Sklaven, unterhalten haben. Daher wurde von den Gegnern vermutet, er beziehe Informationen, die er als Offenbarung ausgebe, von jenem. Er soll diesen Verdacht mit den folgenden Worten zurückgewiesen haben: „Wir wissen wohl, daß sie sagen: 'Es lehrt ihn (ja) ein Mensch (was er als göttliche Offenbarung vorträgt). (Doch) die Sprache dessen, auf den sie anspielen (?), ist nicht arabisch. Dies hingegen ist deutliche arabische Sprache'" (Sure 16: 103). ʿAddās, ein christlicher Sklave aus Niniveh, soll Muhammad als Propheten erkannt haben, als dieser vor dem Essen von Weintrauben die Formel „Im Namen des barmherzigen und gnädigen Gottes" sprach[10]. Schließlich muß in diesem Zusammenhang des Bilāl gedacht werden, eines äthiopischen Sklaven, der sicherlich Christ gewesen war und einer der treuesten Anhänger des Propheten geworden ist[11]. Als Muhammad auf dem Höhepunkt seiner Macht war, trat eine koptische Christin in seinen Haushalt ein: Es war die Sklavin Maria, die ihm vom Muqauqis, dem byzantinischen Statthalter von Ägypten, anläßlich einer Gesandtschaft zum Geschenk gemacht wurde; sie gebar Muhammad einen Sohn[12]. Von einem Christen namens Sarǧis wird

[8] Wir kennen z. B. einen nabatäischen Händler aus Syrien, der in Medina Lebensmittel verkaufte; vgl. Ibn Ishaq/Guillaume, a. a. O., S. 612.

[9] Ibn Ishaq/Guillaume, a. a. O., S. 84.

[10] Ibn Ishaq/Guillaume, a. a. O., S. 193.

[11] Wegen seiner schönen Stimme wurde er Muhammads persönlicher Gebetsrufer *(muezzin)*; später scheint er auch die persönliche Kasse des Propheten verwaltet zu haben, vgl. Ibn Ishaq/Guillaume, a. a. O., S. 235 u. 446.

[12] Watt, Muhammad at Medina, S. 396.

berichtet, er habe den Muslimen als Führer auf einem Kriegszug im Ostjordanland gedient. Offenbar stammte er aus jener Gegend. Nach der Rückkehr soll er sich zum Islam bekehrt haben[13].

Neben den im Hiǧāz ansässigen Christen, von denen die Einheimischen die Religion Jesu kennenlernen konnten, gab es solche, die wegen des jährlichen Pilgerfestes, das mit einem Markt verbunden war, nach Mekka kamen. Um das Pilgerfest in Mekka rankte sich eine ganze Kette von ähnlichen Veranstaltungen: Im Monat Šawwāl, d. h. zwei Monate vor dem *ḥaǧǧ*, fand ein Markt in ʿUkāẓ (70 km Luftlinie östlich von Mekka) mit ähnlichem Ritual wie in Mekka statt. Es gab dort Felsen, zu denen man pilgerte und um die ein Umlauf *(ṭawāf)* wie um die Kaaba in Mekka vollzogen wurde. Dann begaben die Pilger sich nach al-Maǧanna (einige Meilen von Mekka entfernt) und verbrachten dort 20 Tage des dem Šawwāl folgenden Monats Ḏū'l-Qaʿda. Dann ging man nach Ḏū'l-Maǧāz (südöstlich von Mekka, in der Nähe von ʿArafāt) und hielt sich dort bis zum mekkanischen Pilgerfest auf, das am 9. Ḏū'l-Ḥiǧǧa begann. Die ganze Rundfahrt nahm also fast zehn Wochen in Anspruch, nicht gerechnet die An- und Abreise. In den Monaten vor und nach dem Pilgerfest herrschte allgemeiner Landfriede, so daß die Besucher ungestört ihren religiösen Übungen und Geschäften nachgehen konnten. Tor Andrae vermutet, daß auf diesen Märkten christliche Wanderprediger, vielleicht aus Südarabien, auftraten und Muhammad wichtige Anstöße zu seiner Verkündigung hier empfangen hat[14].

2.2 Handelsreisen der mekkanischen Kaufleute; Äthiopien

Als Kaufleute unternahmen die Mekkaner Handelsreisen in die umliegenden Länder und lernten dort das Christentum und andere Religionen kennen. Muhammads Urgroßvater, Hāšim b. ʿAbd Manāf, soll auf einer Handelsreise in Gaza gestorben sein. Auch Hāšims Brüder starben in der Fremde: Al-Muṭṭalib in Südarabien, Naufal im Irak. Muhammads Onkel al-ʿAbbās unternahm häufig Reisen nach dem Yemen, um dort Gewürze einzukaufen, die er beim Pilgerfest in Mekka verkaufte[15]. Ein anderer Mekkaner, an-

[13] Ibn Ishaq/Guillaume, a. a. O., S. 668.

[14] Tor Andrae, Der Ursprung des Islams und das Christentum, S. 201.

[15] Ibn Ishaq/Guillaume, a. a. O., S. 58ff. Ṭabarī I 1162 (bei Ibn Ishaq/Guillaume, a. a. O., S. 113).

Naḍr b. al-Ḥāriṯ, war in al-Ḥīra gewesen, der Residenz der nach Persien orientierten Laḫmiden, und kannte die mythische Geschichte der Perser, wie sie später im Königsbuch des Firdausi verarbeitet wurde. Mit diesen Kenntnissen versuchte er Muhammad auszustechen, wenn dieser Geschichten aus der Bibel oder solche mit einem biblischen Hintergrund erzählte[16]. Muhammad selbst soll mit seinem Onkel und Vormund Abū Ṭalib, bei dem er als Waise aufwuchs, eine Reise nach Syrien unternommen haben. Dabei soll es zu der Begegnung mit dem Mönch Baḥīrā in Bosra gekommen sein: Der Mönch habe Muhammad als den zukünftigen Propheten der Araber erkannt und ihn vor den Juden, die sich seiner bemächtigen wollten, in Schutz genommen[17]. Die Erzählung ist später weiter ausgeschmückt worden, bis hin zu der Behauptung, Muhammad sei von dem Mönch in den christlichen Lehren unterwiesen worden[18]. Aus islamischer Sicht hatte sie den Zweck, Muhammads Berufung zum Propheten durch eine christliche Autorität bestätigen zu lassen. Eine Variante dazu ist die Erzählung von Zaid b. ʿAmr, der Syrien und Mesopotamien auf der Suche nach der wahren Religion durchwanderte und im Ostjordanland auf einen Mönch traf, der das Erscheinen eines Propheten in Arabien prophezeite[19]. Schließlich muß aus der engsten Umgebung Muhammads Abū Bakr erwähnt werden, Schwiegervater des Propheten und später der erste der vier „rechtgeleiteten" Kalifen; er war ein kenntnisreicher Kaufmann und soll auf Reisen weit herumgekommen sein[20].

Daß Muhammad selbst Reisen nach Syrien oder in andere Nachbarländer unternommen hat, kann nicht ausgeschlossen werden, zumal er nach seiner Verheiratung mit der reichen Kaufmannswitwe Ḫadīğa, die vor seiner prophetischen Berufung stattgefunden hatte, selbst im Handel engagiert war. Abgesehen von der

[16] Ibn Ishaq/Guillaume, a. a. O., S. 136 u. 162f.

[17] Ibn Ishaq/Guillaume, a. a. O., S. 79–81. Eine Variante dazu S. 82.

[18] A. Abel, Baḥīrā, in: Encyclopaedia of Islam, 2. Auflage, I 922f. Sowohl A. Sprenger (Mohammed's Zusammenkunft mit dem Einsiedler Bahyra, in: ZDMG 12 [1858], S 238–249) als auch Th. Nöldeke (Hatte Muhammad christliche Lehrer? in: ZDMG 12 [1858], S. 699–708) hielten die Reise des jugendlichen Muhammad nach Syrien für eine historische Tatsache.

[19] Ibn Ishaq/Guillaume, The Life of Muhammad, S. 103. V. Vacca, Zaid b. ʿAmr, in: Enzyklopaedie des Islam IV 1233a.

[20] Ibn Ishaq/Guillaume, a. a. O., S. 115.

Reise in seiner Jugend wird in den Quellen von späteren Reisen mit keiner Silbe gesprochen, und auch im Koran findet sich nicht die geringste Andeutung, obwohl die autobiographischen Elemente einen breiten Raum einnehmen. Allerdings hat Muhammad an einigen Feldzügen teilgenommen. Diese führten aber nicht über die Grenzen der Arabischen Halbinsel hinaus. Der nördlichste Punkt, den er dabei erreichte, war, wie Ibn Isḥāq berichtet, das oben schon erwähnte Dūmat al-Ǧandal[21]. Damals jedoch hatte er bereits ein fest umrissenes Bild vom Christentum, so daß er nichts mehr lernen konnte, ganz abgesehen davon, daß es auf diesem Kriegszug zu keinem Kontakt mit dem Gegner kam. Wenn in seiner Biographie von Reisen vor der Berufung keine Rede ist, so liegt das daran, daß die Zeit seines Werdens, wie bei allen großen Religionsstiftern, ganz im dunkeln bleibt. Vielleicht wollte er auch selbst keine Auskunft über Reisen in seiner Jugend geben, weil er sich sonst leicht dem Vorwurf ausgesetzt hätte, sein Wissen über das Christentum und die heiligen Schriften der Christen in der Ferne gesammelt zu haben. Schon die wenigen Kontakte mit Christen in Mekka, von denen wir oben gesprochen haben, ließen bei den Zeitgenossen den Verdacht aufkommen, er liefere nichts anderes als Nacherzählungen biblischer und anderer Geschichten. Aus dem gleichen Grund bemüht die islamische Überlieferung sich, den Begriff *an-nabī al-ummī* (Sure 7:157), von R. Paret mit „heidnischer Prophet" übersetzt, in dem Sinne zu deuten, daß Muhammad weder lesen noch schreiben konnte und die Quelle seiner Verkündigung nicht Bücher waren, sondern Gott. Die Muslime können sich dabei auf eine Stelle im Koran stützen, wo Gott zu Muhammad sagt: „Und du hast vordem noch keine Schrift gelesen und auch keine mit deiner Rechten abgeschrieben" (29:48).

Wir müssen noch einmal den Blick nach dem Süden richten. Der äthiopische Vizekönig Abraha, der den Yemen regierte, bevor die Perser dort zur Herrschaft kamen, hatte, wie in der mekkanischen Überlieferung erzählt wird, in Ṣanʿāʾ eine Kathedrale errichten lassen, die der Kaaba Konkurrenz machen und angeblich den Strom der Mekkapilger nach dort umleiten sollte. Nachdem ein Mekkaner die Kathedrale profaniert hatte, beschloß Abraha, einen Kriegszug nach Mekka zu unternehmen und die Kaaba zu zerstören. Er scheiterte jedoch, da ein Kriegselefant, den er mit sich führte, den Gehorsam verweigerte. Auf dem Rückmarsch erlitt das Heer

[21] Ibn Ishaq/Guillaume, a. a. O., S. 659f.

schwere Verluste. Dieses Ereignis hat im Koran in Sure 105 mit der Überschrift „Der Elefant" einen Niederschlag gefunden[22]. Vielleicht liegt dieser legendenhaft ausgeschmückten Erzählung ein historisches Ereignis zugrunde[23]. Die islamische Überlieferung legt Abrahas Angriff in das Jahr 570 und nennt es das „Elefantenjahr". In diesem Jahr wurde angeblich Muhammad geboren. Jedenfalls war die Erinnerung an Abrahas Angriff geeignet, die Äthiopier bei den Mekkanern und dann auch bei den Muslimen in Mißkredit zu bringen. In diese Richtung geht auch die Erzählung, äthiopische Christen hätten den Säugling Muhammad bei dessen Pflegemutter gesehen und die Absicht gehabt, ihn wegzunehmen und zu ihrem König zu bringen, da das Kind eine große Zukunft vor sich habe. Daraufhin habe die Pflegemutter den Säugling zu seiner Mutter Āmina zurückgebracht[24]. In ihrer Tendenz entspricht diese Erzählung der vom Mönch Baḥīrā, der verhindert habe, wie oben berichtet, daß Muhammad als Kind den Juden in die Hände fiel. In beiden Fällen soll gezeigt werden, daß die beiden alten Offenbarungsreligionen die ihnen von Muhammad drohende Gefahr sahen und versuchten, den zukünftigen Propheten zu einem der ihren zu machen, um seine prophetische Sendung und die Gründung des Islams zu vereiteln. Trotz des negativen Images, das die Äthiopier hatten, und dessen sich Muhammad sicherlich von Anfang an bewußt war, da Sure 105 zu den frühen Offenbarungen gehört[25], hat Muhammad einen Teil seiner Gemeinde nach Äthiopien ins Exil geschickt, als er fürchtete, sich in Mekka wegen des Widerstandes der Notabeln nicht halten zu können. Die spätere Überlieferung erklärt diesen Entschluß mit der Begründung, Muhammad habe Äthiopien ein freundliches Land genannt; der Negus werde Ungerechtigkeiten nicht dulden[26]. Jedoch sollten sich die auf den Negus gesetzten Hoffnungen nicht erfüllen. Zwar wies dieser, wie die Überlieferung will, eine mekkanische Abordnung, die die Auslieferung der Flüchtlinge verlangte, ab, nachdem die Muslime durch die Rezitation von Sure 19, in der die Geburtsgeschichte Jesu erzählt

[22] Ibn Ishaq/Guillaume, a. a. O., S. 21 ff.

[23] M. J. Kister, The Campaign of Ḥulubān. A New Light on the Expedition of Abraha, in: Le Muséon 78 (1965), S. 425–436.

[24] Ibn Ishaq/Guillaume, a. a. O., S. 73.

[25] Vgl. Theodor Nöldeke, Die Geschichte des Qorāns, zweite Auflage, bearbeitet von Friedrich Schwally, Erster Teil: Über den Ursprung des Qorāns, Leipzig 1909, S. 93.

[26] Ibn Ishaq/Guillaume, The Life of Muhammad, S. 146.

wird, ihre „christliche“ Gesinnung unter Beweis gestellt hatten. Doch soll er später Schwierigkeiten mit seinen Untertanen bekommen haben, da sie ihn beschuldigten, er vertrete, von den Muslimen beeinflußt, falsche christologische Lehren. Jedenfalls scheiterten die Muslime in Äthiopien und kehrten mit Ausnahme eines einzigen, der das Christentum annahm und in Äthiopien blieb, in den Ḥiǧāz zurück[27].

Wir wissen nicht, ob die Entsendung von drei aufeinanderfolgenden Gruppen nach Äthiopien die Übersiedlung der ganzen Gemeinde einschließlich des Propheten selbst vorbereiten sollte. Daß dies geplant war, läßt sich nur an Hand dessen, was später geschah, erschließen. Muhammad nahm kurz darauf Verhandlungen mit den Bewohnern von Ṭā'if auf, Mekkas Nachbarstadt im Südosten, doch wurde sein Begehren, von ihnen aufgenommen zu werden, abgewiesen. Erst dann wandte er sich an die Bewohner von Yaṯrib/Medina, und es begannen die Verhandlungen, die in der Hiǧra, der „Auswanderung“ Muhammads und seiner Gemeinde aus Mekka und Übersiedlung nach Medina, endeten. Im Licht dieser Entwicklung erscheint es plausibel, daß Äthiopien als Ausweichquartier der Gemeinde gedacht war, vielleicht mit der Absicht, bei Änderung der Situation sofort nach Mekka zurückzukehren. Jedenfalls bezeugt die Wahl Äthiopiens den Versuch, Anlehnung bei den Christen zu suchen. Bei der Wahl zwischen Christen und Zoroastriern bzw. Byzanz und Persien hatte Muhammad sich schon 614 für die Christen entschieden. Auf den Sieg der Perser, mit dem die vierzehnjährige Vorherrschaft der Sassaniden am östlichen Mittelmeer begann, deutet die berühmte Stelle in Sure 30 (›Die Byzantiner‹) hin: „Die Byzantiner sind besiegt worden im nächstliegenden Gebiet. Aber sie werden, nachdem sie besiegt worden sind, (ihrerseits) siegen, in etlichen Jahren. Gott steht die Entscheidung zu. (So war es) von jeher und (so wird es auch) künftig (immer sein). An jenem Tag (wenn den Byzantinern der Sieg zufällt) werden die Gläubigen sich darüber freuen, daß Gott geholfen hat. Er hilft, wem er will. Und er ist der Mächtige und Barmherzige“ (V. 2–5).

Die Vorhersage der kommenden Niederlage der Perser verrät politischen Weitblick. Die Niederlage der Byzantiner lag ein Jahr vor der Entsendung von Asylanten nach Äthiopien und erklärt, warum der Prophet nach einer Zuflucht im Süden, nicht im Norden, Ausschau hielt. Der Ḥiǧāz war von den Persern eingekesselt,

[27] Ibn Ishaq/Guillaume, a. a. O., S. 152, 154f., 527.

da Südarabien ja schon seit 575 unter persischer Oberhoheit stand. Das koranische Dictum zugunsten der Christen zeugt auch von der Zuversicht des Propheten, daß Gott auf der Seite der Gläubigen steht. Der Status von Leuten der Schrift *(ahl al-kitāb)*, die vom Islam geduldet wurden, sollte ihnen, wie wir sehen werden, erst später zugesprochen werden.

2.3 Beziehungen zu den Juden

Das Urteil über die Byzantiner in Sure 30 zeugt von großer Sympathie für das Christentum. Aber auch das Judentum dürfte schon früh in Muhammads Gesichtskreis getreten sein, auch wenn die Quellen darüber schweigen und von Kontakten des Propheten in Mekka mit einzelnen Christen, aber nicht mit Juden berichten. Als ein Zeugnis für Muhammads Orientierung zum Judentum vor der Auswanderung nach Medina wird Sure 17:1 angeführt, wo von der Nachtreise des Propheten „von der heiligen Kultstätte" (d. h. von der Kaaba) nach der fernen Kultstätte *(al-masǧid al-aqṣā)* die Rede ist. Die islamische Überlieferung hat die „ferne Kultstätte" schon früh mit dem Tempelplatz in Jerusalem identifiziert. Das ist aber umstritten[28]. In alltäglichen Kontakt mit Juden scheint Muhammad erst in Medina gekommen zu sein. Die Überlieferung berichtet, der erste, der ihn bei der Ankunft in Medina gesehen habe, sei ein Jude gewesen.[29]. Wir können dies auf sich beruhen lassen. Muhammad hat Yaṯrib/Medina nicht als Ziel der Hiǧra gewählt, weil es dort eine große jüdische Gemeinde, vielleicht die größte in Arabien, gab. Es war nicht so, daß er es nun mit den Juden versuchen wollte, nachdem die Christen in Äthiopien und die Heiden in Ṭā'if ihn enttäuscht hatten. Vor der Hiǧra hatte er lange Verhandlungen mit Bewohnern von Medina geführt, die ihn und seine Lehre beim Pilgerfest kennengelernt hatten und bereit waren, ihn zu unterstützen. Sie sollten mit dem Ehrentitel „Helfer" *(anṣār)* in die Geschichte eingehen. Diese Leute waren aber vor ihrer Bekehrung nicht Juden, sondern Heiden gewesen. Muhammad wurde als Schiedsrichter nach Medina berufen, zur Beilegung von Streitig-

[28] Ich habe einen Aufsatz mit dem Titel ›Jerusalem in the Story of Muhammad's Night Journey and Ascension‹ fertiggestellt; er wird demnächst in ›Jerusalem Studies in Arabic and Islam‹ erscheinen.

[29] Ibn Ishaq/Guillaume, The Life of Muhammad, S. 227.

keiten, die unter verschiedenen Gruppen der Einwohnerschaft ausgebrochen waren. In der Gemeindeordnung, die er nach seiner Ankunft erließ, sind auch die Juden erwähnt, aber nur als eine unter mehreren Gruppen. Natürlich versuchte er alsbald nach seiner Ankunft, sich auch der Hilfe der Juden zu versichern. In gewisser Weise wiederholte er das äthiopische Experiment, aber unter ganz anderen Voraussetzungen. Seine Partner waren nicht mehr die Christen, sondern die Juden. Von ihnen übernahm er, da nun das religiöse Leben der islamischen Gemeinde ohne Störung von außen organisiert werden konnte, einige liturgische Gebräuche. In der alsbald nach seiner Ankunft erbauten Moschee führte er als Gebetsrichtung *(qibla)* Jerusalem ein, wie man annehmen muß, obwohl dies im Koran nicht eindeutig gesagt wird. Nach 17 Monaten wurde die Gebetsrichtung wieder geändert: An die Stelle Jerusalems (der Name wird im Koran nicht genannt) trat die Kaaba in Mekka (2:142–150). Wir werden später darauf zurückkommen. Nach jüdischem Vorbild soll der Beginn des Gottesdienstes durch ein Trompetensignal angezeigt worden sein; später sei die Holzklapper *(nāqūs)*, ein Instrument christlicher Herkunft, an die Stelle der Trompete getreten[30]. Zu allerletzt wurde der Gebetsruf *(aḏān)* eingeführt, wie er heute überall in der islamischen Welt noch üblich ist.

Mit der Annäherung an die Juden in Medina war der Bruch schon programmiert. Der Wechsel der Gebetsrichtung nach wenig mehr als anderthalb Jahren war nur ein erster Vorbote des Unheils, das über die Juden hereinbrechen sollte. Sie zum Islam bekehren zu wollen, war ein aussichtsloses Unterfangen, wie Muhammad bald einsah. Im Gegensatz zu den Christen, die sich mehr auf die Arabische Halbinsel verirrt als sich dort planmäßig niedergelassen hatten, fern von den Zentren der christlichen Theologie lebten und wohl kaum theologisch gebildet waren, kannten die Juden ihre Schriften und waren in religiösen Diskussionen geschult, auch wenn sie vielleicht noch nicht Anschluß an die talmudische Gelehrsamkeit gefunden hatten. In der Biographie Muhammads wird ein gelehrter Rabbiner aus Medina, reicher Besitzer von Dattelpalmen, erwähnt, und es gab in Medina eine jüdische Schule[31] (sofern nicht einfach die Synagoge gemeint ist). Gegen die geschlossene Phalanx einer wohlhabenden und in ihren Traditionen wohlunterrichteten

[30] Ibn Ishaq/Guillaume, a. a. O., S. 235f.
[31] Ibn Ishaq/Guillaume, a. a. O., S. 241, 263.

jüdischen Bürgerschaft hatte der Prophet, als mittelloser Flüchtling an der Spitze einer Schar von Habenichtsen nach Medina gekommen und mit nur dürftigen und nicht aus erster Hand geschöpften Kenntnissen der biblischen Schriften und des jüdischen Brauchtums ausgestattet, einen schweren Stand. Die islamische Überlieferung nimmt an, daß die Themen der Debatte zwischen Muhammad und den Juden in Sure 2:1–100 zusammengefaßt sind[32]. In den Kämpfen mit den Mekkanern, die bald ausbrachen, war Muhammad der Loyalität der Juden nicht sicher. Muslime und Juden konnten auf die Dauer nicht nebeneinander leben. Muhammad entledigte sich der Juden in mehreren Schüben; zwei Stämme wurden aus der Stadt vertrieben, der dritte fiel einem Massaker zum Opfer. Muhammad verfolgte, wenn man der Überlieferung glauben soll, die Juden bis über seinen Tod hinaus: Testamentarisch habe er bestimmt, auf der Arabischen Halbinsel dürften nicht mehr zwei Religionen nebeneinander existieren. ʿOmar b. al-Ḫaṭṭāb, der zweite Kalif (634–44), habe das Testament des Propheten vollstreckt und die Juden aus Ḫaibar, wohin sie sich von Medina gerettet hatten, vertrieben[33]. Daß jüdische Gemeinden, wie man weiß, in Südarabien bis in die Gegenwart überlebt haben, sei nur am Rande vermerkt. Später traf der Bann auch die Christen; sie verschwanden gänzlich von der Arabischen Halbinsel. Das Christentum ist erst neuerdings im Gefolge der Erdölförderung zurückgekehrt und beschränkt sich naturgemäß auf ausländische Arbeitnehmer, die vorübergehend dort tätig sind.

2.4 Das mekkanische Heiligtum

In Muhammads Auseinandersetzung mit den Juden (und Christen) hat die Person Abrahams und das Verständnis seiner Funktion in der Heilsgeschichte eine zentrale Rolle gespielt. Davon wird noch ausführlich zu sprechen sein. Man darf annehmen, daß Abraham bereits in der frühmekkanischen Zeit in Muhammads Bewußtsein getreten ist. Die Kaaba in Mekka war, wie Muhammad glaubte, von Abraham unter Mithilfe seines Sohnes Ismael erbaut oder vom Götzendienst gereinigt worden. Entgegen der Annahme C. Snouck Hurgronjes, Muhammad habe Abraham erst in Medina

[32] Ibn Ishaq/Guillaume, a. a. O., S. 247–70.
[33] Ibn Ishaq/Guillaume, a. a. O., S. 523, 525.

zum Erbauer der Kaaba erklärt, um die Muslime zum Kampf gegen Mekka zu motivieren, muß man wohl davon ausgehen, daß der Prophet diese Idee bereits vor der Auswanderung nach Medina vertreten hat[34]. Vielleicht hat er die Anregung dazu sogar von den Juden erhalten. In der Biographie des Propheten wird von Rabbinern berichtet, die gesagt haben sollen, die Kaaba sei der Tempel ihres Vaters Abraham, doch könnten sie dort keinen Gottesdienst verrichten, weil die Heiden Götzenbilder darin aufgestellt hätten und zu ihren Ehren Opfertiere schlachteten. An einer anderen Stelle heißt es in der gleichen Quelle, die heidnischen Araber hätten den Vorrang der Kaaba vor den anderen Heiligtümern in Arabien anerkannt, weil sie der Tempel und die Moschee des Gottesfreundes Abraham war[35].

Für die Muslime ist es ein Glaubenssatz, daß Abraham nach Mekka gekommen ist und mit seinem Sohn Ismael die Kaaba erbaut oder vom Götzendienst gereinigt hat. Diese Auffassung wird natürlich auch von modernen muslimischen Autoren vertreten, die sich sonst mit der Geschichte der Kaaba durchaus kritisch auseinandersetzen[36]. Auch in der westlichen Forschung hat es nicht an Versuchen gefehlt, das mekkanische Heiligtum von außerarabischen Voraussetzungen her zu erklären. Am weitesten ging in der Mitte des 19. Jahrhunderts Reinhart Dozy. Er glaubte, aus der Verbindung von biblischen mit arabischen Nachrichten nachweisen zu können, daß der Stamm Simeon zu Samuels Zeiten verbannt worden sei (vgl. 1 Chronik 4, 24–43); er sei nach Arabien ausgewandert und habe Yaṯrib/Medina gegründet. Auch Mekka mit dem Heiligtum des Hubal, erklärt als ha-Baal, sei eine simeonitische Gründung. Daß Abraham zum Gründer der Kaaba geworden sei, beruhe auf einem Mißverständnis. Der auch im Koran vorkommende Name „der Platz Abrahams" (*maqām* Ibrāhīm, Sure 2:125), der das Heiligtum bezeichnet, bedeute ursprünglich „der Platz der Hebräer", und so fort[37]. Wir können auf weitere Einzelheiten verzichten.

Auf die Kaaba erhoben aber auch die Christen Anspruch, wie in

[34] Vgl. die ausführliche Darstellung der Diskussion bei R. Paret, Ibrāhīm, in: Encyclopaedia of Islam, 2. Auflage, III 980–81.

[35] Ibn Ishaq/Guillaume, The Life of Muhammad, S. 9 u. 38.

[36] Dies gilt z. B. für die Abhandlung über die Baugeschichte des Haram in Mekka von Fauziyya Ḥusain Maṭar, die 1982 in Dschidda erschienen ist.

[37] Reinhart Dozy, Die Israeliten zu Mekka von Davids Zeit bis ins 5. Jahrhundert unserer Zeitrechnung. Ein Beitrag zur alttestamentlichen

einer Reihe von Überlieferungen behauptet wird. Schon lange vor Muhammads Berufung sei in der Kaaba ein Stein mit einer Inschrift gefunden worden. Die Inschrift sei ein Zitat aus dem Evangelium gewesen, und zwar die Warnung vor den falschen Propheten in Matthäus 7, 16. In die gleiche Richtung geht die Mitteilung, beim Wiederaufbau der Kaaba in Muhammads Jugend sei ein Stein mit einer syrischen Inschrift gefunden worden[38]. Für unser Thema ist die Beschreibung des Innern der Kaaba, die al-Azraqī, der Geschichtsschreiber Mekkas, im Zusammenhang mit dem Bericht über den Wiederaufbau bringt, besonders wichtig[39]. An den Pfeilern seien Bilder von Propheten, Engeln und Bäumen angebracht gewesen. In der Kaaba hätten sich Bilder Abrahams, mit Lospfeilen in der Hand[40], befunden, ferner Bilder Jesu, des Sohnes der Maria, seiner Mutter und der Engel. Vielleicht handelte es sich um ein Bild der Gottesmutter mit dem Jesuskind, von Engeln umgeben. Im Anschluß an diesen pauschalen Bericht bringt al-Azraqī nicht weniger als neun Einzelüberlieferungen über das gleiche Thema. Die Bilder befanden sich an der mittleren Säule bei der Tür, wie die genaueste Standortbeschreibung lautet. Über ihr Schicksal nach der Eroberung Mekkas wird unterschiedlich berichtet. Nach einigen Berichten ließ Muhammad, bevor er die Kaaba betrat, alle Bilder entfernen; nach anderen befahl er ihre Entfernung, nachdem er die Kaaba betreten hatte, nahm aber die Bilder Jesu und seiner Mutter ausdrücklich davon aus. Die Bilder seien mit Tüchern, die in Wasser des Zemzem-Brunnens getaucht wurden, abgewaschen worden. Es scheint also, daß sie mit leicht löslichen Farben an der Säule oder an der Wand angebracht waren.

Es ist schwer zu sagen, wie man solche Berichte einschätzen soll. Sollte mit der erfundenen Geschichte, in der Kaaba befänden sich christliche Kultbilder, den Christen die Teilnahme am Pilgerfest ermöglicht werden? Das ist weniger plausibel als die Annahme, daß es in der Kaaba in der vorislamischen Zeit tatsächlich solche Bilder

Kritik und zur Erforschung des Ursprungs des Islams, aus dem Holländischen übersetzt, Leipzig 1864.

[38] Ibn Ishaq/Guillaume, The Life of Muhammad, S. 85f.

[39] al-Azraqī, Aḫbār Makka, hrsg. v. F. Wüstenfeld, I 110–113, Übersetzung S. 104f.

[40] Lospfeile dienten den heidnischen Priestern an der Kaaba zur Erkundung des göttlichen Willens, ähnlich den Urim und Tumim, die der jüdische Hohepriester in seinem Brustschild trug.

gegeben hat. Da die Kaaba ein überregionales Heiligtum war, hat sie Kulte auf sich gezogen, die vorher an anderen Orten gepflegt wurden. Mit ihr waren außer dem Gott Hubal auch die im Koran erwähnten drei weiblichen Gottheiten al-Lāt, al-ʿUzzā und al-Manāt (Sure 53:19–20) verbunden. Muhammad soll bei der Eroberung Mekkas 360 Götzenbilder mit eigener Hand zerstört haben[41]. Diese Zahl ist durchsichtig und daher nicht ernst zu nehmen, aber es kann auch nicht ausgeschlossen werden, daß christliche Symbole und Bilder vertreten waren. Diejenigen, die solche Bilder angebracht hatten oder verehrten, waren sicherlich nicht Christen, die in enger Verbindung mit einer Kirche standen, die ihnen dies erlaubt oder sogar geboten hätte. In den oben angeführten Überlieferungen wird sogar gesagt, die Quraisch selbst hätten die Bilder in der Kaaba angebracht.

Das Gegenstück zu Dozys These vom jüdischen Ursprung der Kaaba liefert Günter Lüling mit der Behauptung, die Kaaba sei ursprünglich ein christliches Heiligtum gewesen[42]. Dies will er durch Hinweise auf die Baugeschichte und Passagen in der altarabischen Dichtung beweisen. Dahinter steht natürlich die von ihm schon früher vertretene These vom christlichen Urgrund des Korans. Wenn die Kaaba auch keine christliche Kultstätte in dem von Lüling angenommenen Sinne gewesen ist, so kann man doch nicht ausschließen, daß es dort christliche Kultbilder der eben beschriebenen Art gab, und vielleicht ist es auch kein Zufall, daß es ein Muttergottesbild gewesen sein soll. Im Koran haben wir einen Hinweis auf ein merkwürdiges Verständnis der Trinität: Jesus wird von Gott gefragt, ob er gelehrt habe: „Nehmt euch außer Gott mich und meine Mutter zu zwei Göttern" (5:116). Jesus verneint dies natürlich. Der naheliegenden Vermutung, Muhammad habe sich bei der Aufzählung der drei Personen der Gottheit geirrt, könnte man mit der Annahme entgegentreten, daß es sich bei den Christen, die Maria vergöttlichen, um Kollyridianerinnen handelt. Ihre Existenz in „Arabien" (d. h. Ostjordanland und Sinai-Halbinsel) wird bereits von Epiphanius (gest. 403), dem aus Palästina stammenden Metro-

[41] Ibn Ishaq/Guillaume, The Life of Muhammad, S. 552.

[42] Günter Lüling, Der christliche Kult an der vorislamischen Kaaba als Problem der Islamwissenschaft und christlichen Theologie, Erlangen 1977. Jetzt gründlich widerlegt von U. Rubin, The Ka'ba: Aspects of its Ritual Functions and Position in Pre-Islamic and Early Islamic Times, in: Jerusalem Studies in Arabic and Islam 8 (1986), S. 97–131.

politen von Zypern, bezeugt. Der Name leitet sich, wie er in seinem ›Panarion‹ (›Arzneikasten‹), einer Darstellung von 80 Häresien, schreibt, von den Brotkuchen *(kollyris)* her, die Frauen in abgöttischer Weise Maria opferten und dann verzehrten, offenbar in Nachahmung der Eucharistiefeier. Vielleicht sind die Kollyridianerinnen identisch mit den Philomarianiten, die Leontius von Byzanz (gest. 543/44), der sich intensiv mit dem Problem der Trinität beschäftigt hat, erwähnt[43]. Es liegt nahe, daß Muhammad an der zitierten Koranstelle an eine solche christliche Gruppe gedacht hat. Dies ist jedenfalls viel plausibler als die Annahme, der Prophet hätte aus schierer Unwissenheit eine abwegige Definition der Trinität gegeben. Vielleicht war das Marienbild von einem Araber gemalt worden. Bei al-Azraqī wird von einer Besucherin der Kaaba aus dem Stamm Ghassān berichtet, die beim Anblick des Bildes ausgerufen haben soll: „Bei meinem Vater und meiner Mutter! Du (Maria) bist wahrlich eine Araberin.“[44]

2.5 Das Hanifentum

In den Nachrichten über jüdische oder christliche Elemente in und an der Kaaba spiegelt sich der religiöse Pluralismus Arabiens zur Zeit der Entstehung des Islams. Juden und Christen waren im Ḥiǧāz und sicherlich auch in Südarabien Nichtaraber und damit Fremde, auch wenn sie, wie die Juden von Medina, vielleicht schon viele Jahrhunderte auf der Arabischen Halbinsel ansässig waren und sich in Sprache und Lebensgewohnheiten ihrer arabischen Umgebung, soweit ihre Religion dies zuließ, angepaßt hatten. In Nordarabien dagegen hatten ganze Araberstämme, wie z. B. die Banū Taġlib, das Christentum angenommen. Im Ḥiǧāz gab es jedoch nur einzelne, die sich vom Heidentum abgewandt hatten. Die spätere islamische Überlieferung nennt sie *ḥanīf* (Pl. *ḥunafā'*), und zwar nach Muhammads Vorbild, der den Patriarchen Abraham, weil er weder Jude noch Christ gewesen war, als *ḥanīf* bezeichnet hatte

[43] Zu den beiden Autoren vgl. B. Altaner u. A. Stuiber, Patrologie, 8. Auflage, Freiburg/Basel/Wien 1978, S. 315–318, 509–511. Zur Sache vgl. Karl Bihlmeyer, Kirchengeschichte, neu besorgt von Hermann Tüchle, Erster Teil, Paderborn 1962, S. 362.

[44] al-Azraqī, I 113. Übers. S. 106. Ferner Ibn Ishaq/Guillaume, The Life of Muhammad, S. 552.

(2:135 u. a.)[45]. Auch die von der Überlieferung *ḥanīf* genannten Personen gehörten noch keiner der großen etablierten Offenbarungsreligionen an, die das umliegende Kulturland beherrschten und in Arabien Fuß gefaßt hatten. Ibn Isḥāq gibt in seiner Biographie Muhammads eine Liste von vier prominenten Hanifen und beschreibt deren weiteres Schicksal[46]. Der bekannteste von ihnen war Waraqa b. Naufal, ein Vetter Ḫadīǧas, Muhammads erster Ehefrau. Er hatte die Schriften der Christen gelesen und erkannte angeblich die Echtheit der Muhammad zuteil gewordenen Offenbarung, nachdem Ḫadīǧa ihm davon berichtet hatte. Waraqa starb als Christ. Zwei andere Hanifen, die sich zunächst Muhammad angeschlossen hatten, traten später zum Christentum über, einer in Äthiopien, wohin er mit den Asylanten gegangen war; der andere trat in byzantinische Dienste und war damit natürlich für den Islam verloren. Nur einer von den vieren, Zaid b. ʿAmr, blieb Hanif. Er war Dichter und hatte auf Reisen im Ostjordanland, wie schon erwähnt, einen Mönch kennengelernt, der die bevorstehende Erweckung eines Propheten in Arabien geweissagt hatte. Sein Hanifentum wird in der Weise beschrieben, daß er keine Götzenbilder verehrte, sich des Fleisches von Ersticktem und des Blutes enthielt, kein Opferfleisch aß und die Tötung (unerwünschter) Kinder ablehnte. Er hatte Mekka verlassen und sich auf Reisen begeben, um die „Hanifiyya", die Religion Abrahams, zu suchen.

Die Liste der Verbote, an die Zaid sich angeblich hielt, erinnert stark an den Beschluß des Apostelkonzils, den zum Christentum bekehrten Heiden die Befolgung des vollen jüdischen Ritualgesetzes zu erlassen, wie in der Apostelgeschichte überliefert ist, und ihnen nur solche Verpflichtungen, durch die sie von heidnischen Bräuchen ferngehalten werden, aufzuerlegen (Apostelgeschichte 15, 29). Man könnte auch an das noachitische Gesetz mit seinem Verbot des Blutgenusses und des Tötens denken (1 Mose 9, 1–6). Tatsächlich spiegeln sich in der Liste aber koranische Gebote, z. B. Sure 2:173, wo eine Liste der verbotenen Speisen aufgeführt ist:

[45] N. F. Faris u. Harold W. Glidden, The Development of the Meaning of the Koranic Hanif, in: The Journal of the Palestine Oriental Society 19 (1939/1940), S. 1–13, leiten das Wort vom Nabatäischen her, wo es einen Anhänger ihrer teilweise hellenisierten syro-arabischen Religion bezeichnete. Das Wort müsse in der vorislamischen Zeit ins Arabische übergegangen sein. Der nabatäische und der koranische Hanif trinken beide keinen Wein und unterscheiden sich dadurch scharf vom Christen.

[46] Ibn Ishaq/Guillaume, The Life of Muhammad, S. 99.

„Fleisch von verendeten Tieren, Blut, Schweinefleisch und Fleisch, worüber (beim Schlachten) ein anderes Wesen als Gott angerufen worden ist." Das Verbot der Kindestötung spielt auf Sure 17:31 an: „Und tötet nicht eure Kinder aus Furcht vor Verarmung! ... Sie zu töten ist eine schwere Verfehlung." Die Absicht, Zaid b. ʿAmr zu einem Mann zu machen, dem zum Islam nur noch das Glaubensbekenntnis fehlt, genauer gesagt, die Anerkennung Muhammads als des von Gott berufenen Propheten, ist evident. Zaid war gewissermaßen eine „anima naturaliter islamica".

Es mag also dahingestellt bleiben, ob Leute, die sich vom Heidentum abgewandt, aber noch keinen Anschluß an eine monotheistische Religion gefunden hatten, nach den für Zaid b. ʿAmr postulierten Normen gelebt haben. Auffällig ist, daß die Hanifen offenbar dem Christentum näherstanden als dem Judentum. Dies gilt auch für einen Mann namens Abū Qais aus Medina. Er war Dichter wie Zaid und trug seine Lehren in gebundener Sprache vor. In der vorislamischen Zeit, die schon von Muhammad nach dem Muster von Apostelgeschichte 17, 30 die Zeit der Unwissenheit *(ǧāhiliyya)* genannt wird[47], praktizierte Abū Qais eine asketische Frömmigkeit nach Art der Mönche[48]. Er wird als Hanif bezeichnet und wurde nach der Hiǧra Muslim[49]. Solchen asketischen Übungen oblag übrigens auch Muhammad selbst; einmal jährlich zog er sich, wie die Überlieferung will, auf den Berg Ḥirāʾ in der Nähe von Mekka zurück, fastete und speiste die Armen, und dort soll er auch die erste Offenbarung empfangen haben[50]. Wenn dies den Tatsachen entspricht und man die Spuren des Christentums im vorislamischen Arabien in Betracht zieht, wird deutlich, wie stark das Christentum in Gebiete ausstrahlte, die bisher außerhalb der missionarischen Bemühungen geblieben waren, und wie sehr die Araber sich um eine religiöse Neuorientierung bemühten.

[47] Sure 3:154. 5:50. 33:33. 48:26.

[48] Er lebte als Mönch, *tarahhaba,* eine Verbform, die von ar. *rāhib*, Mönch, abgeleitet ist. *Rāhib* ist nach Sigmund Fraenkel, Die aramäischen Fremdwörter im Arabischen, Leiden 1886, S. 267f., ein echt arabisches Wort.

[49] Ibn Ishaq/Guillaume, The Life of Muhammad, S. 236f.

[50] Ibn Ishaq/Guillaume, a. a. O., S. 105.

2.6 Muhammads Quellen

Muhammads Vertrautheit mit dem Judentum und Christentum kann man auch daran ablesen, welche biblischen Stoffe er kennt und wie er sie im Koran verwertet. Die Erzählungen, in denen diese Stoffe verwendet sind, stammen, wie man vermuten sollte, aus jüdischer oder christlicher Quelle. Die Annahme erscheint aber auch zulässig, daß Muhammad weder das Alte, noch das Neue Testament gelesen oder durch Gewährsleute direkt kennengelernt hat. Von den Büchern des Alten Testaments kennt er mit Namen nur die Thora bzw. den Pentateuch *(taurāt)* und den Psalter *(zabūr)*, die neutestamentlichen Schriften nennt er kumulativ „das Evangelium“ *(al-inǧīl)*[51]. Zitate aus dem Alten und Neuen Testament gibt es, auch wenn man den Begriff sehr weit faßt, nur wenige[52]. Die Verarbeitung biblischer Stoffe läßt, was Inhalt und Umfang angeht, manches zu wünschen übrig. Zwischen den jüdischen und christlichen Offenbarungsschriften auf der einen und dem Koran auf der anderen Seite steht, wie man annehmen muß, ein Zwischenglied. Über den Charakter dieses Zwischengliedes kann man nur spekulieren. Es könnte sich, was das Alte Testament angeht, um Kommentare, Textverarbeitungen u. ä. handeln, wie wir sie aus der nachbiblischen Literatur der Juden und der christlichen Exegese kennen. Analoges gilt für die neutestamentlichen Stoffe. Außer den neutestamentlichen Schriften selbst dürften auch die Evangelienharmonien (man denke an das Diatesseron des Tatian) und die Katenenkommentare eine wichtige Rolle gespielt haben. Eine besondere Bedeutung kommt der syrischen Bibelexegese, vertreten durch Ephrem den Syrer und andere Theologen, zu. Auch von Äthiopien und vom koptischen Ägypten her dürfte manches eingeflossen sein. Teilweise sind die alttestamentlichen Stoffe, wie Muhammad sie kennt, auch durch das christliche Medium gegangen. Islam, Christentum und Judentum stehen überhaupt in einem Dreiecksverhältnis zueinander: Muhammad urteilt über das Judentum direkt, oder macht sich christliche Urteile darüber zu eigen;

[51] An den meisten Stellen erscheinen *taurāt* und *inǧīl* nebeneinander, was etwa unserem „AT und NT“ entsprechen dürfte, vgl. Sure 3:3. 3:48. 3:65. 5:66. 7:157. 9:111 *(taurāt, inǧīl, qur'ān)*. Psalter *(zabūr)* erscheint immer allein: Sure 21:105. 4:163. 17:55.

[52] Zu einem Zitat, nämlich Jesaja 6,9, vgl. jetzt Arne A. Ambros, „Höre, ohne zu hören“, zu Koran 4,46 (48), in: ZDMG 136 (1986), S. 15–22.

genauso bezieht er jüdische Stoffe entweder von den Juden oder lernt sie in einem christlichen Kontext kennen.

Auf der Suche nach den Quellen für Muhammads Kenntnisse der christlichen Lehren, vielleicht auch der jüdischen, sollte der Liturgie besondere Aufmerksamkeit geschenkt werden. Daß er von den Juden liturgische Bräuche übernahm, ist schon gesagt worden. Die liturgischen Texte des jüdischen und christlichen Gottesdienstes waren z. T. der Schrift entnommen und wegen ihres Gebrauchs im Gottesdienst besonders gut bekannt. E. Gräf hat einige Beispiele für die christliche Liturgie als Quelle des Korans zusammengetragen[53]. Manches im Koran klingt auch an die Psalmen an. Der Psalter war das Gebetbuch der Juden und Christen, so daß es im Einzelfall nicht immer leicht ist, die jeweilige Herkunft einer koranischen Anspielung auf diese Quelle festzustellen. Meistens muß man sich mit Vermutungen begnügen.

Viel von den biblischen Stoffen war auf der Arabischen Halbinsel im Volksmund im Umlauf und ist von den Dichtern verarbeitet worden. Die christlichen Elemente in der vorislamischen arabischen Dichtung haben in der Forschung seit langem Aufmerksamkeit gefunden[54]. Die an sich schon schwierige Problematik wird durch Fragen der Datierung und der Authentizität verschärft. Ein prominenter Dichter, der biblische Stoffe benutzte, war Umaiya ibn Abī'ṣ-Ṣalt, der in Ṭā'if, der im Hochland gelegenen Schwesterstadt Mekkas, lebte und mit dem mekkanischen Patriziat der Quraisch verwandt war. Er war ein Zeitgenosse Muhammads und soll um 630 gestorben sein. Seiner religiösen Haltung nach ist er zu den Hanifen zu rechnen. Er bekannte sich zum Glauben an den einen, persönlich gedachten Gott, den „Herrn der Knechte". Er beschreibt in apokalyptischen Bildern die Wohnung Gottes, den Hofstaat der Gott dienenden Engel, das Gericht, Paradies und Hölle. Nach biblischem Vorbild erzählt er von der Erschaffung der Welt und schildert wichtige Episoden der Heilsgeschichte: die Sintflut, Abraham, Lot, Mose und der Pharao, aber auch nichtbiblische Strafgerichte wie den Untergang der ungläubigen ʿĀd und Ṯamūd, die auch im Koran vorkommen. Der Mensch im Glauben

[53] Erwin Gräf, Zu den christlichen Einflüssen im Koran, in: ZDMG 111 (N. F. 37), 1962, S. 396–398, auch in: Der Koran, hrsg. von Rudi Paret, Darmstadt 1975, S. 188–191.

[54] Vgl. z. B. Camille Hechaimé, Louis Cheikho et son livre ›Le christianisme et la littérature chrétienne en Arabie avant l'Islam‹, Beirut 1967.

ist selbstverantwortlich moralischen Normen verpflichtet. Wegen der Übereinstimmung der Dichtung Umaiyas mit dem Koran ist in der westlichen Forschung heiß um die Frage der Priorität gestritten worden. Die Frage ist nach Abwägung aller Argumente wohl in der Weise zu beantworten, daß Umaiya und Muhammad – ihre Todesdaten liegen nur etwa zwei Jahre auseinander – die gleichen Quellen benutzt haben[55].

Wenn Muhammad auch die gleichen Stoffe wie Umaiya (und andere Dichter) verwendet hat, unterscheidet er sich vom Dichter doch durch sein Bewußtsein der prophetischen Sendung; das befähigte ihn, zum Religionsstifter zu werden, während der Dichter nur unterhaltend belehren wollte. Daß der Prophet hinsichtlich der Themen und des Inhalts seiner Predigt in der Nähe der Dichter stand, beweisen seine Bemühungen, sich von diesen zu distanzieren. Vom Dichter unterscheidet sich der Prophet, wie Muhammads Landsleute glaubten, dadurch, daß er Wunder wirkt, durch die seine Sendung beglaubigt wird. Dies geht aus Sure 21:5 hervor; jedoch schließt Muhammad das Wunderwirken für seine Person ausdrücklich aus und verweist in den folgenden Versen auf frühere Strafgerichte und den Untergang der Ungläubigen als Präzedenzfälle. Er bezeichnet sich als „Gesandten" *(rasūl)* und weist die Bezeichnung „Dichter" *(šāʿir)* oder „Wahrsager" *(kāhin)* ausdrücklich zurück (69: 40–42). Niemand habe ihn die Dichtkunst gelehrt (36:69). Dichter sind, wie er an einer anderen Stelle sagt, von Satanen inspiriert und vom rechten Weg abgeirrt (26:224); sie sind besessen *(mağnūn)* und erfreuen sich nicht eines so hohen Ansehens, daß die Araber ihretwegen ihre angestammte Religion aufgeben würden (37:36). Daß die Besessenheit den Dichter in die Nähe der Wahrsager rückt, geht aus Sure 52:29 hervor. Mit beiden will Muhammad nichts zu tun haben. Vom Dichter unterscheidet er sich formal durch die Reimprosa, ein Mittelding zwischen gebundener und ungebundener Sprache. Auch der Wahrsager *(kāhin)* bedient sich der Reimprosa; daß Muhammad den Wahrsager nur an zwei Stellen des Korans erwähnt (52:29 und 69:42), zeigt seine Angst, als ein solcher zu gelten.

[55] Clément Huart, Une nouvelle source du Qoran, in: Journal Asiatique, 10e série 4 (1904), S. 125–167, und J. Frank-Kamenetzky, Untersuchungen über das Verhältnis der dem Umaiya b. Abi's-Salt zugeschriebenen Gedichte zum Qoran, Kirchhain 1911.

3. DIE LEUTE DER SCHRIFT (AHL AL-KITĀB)

3.1 Einheit und Vielfalt in der Religion

Die Anhänger der älteren Offenbarungsreligionen, die im Besitz von heiligen Schriften sind, erscheinen im Koran unter dem Sammelnamen „Leute der Schrift" *(ahl al-kitāb)*. Muhammad war der Meinung, das Glaubensbekenntnis und der Inhalt der Schriften der Anhänger der verschiedenen Offenbarungsreligionen, Islam und Koran eingeschlossen, seien im Prinzip identisch, nur die Sprachen verschieden. Daß die heiligen Schriften der Juden und Christen in fremden Sprachen abgefaßt waren, wußte er, doch werden die Namen dieser Sprachen nicht genannt. Die Identität der Schriften bei unterschiedlichen Sprachen ergibt sich aus der Annahme, es gäbe eine himmlische Urschrift, von der die heiligen Schriften der verschiedenen Religionsgemeinschaften oder Völker (beide Begriffe meinen dasselbe) nur Abschriften in der Sprache des jeweiligen Volkes seien. Die himmlische Urschrift heißt „wohlbewahrte Tafel" *(al-lauḥ al-maḥfūẓ)* (Sure 85:22)[1] oder „Mutter des Buches" *(umm al-kitāb)* (13:39. 43:4). Muhammad hielt sich von Gott für berufen, den Arabern den Inhalt der im Himmel verwahrten Urschrift in arabischer Sprache zugänglich zu machen. Die heilige Schrift gleich welchen Bekenntnisses nennt er „Buch" *(kitāb)*, sofern damit das geschriebene Exemplar gemeint ist, und „Rezitation" bzw. „Lesung" *(qur'ān)*, wenn der Aspekt des mündlichen

[1] Die Gesetzestafeln, die Mose auf dem Sinai erhielt, werden *alwāḥ* (Pl. von *lauḥ*) genannt (7:145, 150, 154). Über das Material, nach 2 Mose 31, 18 Stein, „mit Gottes Finger beschrieben", wird im Koran nichts gesagt. In der Noaherzählung ist von den Planken *(alwāḥ)* die Rede, aus denen die Arche („das Schiff") gemacht war (54:13). Die sind natürlich aus Holz. Auch das hebr. *lu'ah* hat diese beiden Bedeutungen, vgl. Arthur Jeffery, The Foreign Vocabulary of the Qur'ān, Baroda 1938, S. 254. Nach 2 Mose 32, 16 waren die Tafeln von Gott gemacht. Man denkt bei „wohlverwahrter Tafel" natürlich auch an die Gesetzestafeln, die in der Bundeslade aufbewahrt wurden (vgl. 2 Mose 25, 16 u. Par.) und gleichsam das irdische Gegenstück der im Himmel verwahrten Tafeln waren.

Vortrags im Vordergrund steht[2]. Der „fremdsprachigen Rezitation" *(qur'ān a'ǧamī)*, womit er die der Juden, Christen und anderen meint (41:44), stellt er die „arabische Rezitation" *(qur'ān 'arabī)* (12:2. 20:113. 39:28. 41:3. 42:7. 43:3) oder die „arabische Entscheidung" *(ḥukm 'arabī)* (13:37) gegenüber. Mehrfach betont er, daß er die Offenbarung „in klarer arabischer Sprache" erhalten habe und sie in der gleichen Sprache verkünde (16:103. 26:195. 46:12).

An mehreren Stellen des Korans werden die Anhänger der Religionen, mit denen Muhammad zu tun hatte, in einer Liste aufgezählt. Es sind neben den Muslimen, die als Gläubige schlechthin bezeichnet werden, die Juden, Christen und Sabier (2:62). Mit den Sabiern sind wahrscheinlich Mandäer, Anhänger der im südlichen Mesopotamien beheimateten Täufersekte, gemeint[3]. Die Liste in Sure 5:69 ist nur insofern verändert, als die Christen nach den Sabiern genannt werden. Eine dritte Liste, die die Sabier und Christen in der gleichen Reihenfolge wie in Sure 5 nennt, steht in Sure 22:17. Sie ist um eine Gruppe, die Zoroastrier *(maǧūs,* von griechisch magos), erweitert; am Schluß werden die Heiden genannt. Damit reicht der Bogen von den Muslimen zu den Polytheisten, die Anhänger der älteren Offenbarungsreligionen nehmen zwischen den beiden Extremen eine mittlere Stellung ein. Die Listen in Sure 2 und 5 enden mit einer versöhnlichen Aussage: „(alle) die, die an Gott und den Jüngsten Tag glauben und tun, was recht ist, denen steht bei ihrem Herrn ihr Lohn zu, und sie brauchen (wegen des Gerichts) keine Angst zu haben, und sie werden (nach der Abrechnung am Jüngsten Tag) nicht traurig sein." Den Juden, Christen und Sabiern (Mandäern) wird also bescheinigt, daß ihr Glaubensbekenntnis mit dem Islam identisch ist und sie, wie die Muslime, eine Anwartschaft auf das Heil haben. Anders verhält es sich bei der Liste in Sure 22. Die sechs Gruppen – Muslime, Juden, Sabier, Christen, Zoroastrier und Heiden – werden als Glaubensgemeinschaften mit unterschiedlichem Bekenntnis verstanden. Der Tenor ist insgesamt negativ; über die Differenzen, die zwischen ihnen bestehen, „wird Gott am Tag der Auferstehung entscheiden", wie

[2] Es kommt aber auch der Name *ṣuḥuf*, Blätter (Pl. von *saḥīfa*) vor, und zwar sowohl für die Urschrift im Himmel (80:13. 81:10), als auch für die Schriften, die Abraham (53:37. 87:19), Mose (53:36. 87:19) und Muhammad (98:2) in Händen hatten.

[3] Vgl. Paret, Kommentar zu 2:62.

es am Schluß der Aufzählung heißt. Wir können im Augenblick die Frage beiseite lassen, ob hier die Muslime und die Angehörigen der anderen Offenbarungsreligionen als eine Gruppe den Heiden als der anderen Gruppe gegenübergestellt werden; in diesem Falle wäre das Urteil über die Schriftbesitzer positiv. Das aber ist wohl nicht so gemeint. Wir werden darauf zurückkommen. Aus dem Vergleich der Schlußformel der dritten Liste mit der der beiden anderen Listen geht hervor, daß Muhammad seine Haltung geändert und sich von den Leuten der Schrift distanziert hat.

Die Anhänger der mosaischen Religion erscheinen im Koran unter zwei Namen: Kinder Israels *(Banū Isrā'īl)* und Juden *(yahūd)*. Kinder Israels heißen sie immer in den Erzählungen, in denen biblische Stoffe verwertet sind. Die biblische Erzählung von Jakobs Kampf mit dem Engel in Pniel, der ihm den Namen Israel („Gott kämpft") einbrachte (1 Mose 32, 25 ff.), ist dem Koran unbekannt. Der Name Jakob (Yaʿqūb), wird mehrere Male erwähnt, der Name Israel aber nur ein einziges Mal (19:58). „Sippe Jakobs", das Pendant zu „Kinder Israels", kommt zweimal vor (12:6. 19:6), einmal auch „Nachkommenschaft Jakobs" *(ḏurriyya Yaʿqūb)* (29:27). Zuweilen werden die Nachkommen Jakobs auch „die Stämme" *(al-asbāṭ)*, ohne weitere Spezifizierung, genannt (2:136. 3:84. 4:163). Die häufigste Bezeichnung ist „Kinder Israels", ohne daß auf die Identität Israels und Jakobs direkt hingewiesen wird. So hießen sie schon, bevor die Thora geoffenbart wurde (3:93). Am häufigsten erscheint der Name in den Erzählungen von Mose und dem Pharao und der Gesetzgebung auf dem Sinai (2:83. 5:12 u. a.). Auch in den Erzählungen von der Geburt und dem Wirken Jesu werden die Juden noch Kinder Israels genannt und von Jesus so angeredet (3:49. 5:72 u. a.). Sure 2:40–44 mit der Anrede „Ihr Kinder Israels!" könnte dem Inhalt nach eine Predigt Jesu sein, obwohl am Schluß islamische Vorschriften, Gebet *(ṣalāt)* und Almosensteuer *(zakāt)*, erwähnt werden. Speyer findet im Schlußsatz Anklänge an Matthäus 23, 3, wo Jesus die Heuchelei der Pharisäer und Schriftgelehrten anprangert[4]. „Kinder Israels" war die bevorzugte Selbstbezeichnung der Juden in der nachbiblischen Zeit und ein mit theologischem Gehalt gefüllter Name. Im Neuen Testament wird der Name meistens gebraucht, wenn von Juden die Rede ist[5].

[4] Speyer, Die biblischen Erzählungen im Koran, S. 450.

[5] Vgl. Theologisches Begriffslexikon zum Neuen Testament, hrsg. v. Lothar Coenen u. a., Wuppertal 1977, s. v. Israel.

Muhammad nennt seine jüdischen Zeitgenossen noch so: „Dieser Koran berichtet den Kindern Israels das meiste von dem, worüber sie uneins sind" (27:76). Seltener heißen die Anhänger des mosaischen Glaubens als Zeitgenossen Muhammads „Juden" (2:113. 3:67 u. a.). Nach koranischer Auffassung waren die Juden nichts anderes als ungläubige Israeliten: Jesus wandte sich mit seiner Botschaft an die Kinder Israels; diese teilten sich daraufhin in zwei Gruppen, die Christen *(naṣārā)*, die an Jesus glaubten, und andere, die nicht glaubten. Letztere hießen fortan Juden.

Die Christen werden im Koran durchweg *naṣārā* (Singular: *naṣrānī*) genannt. Der Name geht über das syrische *nasrajē*, wie die Christen auch in Persien genannt wurden, auf das griechische Nazoraioi zurück; in der Apostelgeschichte 24, 5 spricht der Hohepriester Ananias vor dem römischen Statthalter Felix in Caesarea von den Christen als der „Sekte der Nazoräer" [6].

Das koranische Ideal ist die religiöse Einheit: ein Gott, eine Urschrift, von der alle Offenbarungsschriften abstammen, eine Gemeinde *(umma)*, ein Prophet als Verkünder der Botschaft. In der Geschichte der Menschheit ist aber das Gegenteil eingetreten. Die Spaltung der Kinder Israels in Juden und Christen entspricht einem Prinzip, das nach Muhammads Auffassung in der Heilsgeschichte von Anfang an wirksam gewesen ist. Ursprünglich gab es nur eine einzige Glaubensgemeinschaft: Adam war nicht nur der Urvater der Menschheit, sondern als Empfänger und Verkünder der göttlichen Offenbarung auch Prophet und Gründer einer Gemeinschaft *(umma)*, die im Glauben eins war. Das gleiche gilt für Noah, mit dem ja ein neuer Anfang gemacht wurde. Die Predigt der Propheten hatte aber zur Folge, daß die Gemeinschaften, zu denen sie gesandt waren, sich in Gläubige und Ungläubige spalteten. Dann traten neue Propheten auf, und Gott „sandte mit ihnen (jeweils) die Schrift mit der Wahrheit herab, um (dadurch) zwischen den Menschen über das, worüber sie uneins waren (oder: uneins sind), zu entscheiden (oder: damit sie, sc. die Schrift, entscheide). Und nur diejenigen waren – in gegenseitiger Auflehnung darüber (sc. über die Schrift bzw. den wahren Inhalt der Offenbarung) uneins, denen sie gegeben wurde, nachdem sie die klaren Beweise erhalten hatten" (2:213) [7]. Mit den klaren Beweisen sind vielleicht die Wunder

[6] So Jeffery, The Foreign Vocabulary of the Qur'ān, S. 281. Herkunft und Etymologie des Wortes bleiben aber umstritten.

[7] Der gleiche Gedanke findet sich in 3:19, 45:17 u. 98:4.

gemeint, durch welche die Offenbarungsbringer beglaubigt wurden. In Sure 42:13–14 wird die Aufeinanderfolge von Propheten konkret und exemplarisch vorgeführt: Noah, Abraham, Mose, Jesus, Muhammad selbst. Ihre Predigt lautete: „Haltet die (Vorschriften der) Religion und teilt euch nicht (in verschiedene Gruppen)! . . . Und erst nachdem das Wissen (sc. die Offenbarung) zu ihnen gekommen war, teilten sie sich – in gegenseitiger Auflehnung – (in verschiedene Gruppen)." Daß die Dissidenten noch existieren und nicht längst durch Gottes Strafgericht vernichtet sind, verdanken sie, wie am Schluß von 42:14 gesagt wird, lediglich dem Umstand, daß Gott ihnen Aufschub gewährt hat; am Jüngsten Tag wird über sie Gericht gehalten, dann wird sich die Wahrheit herausstellen, die Gläubigen werden gerechtfertigt werden.

Jesu Aufruf zur Einheit wird mehrere Male erwähnt (21:92. 23:49. 43:63–65). Die Wahl der Jünger (vgl. Matthäus 10, 1–4 u. Par.), im Koran „Helfer" *(anṣār)* genannt, und ihre Aussendung (von der im Koran nichts gesagt wird) führt zur Spaltung: „Und eine Gruppe der Kinder Israels war gläubig, eine andere ungläubig" (61:14). Vor der gleichen Situation steht Muhammad als Verkünder der Botschaft an die heidnischen Araber. Die Gläubigen ermahnt er eindringlich, sich nicht in verschiedene Gruppen zu teilen (3:103). Zwar sind die Menschen immer noch in verschiedene Religionsgemeinschaften gespalten, aber im Islam ist das Ideal der Einheit schon verwirklicht: „Und wenn dein Herr gewollt hätte, hätte er die Menschen zu einer einzigen Gemeinschaft gemacht. Aber sie sind immer noch uneins, ausgenommen diejenigen, derer dein Herr sich erbarmt hat (sc. die Muslime). Dazu hat er sie geschaffen" (11:118).

In dieser Formulierung steckt die Lehre von der Prädestination: Gott hat gewollt, daß es unterschiedliche Religionsgemeinschaften gibt. Die Muslime, deren er sich durch die Gewährung des rechten Glaubens und der Einheit erbarmt hat, waren schon vor ihrer Geburt zum Erbarmen vorherbestimmt: „dazu (sc. zum Erbarmen) hat er sie geschaffen". Damit ist ein anderes Modell des religiösen Pluralismus vorgestellt: Die Spaltung ist nicht vom Menschen verschuldet, sondern von Gott gewollt (6:35. 6:149. 13:31). Wenn sie aber von Gott gewollt ist, muß sie vom Menschen akzeptiert werden. „Wenn Gott gewollt hätte, hätte er euch zu einer einzigen Gemeinschaft gemacht. Aber er (teilte euch in verschiedene Gemeinschaften auf und) wollte euch (so) in dem, was er euch (von der Offenbarung) gegeben hat, auf die Probe stellen" (5:48). Der Satz kann auch präsentisch verstanden werden, „wollte“ statt „gewollt hätte“, „teilt“ statt „teilte“ usw., und würde dann den andauernden Zustand beschreiben. Da von Gott nur Gutes kommt, muß die Vielfalt der Glaubensgemeinschaften akzeptiert werden. Die Anerkennung eines jeden auf Offenbarung beruhenden Glaubensbekenntnisses findet sich gleich anschließend an die eben zitierte Stelle: „Für jeden von euch (die ihr verschiedenen Bekenntnissen angehört) haben wir ein (eigenes) Brauchtum *(šir'a)* und einen (eigenen) Weg *(minhāǧ)* bestimmt.“ Der Sinn des religiösen Pluralismus wird darin gesehen, daß Gott die Menschen auf die Probe stellen wollte. Im religiösen Pluralismus soll der Gläubige den Willen Gottes und seine Weisheit erkennen, auch wenn dies nicht einsichtig ist[8]. Im Rahmen dessen, was der Glaube vorschreibt, soll der Mensch das Gute tun. Den anderen Religionen gegenüber soll er sich quietistisch verhalten; die Entscheidung darüber, wer den wahren Glauben hat, wird von Gott beim Gericht gefällt werden: „Wetteifert nun nach den guten Dingen! Zu Gott werdet ihr (dereinst) allesamt zurückkehren. Und dann wird er euch Kunde geben über das, worüber ihr (im Diesseits) uneins wart“ (5:48 Schluß).

Der religiöse Pluralismus ist also entweder durch den Unglauben der Menschen entstanden oder von Gott gewollt. Das dritte Modell der Erklärung dieses Phänomens geht von der ethnischen Vielfalt der Menschheit aus. Wir haben am Anfang dieses Kapitels schon gesehen, daß Muhammad sich als Prophet der Araber verstand; er war, wie er glaubte, berufen, den Arabern die Botschaft in ihrer Sprache zu verkünden und ihnen Teilnahme an der Offenbarung, die anderen Völkern bereits zuteil geworden war, zu ermöglichen. Das Prinzip der sprachlichen Zuständigkeit kommt in der folgenden Aussage klar zum Ausdruck: „Und wir haben keinen Gesandten (zu irgendeinem Volk) geschickt, außer (mit der Verkündigung) in der Sprache seines Volkes, damit er ihnen Klarheit gibt“ (14:4). Das gleiche ist gemeint, wenn Muhammad einen Propheten, der zu einem bestimmten Volk gesandt war, als dessen „Bruder“ bezeichnet und dadurch die ethnische Zusammengehörigkeit

[8] Die Probe oder Prüfung (*balā'* und abgeleitete Formen) des Menschen durch Gott kommt im Koran etwa dreißigmal vor, z. B.: Abraham wird durch die Verheißung von Nachkommenschaft (2:124) und den Befehl, seinen Sohn zu opfern (37:100), auf die Probe gestellt; die Israeliten durch die Bedrückung von seiten des Pharao (2:49. 7:141); die Muslime in Medina durch die Angriffe der Mekkaner (2:155. 3:154. 33:11 u. a.).

von Prophet und Volk hervorhebt. So war Hūd der Bruder der *ʿĀd* (7:65), Ṣāliḥ der Bruder der Ṯamūd (7:73), Šuʿaib der Bruder der Madyan (Midianiter) (7:85), Lot der Bruder der Bewohner „der Stadt", d. h. Sodom, dessen Name im Koran nicht erwähnt wird (26:161). Analog dazu wird auch Noah Bruder der Menschen, zu denen er gesandt ist, genannt (26:106), obwohl die Sintflut auch nach koranischer Lehre ein universales Strafgericht war und dementsprechend Noah als Prophet der noch ungeteilten Menschheit verstanden werden muß. Die Bezeichnung „Bruder" ist hier ganz überflüssig, da die ethnische Zusammengehörigkeit von Prophet und Volk vorauszusetzen ist. Die Verwirrung der Sprachen als Folge des Turmbaus von Babel ist dem Koran übrigens unbekannt. Der ethnische Pluralismus wird wie vieles andere, das nicht unmittelbar einsichtig ist, mit der Allmacht des Schöpfergottes erklärt (25:54).

Die Bezeichnung des Propheten als Bruder erinnert an 5 Mose 18, 15, wo Jahwe dem Mose die Erweckung eines Propheten „aus der Mitte deiner Brüder" ankündigt. Diese Verheißung wird in der Rede des Stephanus, die er hielt, bevor er gesteinigt wurde, aufgegriffen und auf Jesus bezogen (Apostelgeschichte 7, 37). Die gleiche Bedeutung wie Bruder hat im Koran die Bezeichnung des Propheten als eines Mannes, der „aus den eigenen Reihen" stammt. Muhammad bezieht dies stets auf seine eigene Person: Gott „hat unter den Heiden *(ummiyyūn)*, d. h. unter den Arabern) einen Gesandten aus ihren eigenen Reihen auftreten lassen, der ihnen seine Verse (in arabischer Sprache) verliest, sie (von der Unreinheit des Heidentums) läutert und sie die Schrift und die Weisheit (in arabischer Sprache) lehrt" (62:2, ähnlich 2:129. 2:151. 3:164).

Nun stellt sich die Frage, in welcher Reihenfolge die drei Modelle zur Erklärung des religiösen Pluralismus zu sehen sind. Ohne Zweifel ist die auf die ethnische Vielfalt bauende Erklärung die älteste, da sie volle Harmonie unter den Religionen und Völkern, mit Ausnahme der Heiden, voraussetzt. Als Muhammad diese Theorie entwickelte, war er noch fest davon überzeugt, daß er nichts anderes als seine Vorgänger im Prophetenamt verkündete und Judentum, Christentum und Islam in allem, was die Glaubenslehre und die Schriftgrundlage angeht, identisch waren. Daß diese Überzeugung durch mangelnde Kenntnis auf seiner Seite bedingt war, sei nur am Rande vermerkt. In diese Phase gehören auch die beiden oben behandelten Aufzählungen der Religionen in Sure 2:62 und 5:69. Die Erklärung der Vielfalt als Folge von Sünde und Auflehnung gegen die prophetische Sendung hat dann das ganz irenisch gestimmte, auf die ethnische Vielfalt gestützte Modell ersetzt. In dieser Phase war Muhammad entschlossen, die Einheit herzustellen, notfalls mit Gewalt. Daß er vor Gewaltanwendung nicht zurückschreckte, zeigen seine Maßnahmen gegen die Juden in Medina. Als sein Machtbereich größer wurde und sich damit auch sein politischer Horizont erweiterte, sah er sich zu einer mehr pragmatischen Haltung gegenüber Juden und Christen veranlaßt. Nun waren auch die Zoroastrier in sein Blickfeld getreten, wie die erweiterte Liste der Religionen in Sure 22:17 zeigt. In dieser dritten Phase sah er das Heil in der Duldung, ohne dogmatisch die geringsten Konzessionen zu machen. Die neue Haltung bedeutete nichts anderes, als daß die Vollstreckung des Urteils Gott überlassen bleibt und bis zum Jüngsten Tag aufgeschoben wird.

3.2 Juden und Christen

Der Wandel, dem Muhammads Haltung gegenüber den Leuten der Schrift unterworfen war, von der uneingeschränkten Zustimmung bis zur grundsätzlichen Distanzierung, hat sich auch in der Nomenklatur niedergeschlagen. Juden und Christen, um die es in der Diskussion mit den anderen Offenbarungsreligionen zunächst fast ausschließlich geht, werden zuerst noch unter dem Namen „Leute der Schrift" zusammengefaßt. Im weiteren Verlauf, mit wachsendem Kenntnisstand, wird zwischen Juden und Christen deutlich unterschieden. In dieser Unterscheidung kündigt sich schon die Trennung von beiden an, zunächst von den Juden, dann auch von den Christen. Am Schluß ist die Trennung vollzogen; Vorwürfe und Anklagen, die bisher gegen die eine oder die andere erhoben worden sind, gelten nun für beide, und damit ist der Weg für die Rückkehr zu der zusammenfassenden Bezeichnung „Leute der Schrift", wie sie am Anfang gebraucht worden ist, frei. Natürlich ist diese Entwicklung nicht sprunghaft vor sich gegangen. Zwischen den drei Etappen gibt es Übergangszeiten, in denen neben der allgemeinen die spezielle Nomenklatur, d. h. die Benennung jeder Religion mit ihrem eigenen Namen, verwendet worden ist.

Die erste Etappe ist mit Muhammads Tätigkeit in Mekka von seiner Berufung um 610 bis zur Hidschra zwölf Jahre später im großen und ganzen identisch. Ein zeitlicher Fixpunkt für die freundliche Haltung gegenüber den Christen ist das Jahr 614 mit der Niederlage der Byzantiner durch die Sassaniden, bei der Muhammad, wie in Sure 30:2–5 dokumentiert, eindeutig für Byzanz und damit für das Christentum Stellung nimmt. Der Konflikt mit den Heiden von Mekka kündigt sich in der Stellungnahme für Byzanz schon an. Er verschärft sich in der Folgezeit und erreicht einen ersten Höhepunkt in der Absage, die in der kurzen Sure 109 ihren Niederschlag gefunden hat: „Sag: Ihr Ungläubigen! Ich verehre nicht, was ihr verehrt . . . Ihr habt eure Religion, und ich die meine." Mit der zunehmenden Bedrohung seiner kleinen Gemeinde wendet Muhammad sich an das christliche Äthiopien und schickt eine Gruppe von Gläubigen dorthin. Was er damit bezweckt und nach welchen Gesichtspunkten er die Exulanten ausgewählt hat, ist unbekannt[9], aber daß er damals volles Vertrauen zu den Christen hatte, ist wohl kaum zu bezweifeln.

In der Auseinandersetzung mit den Heiden suchte Muhammad Zustimmung und Beifall bei den Juden und Christen. In Mekka konnte er dies von ihnen erwarten, da der Islam sich noch im Stadium der Entwicklung befand und klare Konturen, wenigstens für die Außenstehenden, noch fehlten. Verglichen mit den Anschauungen und Bräuchen der Heiden mußte Muhammad den Juden und Christen als ein Mann erscheinen, dessen Anschauungen sich wenigstens teilweise mit den ihrigen deckten, zumal der Prophet selbst der Meinung war, daß sein Glaubensbekenntnis sich nicht wesentlich von dem der Angehörigen der älteren Offenbarungsreligionen unterschied und der Koran nichts anderes als eine arabische Bibel war. In diese Situation mag die folgende Äußerung gehören: „Diejenigen, die die Schrift erhalten haben, noch ehe er (sc. der Koran) da war, glauben an ihn. Und wenn er ihnen verlesen wird, sagen sie: ‚Wir glauben an ihn. Es ist die Wahrheit (die) von unserem Herrn (kommt). Wir waren (schon) Muslime, noch ehe er da war'" (28:52–53; ähnlich 29:47 u. 3:199).

Aus heidnischer Sicht stellte sich die Anlehnung des Korans an die Bibel ganz anders dar. Muhammads Selbstverständnis, Empfänger einer Offenbarung zu sein, stellten die Heiden die Behauptung entgegen, der Koran sei nichts anderes als ein Plagiat der Bibel: „Sie sagen: ‚Das ist nichts als ein Schwindel, den er ausgeheckt hat, und bei dem ihm andere Leute geholfen haben . . . (Es sind) die Schriften der früheren (Generationen), die er sich aufgeschrieben hat'" (25:4–5). Andere Beispiele sind oben schon genannt worden (vgl. Kapitel 1.1). Gegen Ende der mekkanischen Periode begann das

[9] Vgl. auch Watt, Muhammad at Mecca, S. 112ff.

gute Einvernehmen zwischen den Muslimen und den Angehörigen der älteren Offenbarungsreligionen sich zu verschlechtern. Juden und Christen versuchten, sich der Umarmungsversuche des Propheten zu erwehren. Es kam zu Auseinandersetzungen mit ihnen, aber noch war Muhammad bereit, sachlich zu diskutieren: „Und streitet mit den Leuten der Schrift nie anders als auf eine möglichst gute Art – mit Ausnahme derer von ihnen, die Frevler sind! Und sagt: ‚Wir glauben an das, was (als Offenbarung) zu uns, und was zu euch herabgesandt worden ist. Unser und euer Gott ist einer. Ihm sind wir ergeben *(muslim)*'" (29:46). Daß die Frevler ausgenommen werden, zeugt von einer Spaltung der Juden und Christen in ihrem Verhältnis zu den Muslimen. Diese zeigt sich auch an anderen Stellen, wo die Leute der Schrift differenziert beurteilt werden: Nur ein Teil von ihnen hat ein korrektes Schriftverständnis und liest die Schrift „richtig" (2:121); es gibt unter ihnen solche, die nur Teile des Korans anerkennen (13:36); ein Teil der Schriftbesitzer wird ohne viel Federlesens als ungläubig erklärt (3:100).

Mit der Hidschra im September 622 beginnt die zweite Etappe in Muhammads Beziehungen zu den Leuten der Schrift. Hatte er es in Mekka mit vereinzelten Juden und Christen zu tun gehabt, so standen ihm jetzt drei geschlossene „Stämme" von Juden gegenüber, während die Christen vorerst ganz in den Hintergrund traten. Zuerst setzte Muhammad alles daran, die Juden für seine Sache zu gewinnen, indem er sich ihnen annäherte. Dazu gehörte, wie schon oben gesagt, die Übernahme liturgischer Bräuche wie die Wendung nach Jerusalem beim Gebet. Mit der Aufgabe dieses Ritus im Februar 624, kurz vor der Schlacht von Badr, der ersten großen Auseinandersetzung mit den Mekkanern, dürfte dieser Abschnitt der islamisch-jüdischen Beziehungen zu Ende gegangen sein. Wenn die Auseinandersetzungen bisher nur verbal geführt wurden, so ist der neue Abschnitt durch die Anwendung nackter Gewalt gekennzeichnet, da es klargeworden war, daß die Juden nicht zur Teilnahme am Krieg gegen Mekka zu gewinnen waren. Zwei jüdische Stämme wurden aus Medina vertrieben, die Banū Qainuqāʿ noch 624, die Banū Naḍīr im August 625, kurz nach der Schlacht von Uḥud, die für die Muslime nachteilig ausgegangen war und fast zur Katastrophe geführt hätte. Noch schlimmer erging es den Banū Quraiẓa kurz nach dem „Grabenkrieg", der im April 627 stattgefunden hatte[10]. Die Männer wurden fast ohne Ausnahme nieder-

[10] Der Name kommt daher, daß die Muslime um Medina einen Graben

gemacht, die Frauen und Kinder versklavt, der Besitz unter den Muslimen verteilt[11]. Dann beginnt der dritte Abschnitt der islamisch-jüdischen Beziehungen. Er ist durch eine abwartende Haltung Muhammads gekennzeichnet. Die Juden werden zwar zu Ungläubigen erklärt, aber unter gewissen Bedingungen toleriert. Das Urteil wird Gott überlassen; er wird am Jüngsten Tag den Streit zwischen Juden und Muslimen entscheiden.

Zur Phase der Annäherung gehört neben der Einführung des Gebetes nach Jerusalem hin der Versuch, die volle Tischgemeinschaft und das Connubium mit den Juden einzuführen. Die Bestimmungen darüber sind in Sure 5 niedergelegt: Erlaubt ist nach V. 3 fortan nur noch das Fleisch von Tieren, die ordnungsgemäß, d. h. unter Anrufung des Namens Gottes, geschlachtet worden sind. Verboten ist das Fleisch von heidnischen Opfertieren, von Kadavern, Schweinefleisch und Blut. Durch das Verbot des Losens mit Pfeilen wird ein heidnischer Brauch, der im Leben der Araber eine wichtige Rolle gespielt hatte, abgeschafft[12]. Deutlicher wird ein Bezug zum jüdischen Speisegesetz in V. 5 hergestellt: „Und was diejenigen essen, die vor euch die Schrift erhalten haben, ist für euch erlaubt." Der gleich anschließende Satz: „Und (ebenso) ist (ihnen, d. h. den Juden, erlaubt) was ihr eßt" muß den Juden ein Ärgernis gewesen sein, da Muhammad natürlich nicht befugt sein konnte, Speisegesetze für die Juden zu erlassen. In der Polemik gegen die Juden, die sich bald entwickelte, nimmt dann auch das jüdische Speisegesetz, wie wir gleich sehen werden, einen wichtigen Platz ein. V. 4 ist vielleicht später an dieser Stelle eingefügt; er gibt die ursprüngliche Auffassung Muhammads wieder, die vom jüdischen Speisegesetz noch ganz unberührt war. Hier wird nämlich alles für erlaubt erklärt: „Erlaubt sind euch die guten Dinge;" anschließend wird auch Wild, das von Jagdtieren, gedacht ist wohl an Falken, geschlagen ist, für erlaubt erklärt, sofern nur, bevor man es ißt, der Name Gottes darüber ausgesprochen wird. Den Juden war dies abscheulich, da das Gesetz die Jagd überhaupt für unerlaubt erklärt. Nimrod

(ḫandaq) ausgehoben hatten, um einen erwarteten Angriff der Mekkaner abzuwehren. Das Wort *ḫandaq* ist persischen Ursprungs und zeigt, wie stark der iranische Einfluß im Ḥiǧāz in dieser Zeit war.

11 Dazu M. J. Kister, The Massacre of the Banu Qurayẓa: a Reexamination of a Tradition, in: Jerusalem Studies in Arabic and Islam 8 (1986), S. 61–96.

12 Zu den Lospfeilen an der Kaaba s. o. S. 22.

und Esau erscheinen in der Bibel als Jäger und Rebellen gegen Gott. Erschwerend kommt hinzu, daß die Falken den Juden als unreine Vögel gelten. Auch die in V. 5 enthaltenen Vorschriften über das Connubium dürften die Juden nicht zufriedengestellt haben. Hier wird nämlich den Muslimen erlaubt, außer den gläubigen Frauen, d. h. den Musliminnen, „die ehrbaren Frauen (aus der Gemeinschaft) derer, die vor euch die Schrift erhalten haben," zu heiraten, doch bleiben den Juden die muslimischen Frauen verwehrt, wenn man die Vorschrift eng faßt.

Solche Regelungen waren, wenn sie tatsächlich bald nach der Hidschra getroffen wurden[13], geeignet, das Einvernehmen mit den Juden zu gefährden. Dies gilt auch für den Wechsel der Gebetsrichtung von Jerusalem nach Mekka. Diese Maßnahme gehört mit der Verkündigung der Lehre, Abraham sei der erste Muslim gewesen und habe die Kaaba erbaut (oder vom heidnischen Kult gereinigt), in den Rahmen der Bemühungen, eine Vererbung der Schrift und des Prophetenamtes von Abraham bis hinunter zu Muhammad zu postulieren. Daß die Schrift zum Erbe gegeben worden ist, wird im Koran an mehreren Stellen gesagt, ohne daß klar wird, wer sie von wem erbt (7:169. 35:32. 42:14). In Sure 40:53 heißt es dagegen ganz eindeutig, daß die Kinder Israels die Schrift von Mose erbten. Die Offenbarung wird zusammen mit dem Prophetenamt von Generation zu Generation in der gleichen Weise weitergereicht, wie z. B. die Israeliten das Land von den Ägyptern erben (26:59) und Salomo den David beerbt (27:16). Am Beginn der Erbenreihe steht Abraham, wie man am Stammbaum Jesu, der bis zu Adam hinaufgeführt ist, in Sure 3:33 sehen kann. Während Adam und Noah als Einzelpersonen und Einzelpropheten genannt werden, ist bei Abraham von der „Sippe Abrahams" *(āl Ibrāhīm)* die Rede (und anschließend von der Sippe ʿImrāns, aus der Jesus hervorgegangen ist). Abraham glaubte (19:41–48), und deshalb wurden ihm Isaak (und danach) Jakob geschenkt: „Und jeden von ihnen machten wir zu einem Propheten" (19:49). Daß Isaak ein Prophet sein werde, wird schon von den Engeln bei der Verkündigung unter der Eiche von Mamre gesagt (37:112). Wie es weiterging, wird in Sure 29:27 gesagt: „Und wir schenkten ihm (sc. Abraham) Isaak und Jakob und machten in seiner Nachkommenschaft die Prophetie

[13] Zur zeitlichen Einordnung vgl. Paret, Kommentar zu 5:3. Paret zitiert E. Gräf, der sich ebenfalls für die Datierung kurz nach der Hidschra ausspricht.

und die Schrift (heimisch)." Neben Isaak muß Ismael genannt werden, den die Araber ja als ihren Stammvater betrachten. Die Linie der Erben wird in einer Liste von Propheten vorgestellt: Abraham, Ismael, Isaak, Jakob, „die Stämme" (*al-asbāṭ*, gemeint sind natürlich die zwölf Söhne Jakobs als die Väter der zwölf Stämme, die in ihrer Gesamtheit die „Kinder Israels" bilden), Mose, Jesus und die Propheten (2:136. 3:84. 4:163, der erste Teil). Auf Abraham, Mose und Jesus ist die Liste in Sure 42:13 reduziert, auf Abraham und Mose in Sure 87:19. An der zuletzt genannten Stelle wird von den „Blättern" Abrahams und Moses gesprochen, woraus sich ergibt, daß Muhammad überzeugt war, schon Abraham habe eine Offenbarungsschrift erhalten[14].

Muhammad reiht sich in die Liste der Erben ein, indem er erklärt, die Araber seien Nachkommen Abrahams. Dieser baute (oder reinigte) nicht nur die Kaaba (2:125, 127), sondern Gott wies ihm „die Stätte des Hauses" (sc. die Kaaba) als Wohnung an (22:26). In der weiteren Entwicklung dieser Legende wird Ismael ins Bild gebracht: Er half beim Bau bzw. der Reinigung der Kaaba und nahm in Mekka Wohnung. Aus seiner Nachkommenschaft stammt Muhammad. Darüber wird weiter unten noch ausführlich zu sprechen sein.

Das kunstvoll errichtete Gebäude der Vererbung von Schrift und Prophetie und Ismael als dem Stammvater der Araber hat eine Grundlage im biblischen Bericht von seiner und seiner Mutter Hagar Verstoßung und seinem Leben in der Wüste als Bogenschütze (1 Mose 21); als Abraham starb, versöhnte er sich mit Isaak; beide begruben den Vater in der Höhle von Machpela. Die Nachkommenschaft Ismaels, nach der Analogie der Israeliten in zwölf Stämme geteilt, lebte in „Niederlassungen und Zeltlagern" im nördlichen Teil der Arabischen Halbinsel (1 Mose 25). Diese biblischen Angaben können für Muhammads These, Ismael sei der Stammvater der Araber, nutzbar gemacht werden. Dagegen gibt es für Abraham (und Ismael) als Erbauer der Kaaba in der Bibel keinen Anhaltspunkt.

In der westlichen Forschung sind über Abraham im Denken Muhammads und seine Beziehung zur Kaaba gegensätzliche Thesen aufgestellt worden. Chr. Snouck Hugronje hat die Meinung vertreten, Muhammad habe die Erzählung vom Bau der Kaaba

[14] Zu den „Blättern" s. o. S. 31, Anm. 2. Vielleicht schwingt hier die Erinnerung an Schriften wie die Apokalypse Abrahams nach.

durch Abraham eingeführt, weil er die Muslime zur Rückeroberung Mekkas und Wiederherstellung des monotheistischen Gottesdienstes an der Kaaba motivieren wollte [15]. Für diese Motivierung gibt es Hinweise im Koran (z. B. 2:217), doch muß man wohl davon ausgehen, daß Abraham schon vor der Hidschra mit der Kaaba in Verbindung gebracht worden ist. Auch ist der Koran nicht in erster Linie eine Quelle für Irrtümer, die man Muhammad nachweisen kann, wenn man seine Aussagen mit denen der Bibel vergleicht, sondern eine Quelle für Anschauungen und Lehren, die zu seiner Zeit auf der Arabischen Halbinsel in Umlauf waren. Die Gegenposition zu Snouck Hurgronje nimmt Moubarac mit der Annahme ein, Abrahams Anwesenheit im Ḥiǧāz sei als historische Tatsache zu betrachten; für Muhammad habe Abraham schon bei Beginn seines prophetischen Wirkens eine zentrale Rolle gespielt, die Erzählung vom Bau der Kaaba durch Abraham sei mehr als eine reine Zwecklegende [16]. Damit kommt Moubarac dem kompromißlosen Glauben der Muslime an den historischen Wahrheitsgehalt koranischer Aussagen entgegen. Zwischen den beiden Extremen vermittelt E. Beck, indem er Abrahams Bedeutung in der Lehre Muhammads vor der Hidschra anerkennt, aber die Historizität der Anwesenheit des Patriarchen in Arabien in Frage stellt [17].

Die Erzählung von Abraham als dem ersten Muslim und dem Erbauer der Kaaba ist nur ein Element in Muhammads Lehre von der Vererbung der Schrift und der Prophetie. In erster Linie dient sie gegenüber den Juden von Medina dem Nachweis, daß Muhammad legitimer, von Gott berufener Prophet ist, weil die Araber durch Ismael Nachkommen Abrahams sind.

3.3 Die Verfehlungen der Juden

Bei den Juden von Medina fand Muhammad kein Gehör. Sie widersetzten sich seiner Lehre, die in ihren Ohren exotisch klang,

[15] Chr. Snouck Hurgronje, Het Mekkaanische Feest, Leiden 1880 (Verspreide Geschriften I), Bonn/Leipzig 1923, S. 1–124.

[16] Y. Moubarac, Abraham dans le Coran, Paris 1958.

[17] Edmund Beck, Die Gestalt Abrahams am Wendepunkt der Entwicklung Muhammads, in: Le Muséon 65 (1952), S. 79–94, auch in: Der Koran, S. 111–133. Zusammenfassende Diskussion von R. Paret, Ibrāhīm, in: Encyclopaedia of Islam, 2. Auflage, III 980–981.

und waren auch nicht bereit, ihn bei der Verwirklichung seiner Pläne im Hinblick auf Mekka und die heidnischen Araber zu unterstützen. Es dürfte schon bald nach der Hidschra zum Bruch gekommen sein. Die Diskussion zwischen Muhammad und den Juden ist fortan von Feindschaft geprägt. Im Koran hat sie sich in vielfacher Weise niedergeschlagen. Formal kann man die gegen die Juden erhobenen Vorwürfe in drei Gruppen teilen: Einmal sind es in sich abgeschlossene biblische Erzählungen, durch die Muhammad seine Auffassung belegen will. Diese sollen im folgenden Kapitel im Zusammenhang behandelt werden. An zweiter Stelle kommen Listen, in denen die Freveltaten der Israeliten, meist in Anlehnung an biblische Erzählungen, aufgezählt werden. Den dritten Platz nehmen einzelne Aussagen ein, die teils aus der biblischen Geschichte genommen sind, teils sich auf zeitgenössische Ereignisse oder Lehren und Bräuche der Juden beziehen. Die Argumente gegen die Juden sind teils christlicher Herkunft, wie man ja im Neuen Testament, in liturgischen Texten und bei den Theologen der alten Kirche manches lesen kann, was sich gegen die Juden verwenden läßt.

Eine Liste von Freveltaten, aus der Bibel zusammengestellt, findet sich in Sure 2:49–61: Gott erinnert an seine Wohltaten und stellt diesen den Undank der Israeliten gegenüber. Dem Undank folgt prompt Gottes Vergebung, und dieser schließt sich stets eine neue Untat an. Die Liste beginnt mit der Errettung der Israeliten aus der Hand der Ägypter und dem Ertrinken der letzteren im Meer, „während ihr (Israeliten) zuschautet“ (V. 49–50). Der Wohltat der Errettung aus dem Meer folgte die Wohltat der Offenbarung Gottes auf dem Sinai, doch die Israeliten verfertigten das Goldene Kalb und verfielen dem Götzendienst (V. 51–52). In den beiden folgenden Versen wird dies mit anderen Worten wiederholt (V. 53–54). Dann forderten die Israeliten von Mose: „Wir werden dir nicht glauben, bis wir Gott klar und deutlich sehen“ (V. 55). Hier fehlt das erste Glied, nämlich die Wohltat Gottes. Zweifellos ist zu ergänzen, daß Mose mit den Tafeln vom Berg herabgestiegen war und von den Israeliten die Annahme des Gesetzes als Gottes Offenbarung verlangt hatte, worauf diese die erwähnte Forderung erhoben. Die Strafe dafür war ein Donnerschlag; die Israeliten fielen tot zu Boden, wurden aber wieder zum Leben erweckt (V. 56), was als die fällige Vergebung zu deuten ist. Es folgen die Wohltaten Gottes auf dem Zug durch die Wüste: die Wolke, das Manna und die Wachteln. Die Wolke spendet Schatten, ihre Funktion ist es nicht, die Israeliten zu führen, wie in der Bibel erzählt wird

(2 Mose 13, 21f. u. Parallelen), sondern sie vor der Sonnenglut wie ein Zelt zu schützen. Die Nahrungsmittel werden mit der Weisung präsentiert: „Eßt von den guten Dingen, die wir euch beschert haben!" Die Israeliten aber waren undankbar und widerspenstig, „und sie frevelten nicht gegen uns (Gott), sondern gegen sich selber" (V. 57)[18]. Es wird nicht gesagt, worin der Frevel besteht. Vermutlich sind die jüdischen Speisegesetze gemeint, von denen anderswo gesagt wird, die Israeliten hätten sich diese selbst auferlegt, vor der Offenbarung der Thora seien alle Speisen erlaubt gewesen (3:93). Die mit der Speisung in der Wüste verbundene Weisung, von den guten Dingen, die Gott beschert hat, zu essen, bedeutet also, daß das jüdische Speisegesetz mit seinen komplizierten Regeln keine Gültigkeit hat. Dann werden die Israeliten aufgefordert: „Tretet in diese Stadt ein, und eßt uneingeschränkt davon, wo ihr wollt!" usw. (V. 58). Dies bezieht sich auf den durch Mose ergangenen Befehl Gottes, das verheißene Land kämpfend in Besitz zu nehmen (vgl. 5:20–26)[19]. Im Land der Verheißung sind alle Speisen erlaubt: Es handelt sich um die gleiche Ermächtigung, die an das Manna und die Wachteln, die der Wüste gemäßen Speisen, geknüpft war. Weil die Israeliten sich weigerten, das verheißene Land zu erobern, müssen sie zur Strafe vierzig Jahre in der Wüste wandern (5:26; vgl. 3 Mose 14).

Die Liste der Wohltaten Gottes und der Freveltaten der Israeliten in Sure 2 schließt mit dem Wasserwunder Moses in der Wüste (2 Mose 17, 1–7) und der Unzufriedenheit des Volkes mit den von Gott gespendeten Speisen (4 Mose 11, 4–6). Sie klingt aus mit dem zusammenfassenden Vorwurf, daß die Israeliten ungläubig waren, die Propheten töteten, widerspenstig waren und die Gebote Gottes übertraten. Die über sie verhängte Strafe ist in dem Satz zusammengefaßt: „Und Erniedrigung und Verelendung kam über sie, und sie verfielen dem Zorn Gottes" (V. 60–61). Dies bezieht sich ohne Zweifel auf die Zerstörung des Tempels und die Zerstreuung der Juden unter den Völkern.

[18] Paret ergänzt in Klammern „damit" und versteht den Satz offensichtlich so, daß die Israeliten durch ihre Undankbarkeit frevelten und sich nach dem Reichtum an Speisen in Ägypten zurücksehnten. Davon wird weiter unten in 2:61 gesprochen. Hier handelt es sich m. E. um das Speisegesetz schlechthin.

[19] Vgl. dazu Paret, Kommentar zu 2:58f., wo die Schwierigkeiten dieser Stelle und die von Speyer, Jeffery, Hirschfeld u. a. vorgeschlagenen Lösungen erörtert werden.

Eine ähnliche Liste steht in Sure 4:153–162. Der Anlaß ist die Forderung der Juden, Muhammad solle zur Bestätigung seiner Botschaft ein Buch *(kitāb)* vom Himmel herabkommen lassen. Der Prophet antwortet mit dem schon aus der ersten Liste bekannten Vorwurf, die Israeliten hätten von Mose verlangt, er solle bewirken, daß sie „Gott klar und deutlich sehen". Dann beteten sie das Goldene Kalb an, aber Gott rechnete es ihnen nicht an (V. 153). Dann kam der Bundesschluß auf dem Sinai, Gottes Befehl, das verheißene Land in Besitz zu nehmen und das Sabbatgebot. Doch die Israeliten brachen den Bund, waren ungläubig, töteten die Propheten und schreckten nicht davor zurück, Gott die Schuld an ihren Sünden zu geben: „Unser Herz ist unbeschnitten" (V. 154–155)[20]. Die Liste wird mit den Verfehlungen gegen Maria und Jesus fortgesetzt. Gegen Maria brachten sie eine Verleumdung vor, weil sie Jesus geboren hatte, aber keinen Ehemann vorweisen konnte (V. 156). Nun wäre die Gelegenheit gekommen, den Vorwurf, die Israeliten töteten die Propheten, zu konkretisieren und auf ihre Mitschuld am Kreuzestod Jesu hinzuweisen. Diese Anklage wird jedoch nicht erhoben. Die Verfehlung der Juden besteht nicht darin, daß sie Jesus getötet haben, sondern in der Behauptung, sie hätten ihn getötet (V. 156–157). Davon wird später zu sprechen sein. Jesus wurde, wie Muhammad hier sagt, durch die Aufnahme in den Himmel dem Zugriff seiner Feinde entzogen (V. 158). Die Liste endet mit der Aufzählung von Verfehlungen, die an neutestamentliche Aussagen anklingen: Sie hielten viele vom Wege Gottes ab, nahmen Zins und brachten die Leute in betrügerischer Weise um ihr Vermögen (V. 160–161). Dies und die Tötung der Propheten erinnert an Jesu Wehruf über die Schriftgelehrten und Pharisäer: Sie schließen das Himmelreich vor den Menschen zu und lassen die nicht hinein, die hineingehen wollen; sie verprassen die Häuser der Witwen; sie sind die Söhne von Prophetenmördern (Matthäus 23, 13–33). Jesus ruft über Jerusalem anklagend aus: „Jerusalem, Jerusalem! Du tötest die Propheten und steinigst, die zu dir gesandt sind" (Matthäus 23, 37 u. Par.).

Während die Strafe für die Verfehlungen in der Liste in Sure 2 darin besteht, daß die Juden erniedrigt sind und im Elend leben (V. 61), wird die Strafe in der Liste in Sure 4 darin gesehen, daß

[20] In 3 Mose 26, 41 wird vom „unbeschnittenen Herz" der Israeliten gesprochen, weil sie den Bund gebrochen haben. Paulus, Römer 2, 29, spricht von der Beschneidung des Herzens.

Gott ihnen „gute Dinge verboten (hat), die ihnen an sich erlaubt waren“ (V. 160). Diese Formulierung läßt an das strenge jüdische Speisegesetz denken. Wir haben eben gesehen, daß Muhammad der Meinung war, vor der Offenbarung der Thora seien alle Speisen erlaubt gewesen, die Israeliten hätten die Speisegesetze sich selbst auferlegt, ohne daß Gott dies befohlen hätte. Hier wird nun das Speisegesetz als Strafe für die Sünden gedeutet. Der gleiche Zweck wird dem Speisegesetz an einer anderen Stelle beigelegt: Am Schluß einer Aufzählung von Fleischspeisen, die den Juden verboten sind, heißt es: „Damit haben wir (sc. Gott) ihnen für ihre Auflehnung vergolten“ (6:146).

Neben den Verfehlungen, die in Listen aufgeführt sind, stehen solche, die einzeln erwähnt werden. Sie sind teilweise mit ersteren identisch. Einen breiten Raum nehmen die Passagen ein, in denen den Juden unsachgemäßer und ungesetzlicher Umgang mit der Heiligen Schrift angelastet wird. Wiederholt wird gesagt, daß sie die Schrift, die klaren Zeichen *(baiyināt)* und die Wahrheit verheimlichen (2:159, 174), „obwohl sie die Schrift so gut wie ihre Söhne kennen“ (2:146. 6:20 u. ö.). Dies tun sie, obwohl ihnen von Gott befohlen worden ist, die Schrift den Menschen klarzumachen und sie nicht verborgen zu halten (3:187). Es scheint, daß sich die Geheimhaltung nur auf einen Teil der Schrift erstreckt. Einmal wird gesagt, sie schrieben die Schrift auf Pergamentblätter und machten diese der Öffentlichkeit zugänglich, gleichzeitig aber hielten sie vieles davon geheim (6:91). Vielleicht bezieht sich der Vorwurf der Geheimhaltung auf die Aufbewahrung der Schriftrollen in der Synagoge im Thoraschrein, was schon im Talmud bezeugt ist und sicherlich auch in Medina praktiziert wurde[21]. Auch eine andere Erklärung wäre denkbar, daß nämlich Muhammad sich einen christlichen Vorwurf gegen die Juden zu eigen macht. Dieser Vorwurf gründet sich darauf, daß der christliche Kanon des Alten Testaments, wie er in der Septuaginta überliefert ist, umfangreicher ist als der hebräische, der festgelegt wurde, als die Septuaginta schon in Umlauf war. Die alte Kirche verstand unter den „Apokryphen“ zunächst die „verborgenen“, von der öffentlichen Verbreitung ausgeschlossenen Schriften, deren Inhalt ketzerisch war und deshalb nicht anerkannt wurde. Hieronymus (gest. 419/20) übertrug diesen

[21] Vgl. Ismar Elbogen, Der jüdische Gottesdienst in seiner geschichtlichen Entwicklung, Frankfurt a. M. 1931 (Nachdruck Hildesheim 1962), S. 469f.

Namen auf die Bücher des Alten Testaments, die im jüdischen Kanon fehlten, ohne damit eine Abwertung dieser Bücher zu verbinden. Doch konnte den Juden jederzeit vorgeworfen werden, sie hielten diese Schriften, da sie in ihrem Kanon nicht erschienen, geheim[22]. Dazu paßt Muhammads Tadel, sie veröffentlichten einen Teil der Schriften, vieles aber verheimlichten sie. Sie kennen aber die Schrift „wie ihre Söhne", was doch wohl heißen soll, daß sie wissen, was zum Kanon gehört und was nicht, wie sie wissen, ob jemand ihr Sohn ist oder nicht. Die Verheimlichung beruht also nicht auf Unkenntnis, sondern ist beabsichtigt, was einer Unterschlagung gleichkommt.

Weniger klar ist der Vorwurf, die Juden entstellten die Schrift: „Und wir machten ihre Herzen verhärtet, so daß sie die Worte (der Schrift) entstellten (indem sie sie) von der Stelle weg(nahmen), an die sie hingehören" (5:13, ähnlich 4:46). Ein Teil der Juden hat „das Wort Gottes gehört und es daraufhin, nachdem er es verstanden hatte, wissentlich entstellt" (2:75). Der Vorwurf der Schriftfälschung *(taḥrīf)* ist später zu einem festen Bestandteil des Repertoires der islamischen Polemik gegen die Juden (und Christen) geworden[23]. Durch den Vergleich biblischer Texte mit dem Koran konnte man zeigen, daß die Schriftbesitzer von der Lehre ihrer Stifter, die den reinen Islam gelehrt hatten, abgewichen waren. Es mag dahingestellt bleiben, ob Muhammad den Begriff *taḥrīf* in diesem weitreichenden Sinne verstanden hat. Vielleicht dachte er an den jüdischen Brauch, in bestimmten Fällen anstelle eines im Text geschriebenen Wortes ein anderes, am Rand geschriebenes Wort zu lesen, oder an Textänderungen, die vorgenommen wurden, um anstößige oder die Majestät Gottes beeinträchtigende Wendungen zu beseitigen. Das würde allerdings voraussetzen, daß er tief in die Geheimnisse der jüdischen Schriftgelehrsamkeit eingedrungen war. Es wäre ihm dann sicherlich nicht entgangen, welche Mühe die Ge-

[22] Eine einschlägige Geschichte ist bei Agapius von Mabbug (1. Hälfte 10. Jh.) überliefert: Die Juden hätten die Chronologie der Bibel gefälscht, um Daniels Berechnung der Ankunft des Messias zu verschleiern. Kaiser Konstantin habe eine Kopie der in Alexandrien aufbewahrten Septuaginta kommen lassen, um den Text zu verbessern, vgl. Agapius Mabbugensis, Historia universalis, hrsg. v. L. Cheikho, Löwen 1954, S. 226.

[23] Immer noch lesenswert ist die Arbeit von Erdmann Fritsch, Islam und Christentum im Mittelalter. Beiträge zur Geschichte der Muslimischen Polemik gegen das Christentum in arabischer Sprache, Kirchhain 1930.

lehrten aufwandten, um den Text ungeschmälert und unverfälscht weiterzugeben.

Einleuchtender als die bisher erwähnten Vorwürfe ist der, daß die Juden die Schrift verschachern (wörtlich: um einen geringen Preis verkaufen): „Aber wehe denen, die die Schrift mit ihrer Hand schreiben und dann sagen: ‚Das stammt von Gott', um sie zu verschachern! Wehe ihnen im Hinblick auf das, was sie begehen!" (2:79). Ähnliches ist wohl auch in Sure 2:174 gemeint, wo sich der Vorwurf des Verschacherns der Schrift an den des Verheimlichens anschließt. Die Höllenstrafe paßt zu ihrer Habgier: Sie „bekommen in ihrem Bauch nichts als Feuer zu essen" [24]. Vielleicht meint Muhammad die gewerbsmäßige Herstellung von Amuletten mit Bibeltexten, oder von Tefillim (Gebetsriemen), zu denen ja Behälter mit Schriftröllchen gehören. Im Neuen Testament werden die Tefillim mit dem unangemessenen Namen „phylakterion" erwähnt (Matthäus 23, 5), was wörtlich „Schutzmittel", d. h. Amulett, bedeutet. Das Wort steht im Kontext einer Polemik gegen die Schriftgelehrten und Pharisäer, die ihre Gebetsriemen breit machen.

Weiter werden den Juden Verfehlungen unterschiedlicher Art vorgehalten: Willkürliche Schriftauslegung, was dazu führt, daß sie gegen das Gesetz Leute aus ihren Wohnungen vertreiben (2:85); Bruch des Sabbatgebots (2:65. 5:60); Zinsnehmen (4:161); das Unterschlagen anvertrauten Gutes mit dem Argument, gegenüber Heiden sei dies erlaubt (3:75). Gegen jüdische Gelehrte (aḥbār) (und auch christliche Mönche) richtet sich die Anklage, sie brächten Leute in betrügerischer Weise um ihr Vermögen (4:161. 9:34), was in bezug auf Pharisäer und Schriftgelehrte ja schon im Neuen Testament gesagt wird (Matthäus 23, 14). Daß die Juden zu Unrecht erworbenes Gut verzehren (5:42), ohne daß die Rabbiner und Gelehrten sie daran hindern (5:62–63), hat den gleichen Sinn. Vielleicht noch schlimmer als das Übertreten von Verboten ist es, wenn die Juden (im Namen Gottes) Handlungen für verboten erklären, die eigentlich erlaubt sind: „Sie verboten einander nicht verwerfliche Handlungen, die sie begingen (oder: begangen hatten). Etwas Schlimmes haben sie da getan!" (5:79). Vielleicht sind die Speisegesetze gemeint, von denen Muhammad, wie oben schon gesagt, meinte, die Israeliten hätten sie willkürlich eingeführt.

Die Juden handeln nicht nur moralisch verwerflich, sondern

[24] Nach Sure 4:10 ist das die Strafe der Habgierigen, die das Vermögen der Waisen zu Unrecht aufzehren.

lehren auch dogmatische Irrtümer: Die Höllenstrafe erklären sie für zeitlich begrenzt (2:80. 3:24), und sie behaupten, Gott habe seine Freigebigkeit suspendiert: „Die Hand Gottes ist gefesselt" (5:64)[25]. Das jüdische Selbstverständnis, das auserwählte Volk zu sein, spielt in Muhammads Polemik jedoch nur eine untergeordnete Rolle. Sie behaupten, „Freunde Gottes" zu sein (62:6), das Paradies (wörtlich: die jenseitige Behausung bei Gott) gehöre ihnen speziell (2:94). Muhammad kommentiert dieses dünkelhafte Verhalten mit der ironischen Aufforderung, sie sollten sich den Tod wünschen (2:96), um möglichst schnell in das ihnen vorbehaltene Paradies zu gelangen.

Mehrfach spricht Muhammad von den Strafen, die über die Juden wegen ihrer Sünden verhängt seien. Spöttisch vergleicht er sie, die die Thora haben, sie aber weder verstehen, noch sich daran halten, mit einem Esel, der Bücher trägt (62:5). Daß die strengen Gesetze den Juden als Strafe für ihre Sünden auferlegt seien, wird mehrere Male gesagt: Dazu gehört das strenge Speisegesetz (6:146), aber auch das Gebot der Sabbatruhe (16:124). Schwerer als dies wiegt der Fluch, mit dem Gott sie belegt hat: „Und weil sie ihre Verpflichtung brachen, haben wir sie verflucht" (5:13). Der Fluch trifft sie, weil sie den Sabbat schänden (4:47. 5:60), die Schrift verheimlichen (2:159) und Götzendienst treiben (4:51–52). Die Bibel selbst spricht gegen sie; Muhammad folgt christlicher Überlieferung, wenn er David und Jesus zu Zeugen nimmt: „Diejenigen von den Kindern Israels, die ungläubig waren, wurden (seinerzeit) durch den Mund Davids und Jesu, des Sohnes der Maria, verflucht. Dies trat (ein zur Strafe) dafür, daß sie widerspenstig waren und (die Gebote Gottes) übertraten" (5:78). Die Verfluchung durch David bezieht sich vielleicht auf Psalm 109, „Bitte um Errettung vor dem Fluch der Feinde", der einen Fluch gegen Davids Feinde enthält; einen Hinweis auf die Kreuzigung Jesu und eine Verfluchung der Juden findet Augustinus in Psalm 68[26]. Als Verfluchte stehen sie auf einer Stufe mit den Polytheisten (4:118. 7:38), mit dem ungläubigen Volk der ʿĀd (11:60), dem Pharao (11:99. 28:42), ja selbst mit dem Teufel, dem Feind der gesamten Menschheit (15:35–38. 38:78). Wer dem Fluch Gottes anheim-

[25] Wegen der Zerstörung des Tempels (Tor Andrae), oder Antwort Gottes auf die Klagen des Volkes in der Wüste 4 Mose 11, 23 (W. Rudolph), vgl. Paret, Kommentar zu 5:64.

[26] So Speyer, vgl. Paret, Kommentar zu 5:78.

fällt, ist beim Gericht zur Hölle verdammt (11:18. 13:25. 33:57. 40:52).

Die Verfluchung der Juden markiert den Höhepunkt der Agitation gegen die Anhänger der mosaischen Religion. Es ist anzunehmen, daß sie in die Zeit des Massakers an den Banū Quraiẓa fällt. Später nimmt der Prophet wieder eine gemäßigtere Haltung ein und überläßt das Urteil über die Juden Gott. Die Mäßigung ist das Ergebnis einer pragmatischen Politik, zu der Muhammad sich gezwungen sah, nachdem sein Einflußbereich sich erweitert hatte und es notwendig geworden war, außer mit Juden auch mit Christen und Zoroastriern zu paktieren. Der Waffenstillstand mit Mekka im März 628 gab ihm die Möglichkeit, nach Norden auszugreifen. Im Mai/Juni des gleichen Jahres eroberte er Ḫaibar, die schon erwähnte Oasenstadt nordwestlich von Medina, und schloß mit der mehrheitlich jüdischen Bevölkerung, die durch die aus Medina vertriebenen Juden noch verstärkt worden war, ein Abkommen, das ihnen das Verbleiben auf ihren Ländereien gestattete, sie aber zu Pächtern der Muslime machte. Es scheint, daß Muhammad erst nach einigem Zögern auf eine gemäßigte Linie einschwenkte; zuerst soll er die Absicht gehabt haben, die Juden zu vertreiben[27]. Sicherlich haben auch wirtschaftliche Überlegungen eine Rolle gespielt, da ein Vertrag für die Muslime natürlich profitabler war als der Besitz einer von Menschen entblößten Oase. Daß die Juden nicht gezwungen werden könnten, dem Islam beizutreten, war Muhammad längst klargeworden. Kultfreiheit mußte ihnen also zugleich mit dem Pachtvertrag zugestanden werden. Damit waren aber auch die Weichen für die zukünftige Politik gegenüber den Leuten der Schrift, gleich welcher Denomination, gestellt. Sie bestand darin, daß ihnen Kultfreiheit gewährt wurde und sie gegenüber den Muslimen zur Zahlung von Abgaben, meist einer Kopfsteuer *(ǧizya)* (9:29), verpflichtet waren[28]. Diese Politik nahm konkrete Formen an, als außer Ḫaibar andere Oasenstädte mit jüdischer Bevölkerung erobert wurden. Das weitere Ausgreifen nach Norden (Ailāt, Dūmat al-Ǧandal u. a.) und Süden (Naǧrān) brachte es mit sich, daß auch Abkommen mit Christen und Zoroastriern geschlossen werden mußten.

[27] Zu diesen und anderen Verträgen vgl. Antoine Fattal, Le statut légal des non-Musulmans en pays d'Islam, Beirut 1958.

[28] Zu 9:29 vgl. jetzt M. J. Kister, „'An yadin" (Qur'ān IX/29). An Attempt at Interpretation, in: Arabica 11 (1964), S. 272–278, auch in: Der Koran, S. 295–303.

3.4 Das Urteil über die Christen

Muhammads Haltung gegenüber den Juden erhielt in den mit ihnen abgeschlossenen Verträgen endgültige Gestalt. Die „jüdische Frage" war damit erledigt[29]. Die „christliche Frage" war mit jener in mancherlei Weise verzahnt, der Konflikt verlief aber weniger dramatisch als der mit den Juden. Muhammad war den Christen zunächst wohlgesinnt. Erste Trübungen des guten Einvernehmens hat es aber sicherlich schon in Mekka gegeben, da es nicht ausbleiben konnte, daß der Prophet mit Dogmen, die er nicht akzeptieren konnte, konfrontiert wurde. Dies gilt auch für christliche Frömmigkeitsformen wie das Mönchtum, das in Erscheinungsform und Verhalten einen Extremismus zeigte, mit dem Muhammad sich bei seiner Neigung, einen mittleren Weg zu gehen, nur schwer einverstanden erklären konnte. In Medina ergab sich die Möglichkeit, den Juden, als sie sich obstinat zeigten, die Christen als Muster des Wohlverhaltens vorzuführen, auch wenn Muhammad schon gelernt hatte, die christlichen Lehren differenziert zu betrachten. Seine Zuversicht, die Christen gewinnen zu können, wurde ernstlich erschüttert, als die letzten Exulanten aus Äthiopien zurückkehrten und dieser Versuch als endgültig gescheitert betrachtet werden mußte. Dies fiel zufällig mit der Eroberung von Ḫaibar zusammen. Nach der Hidschra hatte Muhammad so gut wie keinen Kontakt mehr mit Christen gehabt. In der Gemeindeverfassung von Medina, die er nach seiner Ankunft in der Stadt in Kraft gesetzt hatte, ist von Juden, aber nicht von Christen die Rede. Als er mit den Christen erneut konfrontiert wurde, spätestens im „Jahr der Delegationen", nach der Eroberung von Mekka, als neben den Abordnungen der Araberstämme auch solche der Christen aus Südarabien in Medina erschienen, kam es zur endgültigen Trennung; doch war diese durch den Präzedenzfall, der durch die Abkommen mit den Juden gegeben war, gemildert. Während die Araber sich unterwarfen und den Islam annahmen, waren die Christen dazu nicht bereit; ihnen mußten Zugeständnisse gemacht werden. Von nun an wurden sie, was Kultfreiheit und Abgabenpflicht angeht, in der gleichen Weise wie die Juden behandelt. Damit war die dritte Etappe in der Entwicklung von Muhammads Haltung gegenüber den Leuten der Schrift erreicht: Juden und Christen konnten nun wieder unter diesem gemeinsamen Namen zusammengefaßt werden.

[29] Vgl. auch Watt, Muhammad at Medina, S. 219.

Wohlwollend lautet das Urteil über die Christen in Sure 57:26–27, wo die Heilsgeschichte in großen Linien skizziert wird: Noah, Abraham und Jesus verkündeten die Botschaft; sie wurde von einigen Menschen angenommen, von den meisten aber abgelehnt: „Und wir ließen im Herzen derer, die sich ihm (sc. Jesus) anschlossen, Milde Platz greifen, Barmherzigkeit und Mönchtum.“ Die günstige Aussage über das Mönchtum wird gleich anschließend insofern abgeschwächt, als gesagt wird, es beruhe nicht auf göttlichem Gesetz, sondern sei eine vom Menschen geschaffene Einrichtung. Auch dies läßt Muhammad noch hingehen, nicht aber die Verderbnis der Mönche, die er wohl meint, wenn er sagt: „Doch sie hielten es (sc. das Mönchtum) nicht richtig ein.“ Wir werden noch sehen, daß ihnen die gleichen Verfehlungen wie den Schriftgelehrten und Pharisäern vorgeworfen werden. Vielleicht ist dieser Teil hier später eingefügt. Noch ganz uneingeschränkt positiv urteilt Muhammad über Mönche und Priester in Sure 5:82, wo die Christen mit den Juden und Heiden verglichen werden und dabei am besten abschneiden: „Du wirst sicher finden, daß diejenigen Menschen, die sich den Gläubigen gegenüber am meisten feindlich zeigen, die Juden und Heiden sind. Und du wirst sicher finden, daß diejenigen, die den Gläubigen (sc. den Muslimen) am nächsten stehen, die sind, welche sagen: ‚Wir sind Naṣārā‘ (sc. Christen). Dies deshalb, weil es unter ihnen Priester und Mönche gibt, und weil sie nicht hochmütig sind.“ Noch mehr: wenn sie hören, wie die Muslime den Koran rezitieren, erkennen sie die Identität von Koran und Evangelium und bekennen sich als gläubige Muslime: „Herr! wir glauben. Verzeichne uns unter der Gruppe derer, die (die Wahrheit) bezeugen!“

Einen Vergleich zwischen Juden und Christen stellt Muhammad auch in Sure 3:110–115 an. Er läßt die „Leute der Schrift“ Revue passieren und beurteilt, wie man aus dem Zusammenhang ersehen kann, ihre Haltung gegenüber der Predigt Jesu: Die eine Gruppe wird als Frevler bezeichnet. Sie lehnten die Botschaft ab, „und sie verfielen dem Zorn Gottes, und Verelendung kam über sie. Dies (traf ein zur Strafe) dafür, daß sie nicht an die Zeichen Gottes glaubten und unberechtigterweise die Propheten töteten“, usw. (V. 112). Das sind eindeutig die Juden, wie aus dem oben Gesagten hervorgeht. Von ihnen hebt sich die Gruppe derer, die die Botschaft annehmen, nämlich die Christen, vorteilhaft ab: „Unter den Leuten der Schrift gibt es (auch) eine Gemeinschaft, die (andächtig im Gebet) steht, (Leute) die zu (gewissen) Zeiten der Nacht die

Verse Gottes (sc. das Evangelium) verlesen und sich dabei niederwerfen" (V. 113). Dies ist zweifellos eine Anspielung auf die nächtlichen Wortgottesdienste der Mönche und die Vigilien, die in der Nacht vor den kirchlichen Hochfesten mit Gebet und Schriftlesung abgehalten wurden. Das Glaubensbekenntnis dieser Frommen ist mit dem Islam identisch: „sie glauben an Gott und den Jüngsten Tag, gebieten, was recht ist, verbieten, was verwerflich ist[30], und wetteifern (im Streben) nach den guten Dingen" (V. 114).

Das harmonische Verhältnis konnte nicht lange anhalten. Es mußte gestört werden, wenn Muhammad in Diskussionen mit den Christen eintrat und sein Jesusverständnis mit dem ihrigen konfrontiert wurde. Nach seiner Auffassung war Jesus ein Gesandter *(rasūl)* (5:75), das Wort Gottes *(kalima)* und Geist *(rūḥ)* von Gott (4:171), ohne daß damit Konzessionen an die christliche Logoslehre mit allen ihren Konsequenzen gemacht werden. Es sind für Muhammad nichts anderes als Formeln, die er übernimmt und benutzt, um die prophetische Qualifikation Jesu darzustellen[31]. Maria ist eine „Gerechte" *(ṣiddīqa)* (5:75), eine im Koran gängige Bezeichnung von biblischen Patriarchen, Heiligen und Frommen[32]. Jesus ist nichts als ein Mensch, von Gott ohne Zutun eines Mannes im Leib der Maria durch sein Schöpferwort „sei" geschaffen, wie Adam durch das Schöpferwort Gottes aus Lehm geschaffen worden ist (3:59. 19:34f.). Im Gegensatz zum „gezeugt, nicht geschaffen" des Symbolum Nicaeno-Constantinopolitanum ist Jesus nach Muhammads Lehre „geschaffen, nicht gezeugt". Gott hätte durch sein Schöpferwort auch Engel aus den Menschen erschaffen und diese als eine neue Generation an ihre Stelle setzen können (43:60). Daß Jesus Mensch war, nicht Gott und nicht Engel, ergibt sich, wie Muhammad meint, auch aus der Tatsache, daß er Nahrung zu sich nahm (5:75).

Neben der Lehre von der Natur Jesu war die Lehre von der Erlösung durch das Kreuz einer der Hauptpunkte, um die sich die Kontroverse drehte. Muhammad leugnet die Kreuzigung Jesu: Ein anderer, der ihm ähnlich war, wurde an seiner Stelle gekreuzigt

[30] Im Koran mehrere Male als Charakteristikum der Gläubigen zitiert, vgl. Paret, Kommentar zu 3:104. Zu gebieten, was recht ist, und zu verbieten, was verwerflich ist, wurde bald zum Motto der Muslime schlechthin.

[31] Dazu ausführlich Räisänen, Das koranische Jesusbild, S. 31ff.

[32] Den gleichen Titel führen Abraham, Joseph, Idris u. a., vgl. Paret, Kommentar zu 5:75.

(4:157). Als Mensch konnte er nicht, wie die Christen glauben, in den Himmel „auffahren“: er wurde in den Himmel aufgenommen (3:55) (wörtlich: „Ich“, sagte Gott zu Jesus, „hebe dich hoch zu mir“). In anderen Punkten stimmt Muhammad dagegen mit den Christen überein: Jesus ist im Himmel lebendig, auch seine Mutter, wie aus der folgenden Formulierung hervorgeht: „Wer vermöchte gegen Gott etwas auszurichten, falls er (etwa) Christus, den Sohn der Maria, und seine Mutter und (überhaupt) alle, die auf der Erde sind, zugrunde gehen lassen wollte?“ (5:17). Das erinnert an die Aufnahme Mariens in den Himmel. Die Aussage, Jesus sei ein „Erkennungszeichen der Stunde (sc. des Gerichts)“ (43:61) könnte im Sinne der christlichen Eschatologie ausgelegt werden, daß nämlich Jesus am Ende der Tage vom Himmel herabsteigen und den Antichrist besiegen wird (vgl. 2 Thessalonicher 2, 3–11). Richter wird er aber nicht sein, sondern nur Zeuge beim Gericht. Darüber weiter unten.

Wenn es in der Christologie und Mariologie noch Berührungspunkte gab, so war in der Gotteslehre, wie Muhammad es sah, keine Verständigung möglich. Dem Trinitätsglauben stellte der Prophet den kompromißlosen Monotheismus entgegen. Mit scharfen Worten nimmt er gegen die Christen und ihre Lehre von der Gottheit Jesu Stellung: „Ungläubig sind diejenigen, die sagen: ‚Gott ist Christus, der Sohn der Maria‘“ (5:17), und: „Ungläubig sind diejenigen, die sagen, ‚Gott ist einer von dreien.‘ Es gibt keinen Gott außer einem einzigen Gott“ (5:73). Die christliche Lehre von der Gottessohnschaft Jesu wird mit dem Hinweis auf Gottes Schöpferallmacht abgelehnt. Er ist der Eigentümer alles Geschaffenen und bedarf nicht eines Sohnes; er erschafft durch sein Schöpferwort „sei!“ (2:116–117, ähnlich 4:171. 43:82), aber er zeugt nicht. Der letztere Gedanke ist am eindrucksvollsten in Sure 112, die in die frühe mekkanische Zeit gehört, formuliert; sie ist sehr wahrscheinlich in der Diskussion mit den Christen über die Natur Jesu entstanden: „Sag: Er ist Gott, ein Einziger, Gott, der souveräne (Herrscher) (?). Er hat weder Kinder gezeugt, noch ist er (selber) gezeugt worden. Und keiner kann sich mit ihm messen[33]“. Muhammad führt sein persönliches, auf Offenbarungswissen beruhendes Glaubensbekenntnis als Beweis des Dogmas von der absoluten Einheit

[33] Paret, Kommentar zu 2:216, behandelt die Frage, ob diese und ähnliche Stellen in die Diskussion mit den Heiden oder in die mit den Christen gehören und neigt dazu, das letztere anzunehmen.

Gottes, das durch die Annahme einer Gottessohnschaft gefährdet wäre, an: „Sag: Gesetzt den Fall, der Barmherzige hätte (tatsächlich) ein Kind (oder: Kinder), dann wäre ich der erste, der es (oder: sie) verehren würde (wörtlich: der ihm bzw. ihnen dienen würde)" (43:81). Es sei undenkbar, daß ein Prophet, der ja nie etwas anderes als ein Mensch ist, verkündet, er selbst sei Gott: „Es darf nicht sein, daß Gott einem Menschen die Schrift, Urteilsfähigkeit und Prophetie gibt und dieser daraufhin zu den (anderen) Menschen sagt: ‚Wendet eure Verehrung mir zu, statt Gott!'" (3:79). Jesus hat sich an dieses Prinzip gehalten und gesagt: „Ihr Kinder Israels! Dienet Gott, meinem und eurem Herrn!" (5:72). So werden die Christen mit ihrer Lehre von der Gottheit Jesu durch die ipsissima verba Jesu widerlegt. Wenn sie als Beweis die Schrift anführen, lügen sie: „Einige von ihnen verdrehen den Wortlaut der Schrift, damit ihr meint, es stamme aus der Schrift, während es (in Wirklichkeit) nicht daraus stammt, und sagen, es stamme von Gott, während es (in Wirklichkeit) nicht von ihm stammt" (3:78). Vielleicht denkt Muhammad dabei an das christliche Glaubensbekenntnis von Nicaea und Konstantinopel. Es besteht ja weitgehend aus Schriftzitaten, enthält aber auch Formeln, die in der Schrift nicht oder nur andeutungsweise zu finden sind. Andererseits ist es aber fraglich, ob Muhammad so tief in die Feinheiten der christlichen Glaubenslehre eingedrungen ist, daß er Schrifttext und Konzilbeschlüsse auseinanderhalten konnte. Der Vorwurf, die Christen verdrehten den Wortlaut der Schrift und gäben als Schrift aus, was nicht in der Schrift steht, wird auch gegen die Juden erhoben, wie wir oben gesehen haben.

Muhammad bedient sich in seinem Kampf gegen die Lehre von der Gottheit Jesu mehrerer Arten von Beweismitteln. Eines ist der Syllogismus, wobei die Prämissen die Eigenschaften Gottes sind, Einzigkeit, Schöpferallmacht und Unkörperlichkeit (Gott ißt nicht. Jesus aß, also ist Jesus nicht Gott). Das andere ist der Beweisschluß vom Größeren zum Kleineren, vom Schwierigeren zum Einfachen, der auch von den jüdischen Schriftgelehrten häufig gebraucht wurde: Wenn Gott den Adam aus Lehm geschaffen hat, um wieviel leichter war es für ihn, Jesus im Leib der Maria zu erschaffen. Die dritte Beweisart ist der Schriftbeweis. Wenn die Christen Schriftstellen anführen, aus denen die Gottheit Jesu bewiesen werden kann, erklärt Muhammad sie zu Fälschern der Schrift. Wenn alle Argumente und Beweise, gleich welcher Art, nichts fruchten, greift er zum Mittel des Gemeinschaftseides, wie er bei den Arabern schon in der vorislamischen Zeit üblich war[34]. Ein Beispiel findet man in Sure 3:61: Nachdem das Argument vom Größeren zum Kleineren, von der Erschaffung Adams zur Erschaffung Jesu, von den Christen offenbar nicht akzeptiert worden ist, fordert Muhammad sie auf, einen Gemeinschaftseid zu leisten: „Kommt her! Wir wollen unsere und eure Söhne, unsere und eure Frauen und uns und euch (Männer) selber (zusammen) rufen und hierauf (jede Partei für sich) einen (gemeinsamen) Eid leisten und den Fluch auf diejenigen kommen lassen, die lügen." In der Wirkung kommt der Gemeinschaftseid einem Gottesurteil gleich. Die islamische Überlieferung setzt diesen Gemeinschaftseid in den Kontext der Verhandlungen Muhammads mit der Abordnung der Christen aus Nağrān, die, wie oben gesagt, nach Medina gekommen war, um einen Vertrag abzuschließen.

Anhänger einer exotischen Trinitätslehre vertraten, wie oben schon erwähnt, die Meinung, die Trinität bestehe aus Gott, Maria und Jesus (5:116). Auf diese Lehre deuten auch andere Stellen im Koran hin. In das Argument, daß Jesus aß und deshalb nicht Gott sein kann, wird auch seine Mutter Maria eingeschlossen (5:75). Ferner wird gesagt, Gott könnte, wenn er wollte, Jesus und seine Mutter zugrunde gehen lassen (5:17). Daraus kann man schließen, daß Muhammad von der leiblichen Aufnahme Mariens in den Himmel gehört hat. Dabei ist zu bedenken, daß diese Lehre gerade zu seiner Zeit aktuell war und von einem prominenten Theologen und Hierarchen, einem Zeitgenossen des Propheten, nämlich Modestus (gest. 634), dem Patriarchen von Jerusalem, vertreten wurde[35]. Modestus verwaltete das Patriarchat von Jerusalem ab 614, in Vertretung des Patriarchen Zacharias, der von den Persern mit einem großen Teil der Gemeinde nach Mesopotamien deportiert worden war. Daß Muhammad von dem Sieg der Perser über Byzanz wußte, ist schon gesagt.

[34] Vgl. Paret, Kommentar zu 3:61 (mit Verweis auf Wellhausen, Goldziher und Pedersen).

[35] M. J. Rouet de Journel, Enchiridion Patristicum, Barcelona/Rom 1981, S. 773 (Nr. 3053): Maria ist „Teilhaberin seiner (Jesu) Unvergänglichkeit in alle Ewigkeit" (sýssomos en aphtarsía eis aiōnas). Jesus hat sie aus dem Grab auferweckt und zu sich in den Himmel aufgenommen. Text der Predigt des Modestus über den Heimgang Mariens bei Migne, Patrologia Graeca 86, 2, 3312. Vgl. auch Joseph Henninger, Mariä Himmelfahrt im Koran, in: Neue Zeitschrift für Missionswissenschaft 10 (1954), S. 288–292, auch in: Der Koran, S. 269–277.

Die Auffassung von Maria als Teilhaberin an der Trinität, von der Gleichheit ihrer Natur mit der Natur Jesu und von ihrem Weiterleben zusammen mit ihrem Sohn deckt sich auch mit den Lehren der Kollyridianerinnen und Philomarianiten, von denen schon die Rede war.

3.5 Trennung von den Leuten der Schrift

Die Diskussion mit der von den Christen von Nağrān nach Medina entsandten Delegation im Jahr 630/31 muß Muhammad, der sich auf dem Höhepunkt seiner Macht befand, die Augen für die Erkenntnis geöffnet haben, daß die Christen, genauso wie die Juden, einen eigenen Weg gingen und einem Bekenntnis anhingen, das mit dem Islam nicht in Einklang zu bringen war. Jeder Zweifel daran war jetzt ausgeschlossen. Muhammad mußte mit ihnen paktieren, wie er mit den Juden paktiert hatte, da sie sich seinem Aufruf, den Islam anzunehmen, entzogen. Juden und Christen konnten nun wieder unter dem gemeinsamen Namen „Leute der Schrift" angesprochen werden. Als solche bildeten sie mit den Heiden zusammen eine Gruppe, die als Ungläubige den Muslimen gegenüberstanden. In diese Situation könnte Sure 3 : 18–22 gehören. Der Abschnitt beginnt mit dem feierlichen Bekenntnis des einen Gottes, wie er von drei Instanzen bezeugt wird: von Gott, den Engeln und den Muslimen („die das Wissen besitzen") (V. 18)[36]. „Als (einzig wahre) Religion gilt bei Gott der Islam" (V. 19); diejenigen, die die Schrift erhalten haben, nämlich Juden und Christen, sowie die Heiden werden aufgefordert, den Islam anzunehmen. Zwang wird jedoch nicht angewendet und auch nicht angedroht. Mit der Aufforderung, den Islam anzunehmen, hat Muhammad seinen Auftrag erfüllt (V. 20). Wer der Einladung nicht folgt, hat die Konsequenzen zu tragen, nämlich Bestrafung beim Gericht (V. 21–22).

Die kumulative Benennung von Juden und Christen als „Leute der Schrift" hatte dann auch zur Folge, daß beiden Gruppen Sünden vorgehalten wurden, die zuerst nur der einen vorgehalten worden waren. Am Ende des eben behandelten Abschnitts werden die Sünden von Ungläubigen, die mit Strafe zu rechnen haben, aufgezählt. Es sind drei: (1) Sie glauben nicht an die Zeichen Gottes;

[36] Paret, Kommentar zu 3 : 18 und 13 : 43, vermutet dagegen, daß mit denen, „die das Wissen besitzen", die Leute der Schrift gemeint sind.

(2) sie töten unberechtigterweise die Propheten; (3) sie töten Menschen, die zur Gerechtigkeit aufrufen (3:21). Im einzelnen wird nicht unterschieden, ob diese Sünden von Juden, Christen oder Heiden begangen werden. Vielleicht sind alle zusammen gemeint, was jedenfalls auf den an erster Stelle genannten Unglauben zutreffen dürfte. Daß es speziell die Juden sind, die die Propheten töten, haben wir oben gesehen, auch gibt es eine Stelle im Evangelium, wo Jesus den Juden genau dieses vorwirft (Matthäus 23, 30 u. Par.). Ebenfalls haben wir gesehen, daß die Juden sich für auserwählt halten und das Heil exklusiv in Anspruch nehmen. Beides wird nun kumulativ auf Juden und Christen bezogen: „Die Juden und Christen sagen: ‚Wir sind Gottes Söhne und Günstlinge'" (5:18)[37]. „Und sie (sc. die Leute der Schrift) sagen: ‚Niemand wird ins Paradies eingehen außer denen, die Juden oder Christen sind'" (2:111).

Juden und Christen gemeinsam werden auch in Sure 9:30–35 abgefertigt. Ihre Sünden sind zweifacher Art, Irrlehren und moralische Verfehlungen. Die Irrlehren bestehen darin, daß die Juden ʿUzair, die Christen Jesus für den Sohn Gottes halten. ʿUzair ist niemand anders als Esra, der Erneuerer des Gesetzes. Als solcher gehört er, wie auch gleich gesagt wird, zu den jüdischen Gelehrten (*aḥbār,* Pl. von *ḥibr*). Man hat vermutet, Muhammad spiele hier auf eine jüdische oder jüdisch-christliche Sekte an, die Esra in der genannten Weise verehrt habe. Zu denken sei auch an 4. Esra 14, 9 oder die Apokalypse des Esra 1, 7, wo Esra den Menschen entrückt und in den Himmel aufgenommen wird[38]. Das ist aber alles wenig wahrscheinlich, wie wir gleich sehen werden. Auf jeden Fall zählen Juden und Christen mit einer solchen Lehre zu den Heiden, Muhammad bedenkt sie daher mit der Fluchformel „Gott bekämpfe sie!" (V. 30). „Sie haben sich ihre Gelehrten *(aḥbār)* und Mönche (*ruhbān,* Pl. von *rāhib*) an Gottes Statt zu Herren genommen, sowie Christus, den Sohn der Maria" (V. 31). Es ist bemerkenswert, daß den Mönchen die gleiche Funktion wie den jüdischen Gelehrten zugesprochen wird; sie sind wie jene Lehrer des Gesetzes und religiöse Führer des Volkes. Der Name Jesu ist nachgeschoben, so

[37] Speyer, Die Biblischen Erzählungen im Qorān, S. 443, verweist auf 5 Mose 14, 1: „Kinder Jahwes, eures Gottes seid ihr!" Von Gottessöhnen und Menschensöhnen wird im NT öfter gesprochen, vgl. Matthäus 5, 9 (7. Seligpreisung) u. Par.; Römer 9, 26 u. a.

[38] Vgl. Paret, Kommentar zu 9:30 (mit Verweis auf Speyer, Horovitz u. Künstlinger).

daß die Nebeneinanderstellung von *aḥbār* und *ruhbān* nicht gestört wird. Muhammad fordert Juden und Christen zum Bekenntnis des einen Gottes auf und stellt sich als der Gesandte vor, den Gott geschickt hat, um dem Islam zum Sieg „über alles, was es (sonst) an Religion gibt“, zu verhelfen, „auch wenn es den Heiden zuwider ist“ (V. 32–33). Es ist klar, daß der Prophet, als er dies sagte, auf dem Höhepunkt seiner Macht stand. Die moralischen Verfehlungen der Juden und Christen bestehen darin, daß viele Gelehrte *(aḥbār)* und Mönche *(ruhbān)* die Leute in betrügerischer Weise um ihr Vermögen bringen (V. 34). Daß immer noch Juden und Christen gemeint sind, ergibt sich aus den beiden Personenkreisen, denen diese Sünde vorgehalten wird. Es ist die Sünde, die Jesus in den Evangelien den Juden, nämlich den Schriftgelehrten und Pharisäern, vorwirft. Die Passage endet mit der Beschreibung der Höllenstrafe für diejenigen, die „Gold und Silber horten und es nicht um Gottes willen spenden“ (V. 34–35). Das bezieht sich allein auf die Muslime und ihre Verpflichtung, die Almosensteuer (*ṣadaqa* oder *zakāt*) zu bezahlen. Ihnen wird die Habgier der jüdischen Gelehrten und christlichen Mönche als schlechtes Beispiel vorgeführt. So sollen die Muslime sich nicht verhalten!

Aus den angeführten Beispielen ergibt sich, daß Muhammad offenbar Schwierigkeiten hat, moralische Verfehlungen zu finden, die er den Christen vorhalten kann. Es bleibt ihm nichts anderes übrig, als das, was er früher über die Juden gesagt hat, auf die Christen zu übertragen. Allerdings kann man nicht ganz ausschließen, daß es zu dieser Zeit Christen gegeben hat, die dem Mönchtum feindlich gesinnt waren und Jesu Tadel der Schriftgelehrten und Pharisäer auf die Mönche übertrugen. Dann hätte Muhammad sich diesen Kritikern, vielleicht Christen, die zum Islam übergetreten waren, angeschlossen. Diese an sich plausible Erklärung wird jedoch dadurch in Frage gestellt, daß Muhammad auch den umgekehrten Weg gegangen ist, nämlich die Übertragung christlicher Lehren, nach seiner Meinung Irrlehren, auf die Juden, wie im Fall des ʿUzair/Esra, über den die Juden angeblich sagen, er sei der Sohn Gottes. Die oben angeführten Erklärungsversuche für diese den Juden zugeschriebene Lehre müssen als unzureichend zurückgewiesen werden. Schon die Tatsache, daß dies über die Juden insgesamt, nicht über einige oder einen Teil von ihnen gesagt wird, muß bedenklich stimmen. Es ist ein weiter Weg von einer Entrükkung oder Himmelfahrt bis hin zu dem Glauben, der Entrückte oder in den Himmel Aufgenommene sei der Sohn Gottes. Elia ist in den Himmel aufgefahren oder entrückt worden (2 Könige 2, 1–18), ohne daß die Juden je den Versuch gemacht hätten, ihn als Gott zu verehren. So bleibt nur die Vermutung, Muhammad habe in der Hitze des Gefechts die Juden einer Irrlehre bezichtigen wollen, die an Schwere der christlichen Irrlehre von der göttlichen Natur Jesu gleichkommt; dabei konnte er an die hohe Wertschätzung, deren Esra sich im Judentum erfreute, anknüpfen[39].

Juden und Christen werden hart getadelt, aber das Urteil über sie und ihre Bestrafung überläßt der Prophet Gott. Zuweilen rechnet er sie zu den Heiden, dann wieder weist er ihnen eine mittlere Stellung zwischen Glauben und Unglauben zu (vgl. 4:150). Er schloß Verträge mit ihnen ab, durch die das Zusammenleben mit den als Gemeinden organisierten Leuten der Schrift geregelt wurde. Vom persönlichen Verkehr mit ihnen wurde den Muslimen abgeraten, wenn dies nicht als Verbot zu werten ist: „Ihr Gläubigen! Nehmt euch nicht die Juden und Christen zu Freunden! Sie sind untereinander Freunde (aber nicht mit euch).“ Wer mit ihnen Freundschaft schließt, gehört nicht mehr zu den Muslimen. Juden und Christen werden als Frevler bezeichnet; Ihnen hat Gott die rechte Leitung versagt (5:51).

Im Zuge des Vordringens des Islams nach Südarabien kam Muhammad auch mit Zoroastriern *(maǧūs)* in Kontakt. Vielleicht gab es Zoroastrier auch in Ḫaibar und weiter im Norden, wo sie sich als Kaufleute an der Handelsstraße niedergelassen hatten. Nachdem der Prophet mit Juden und Christen Verträge abgeschlossen hatte, sah er keine Schwierigkeiten, mit den Zoroastriern analog zu verfahren und sie als Leute der Schrift anzuerkennen. Offenbar hatten diese es verstanden, sich Muhammad gegenüber als Anhänger einer Religion auszugeben, die mit Judentum und Christentum mehrere Elemente gemeinsam hatte. Sie konnten auf ihr monotheistisches Bekenntnis verweisen, hatten in der Gestalt Zarathustras einen Stifter, der Mose und Jesus an die Seite gestellt werden konnte, und besaßen im Awesta eine heilige Schrift, die sie als geoffenbart betrachteten. Es gab sicherlich auch praktische Gründe, die Muhammad veranlaßten, die Zoroastrier den Juden und anderen Buchbesitzern gleichzustellen. Näheres ist unbekannt; im Koran werden sie jedenfalls nur an einer Stelle erwähnt, und zwar in der oben schon behandelten Liste in Sure 22:17, wo sie neben Juden, Sabiern,

[39] Vgl. D. Künstlinger, ʿUzair ist der Sohn Allah's, in: Orientalistische Literaturzeitung (1932), Sp. 381–83.

Christen und Heiden aufgeführt sind. Hier wird die schon bekannte Position gegenüber den Leuten der Schrift noch einmal bestätigt: Zwischen ihnen und den Muslimen „wird Gott am Tag der Auferstehung entscheiden. Er ist über alles Zeuge".

3.6 Die Religion Abrahams

Muhammad hat in seiner Haltung gegenüber den Leuten der Schrift, wie wir gesehen haben, mehrere Phasen durchlaufen. Zuerst suchte er Anerkennung, dann strebte er Zusammenarbeit an, schließlich ergriff er gegen die Juden harte Maßnahmen; endlich paktierte er mit den Juden, dann auch mit den anderen, was zur Voraussetzung hatte, daß er sie als eigenständige Gemeinden mit eigenen Rechten anerkannte und eine Trennungslinie zwischen sich und ihnen zog. Politisch unterstanden sie der Oberhoheit der Muslime. Heute würde man diesen Zustand religiöse Autonomie nennen. Muhammads Trennung von den Leuten der Schrift ging Hand in Hand mit den Bemühungen, eine durchgehende Linie von Abraham bis zu seiner eigenen prophetischen Sendung zu ziehen und Juden und Christen als Abweichler von der Religion Abrahams *(millat Ibrāhīm)* hinzustellen. Die Erzählung von Abraham als dem Gründer der Kaaba hatte, wie oben gezeigt, dem Zweck gedient, Muhammad und die Araber als Erben der Prophetie und Teilhaber an den Abraham und seinen Nachkommen zuteil gewordenen Verheißungen zu erweisen. Nun wurde die Person des Patriarchen zum Ausgangspunkt einer Tradition, die von Juden und Christen verlassen worden war und von Muhammad wieder aufgegriffen wurde.

Abraham war ein Hanif, kein Heide (2:135. 3:95. 4:125. 6:161. 16:123). Da der Heide ein Polytheist ist (*mušrik*, wörtlich: einer, der Gott andere Götter beigesellt), kann unter Hanif, dem Gegenteil des Heiden, nur jemand verstanden werden, der sich zum Monotheismus bekannte. Zum Bekenntnis des Monotheismus bedarf es nicht unbedingt der Offenbarung; Muhammad scheint zeitweise diese Meinung vertreten zu haben. Abraham erkannte den einen Gott bei der Betrachtung des gestirnten Himmels, wie wir im folgenden Kapitel sehen werden. Das Bekenntnis des Hanifen „ist die natürliche Art, in der Gott den Menschen erschaffen hat. Die Art und Weise in der Gott (die Menschen) geschaffen hat, kann man nicht abändern. Das ist die richtige Religion" (30:30). Diese „Naturreligion“ ist mit dem Islam identisch. Abraham war der erste Muslim. Die Offenbarung, die nun aber doch ins Spiel kommt, besteht darin, daß Abraham von Gott den Befehl erhielt, sich „zu ergeben“, d. h. den „Islam“ zu bekennen: „(Damals als sein Herr zu ihm sagte: ‚Ergib dich!‘ (oder: Sei mir ergeben!) Abraham sagte: ‚Ich habe mich dem Herrn der Menschen in aller Welt ergeben‘“ (2:131). Von ihm ging der Glaube an seine Nachkommen über, weil eine Generation der anderen eine entsprechende Weisung gab: „Und Abraham befahl es seinen Söhnen an, (er) und Jakob (mit den Worten): ‚Söhne! Gott hat euch eine erlesene Religion gegeben. Ihr dürft ja nicht sterben, ohne (Gott) ergeben *(muslim)* zu sein‘“ (2:132). Jakobs Sohn Joseph bekannte sich im Gefängnis zur Religion seiner Väter Abraham, Isaak und Jakob und predigte seinen Mitgefangenen den Glauben an den einen Gott (12:38–39).

Während Joseph sich noch zur Religion Abrahams bekannte, trat bei den „Stämmen“, d. h. den Nachkommen der Söhne Jakobs, ein Bruch ein. Die Gesetzgebung am Sinai brachte die Thora, ein kompliziertes und viele Verpflichtungen beinhaltendes Gesetzeswerk, das den Juden, wie schon gezeigt, als Strafe für ihre Sünden auferlegt oder von ihnen selbst erfunden wurde. Die Religion Abrahams war vom Gesetz noch ganz frei. Den Muslimen ruft der Prophet zu: „Er (Gott) hat euch erwählt. Und er hat euch in der Religion nichts auferlegt, was (euch) bedrückt. Die Religion eures Vaters Abraham“ (22:78). Daß der Islam von den „drückenden Verpflichtungen und Fesseln“ befreit, d. h. von solchen Lasten, die den Juden und Christen in der Thora und im Evangelium auferlegt waren (2:286. 7:157), wird auch an anderen Stellen gesagt. Vielleicht sind hier die Judenchristen gemeint, deren Spuren ja auch sonst im Koran zu finden sind. Andererseits wird in den Evangelien das Gesetz im vollen Umfang bestätigt (vgl. Matthäus 5, 17–19).

Daß die Religion Abrahams in der Nachkommenschaft des Patriarchen zu einem Ende kam und dann nicht weiter tradiert wurde, sagt Muhammad ganz deutlich: „Das (sc. die von Abraham gegründete Gemeinde) ist eine Gemeinschaft, die der Vergangenheit angehört.“ Es gibt keine Beziehung mehr zwischen der Sippe Abrahams und den Arabern, Muhammads Zeitgenossen, in der Weise, daß die einen für die anderen verantwortlich sind oder vor Gottes Richterstuhl füreinander eintreten müssen (2:134, 141). Damit wird der auf die Abstammung von Abraham gegründeten Heilsgewißheit der Juden eine Absage erteilt. Da die Tradition, die

Weitergabe des monotheistischen Bekenntnisses von Generation zu Generation, unterbrochen ist, muß Muhammad der Befehl, den einen Gott zu bekennen, durch Offenbarung erneut erteilt werden: „Daraufhin haben wir dir (die Weisung) eingegeben (wörtlich: geoffenbart): ‚Folg der Religion Abrahams, eines Hanifen – er war kein Heide'" (16:120). In diesen Zusammenhang gehört vielleicht die schwierige Stelle 4:51–54, wo gesagt wird, daß „diejenigen, die einen Anteil an der Schrift" erhalten haben, d. h. doch wohl die Juden, an *al-ǧibt* und die Götzen *(aṭ-ṭāġūt)* glauben[40]. „Das sind diejenigen, die Gott verflucht hat." Daß die Juden verflucht sind, haben wir oben gesehen. Auch die Christen haben, so kann man hinzufügen, durch ihre Trinitätslehre den reinen Monotheismus, wie Muhammad meint, aufgegeben. Es ist also nicht nur das Gesetz, wodurch sich die Juden und Christen von den Bekennern der Religion Abrahams unterscheiden. Es hat in jeder Hinsicht ein Abfall stattgefunden.

Der Rückgriff auf Abraham hat ein Vorbild in der Theologie des Apostels Paulus. Es lohnt sich, diese zu betrachten, ohne daraus voreilige Schlüsse zu ziehen. Im Brief an die Römer, Kapitel 4, spricht Paulus von der Rechtfertigung Abrahams durch den Glauben, nicht durch Werke, d. h. nicht durch das Gesetz, da es dies zur Zeit des Patriarchen noch nicht gab. Auch die Beschneidung gab es noch nicht, als Abraham die Verheißung, er werde der Vater vieler Völker sein, gläubig annahm, obwohl seine Lebensumstände dies ganz offensichtlich ausschlossen. Kinder Abrahams sind alle diejenigen, die glauben. Der Glaube schafft Leben, wie aus Abrahams totem Leib Leben erwuchs, weil er glaubte. Daher werden die Christen gerechtfertigt durch den Glauben an das Erlösungswerk Christi am Kreuz und seine Auferstehung. Das Gesetz ist, wie Paulus im Brief an die Galater 3, 23–29 ausführt, durch den Glauben ersetzt worden: „Wenn ihr Christus angehört, so seid ihr Abrahams Nachkommenschaft, Erben nach der Verheißung." Das Gesetz ist „um der Übertretungen willen hinzugefügt worden" (Galater 3, 19). Dabei weist das Verb „hinzugefügt" (gr. prosetéthe) überdeutlich darauf hin, daß die abrahamitische Religion kein Gesetz kannte und eine Religion des Glaubens war. Zumindest kannte sie kein Gesetz, das dem jüdischen Ritualgesetz vergleich-

[40] Zur Etymologie von *al-ǧibt* und *aṭ-ṭāġūt* (die Ausdrücke stammen vermutlich aus dem Ägyptischen) vgl. Paret, Kommentar zu 4:51 und 2:256.

bar war. Auch Muhammad sagt, wie wir gesehen haben, die Religion Abrahams sei frei von drückenden Lasten gewesen, das Gesetz sei den Juden als Strafe für ihre Sünden auferlegt worden. Im Koran wird Abraham „Freund Gottes" genannt (4:125), wie im Alten (Jesaja 41, 8) und im Neuen Testament (Jakobus 2, 23), ohne daß man sagen könnte, aus welcher Quelle Muhammad geschöpft hat. Seine antijüdische Polemik arbeitet öfter mit christlichen Argumenten, besonders in der Diskussion um die Bedeutung und Rolle Abrahams. Vielleicht gilt auch hier, was oben schon über die auf die Christen übertragenen Sünden der Juden gesagt worden ist: daß der Rückgriff auf Abraham zuerst gegenüber den Juden geltend gemacht worden ist und die Christen später lediglich additiv, ohne die Besonderheit ihres Verhältnisses zu dem biblischen Patriarchen zu berücksichtigen, einbezogen worden sind.

4. ALTTESTAMENTLICHE ERZÄHLUNGEN

4.1 Eine Übersicht

Muhammads Haltung gegenüber den Juden und Christen spiegelt sich in den biblischen Erzählungen, die er übernimmt und durch Umgestaltung den Bedürfnissen seiner Verkündigung anpaßt. Altes und Neues Testament, kanonische und außerkanonische Schriften der Juden und Christen bilden für ihn eine Einheit; manches aus dem alttestamentlichen Schrifttum hat er, wie schon angedeutet, durch das christliche Medium kennengelernt. Aus rein praktischen Gründen behandeln wir zunächst die alttestamentlichen, dann die neutestamentlichen Erzählungen. Das meiste von diesen Materialien ist über den ganzen Koran verstreut, da die längeren Suren nur ausnahmsweise einem einzigen Thema gewidmet sind. Zu diesen Ausnahmen gehört z. B. Sure 71 mit der Überschrift ›Noah‹ (Nūḥ), die die Erzählung von der Sintflut enthält. Sure 12 mit der Überschrift ›Joseph‹ (Yūsuf) ist immerhin noch zum größten Teil der Josephsgeschichte gewidmet. Die meisten Suren bieten ein Mosaik von Stükken, die verschiedenen literarischen Gattungen angehören; davon machen die biblischen Erzählungen nur den kleineren Teil aus.

Nur in wenigen Fällen sind mehrere Erzählungen in der Abfolge der biblischen Heilsgeschichte aneinandergereiht. Von der Schöpfungsgeschichte bis zum Auszug der Israeliten aus Ägypten und dem Wüstenzug spannt sich der Bogen in Sure 7: Die Erschaffung des Menschen und der Sündenfall (V. 11–25); Verkündigungen, die sich an die Kinder Adams richten (koranisches Sondergut) (V. 26–58); Noah und die Sintflut (V. 59–64); das Strafgericht über die ʿĀd und Ṯamūd (koranisches Sondergut, analog zur Sintfluterzählung) (V. 50–68); die Strafgerichte über Sodom und die Midianiter (letzteres koranisches Sondergut) (V. 74–93); allgemeine Betrachtung über die Strafgerichte (V. 94–102); die Geschichte von Mose, dem Auszug der Israeliten aus Ägypten und der Wüstenwanderung (V. 103–162); die Erzählung von den Sabbatschändern in der Stadt am Meer (V. 163–166). Von der Sintflut bis zum Auszug aus Ägypten spannen sich die Erzählungen in Sure 11:25–99 (ähnlich, aber kürzer, Sure 54:9–42).

Den Zeitraum von der Sintflut bis zum Endgericht decken die Erzählungen, teilweise mit gestörter Reihenfolge, in Sure 21: die Sintflut (V. 76–77) (!); Abrahams Bekehrung und seine Nachkommenschaft (V. 51–73); das Strafgericht über Sodom (V. 74–75); die Mose-Erzählung (V. 48–50) (!); David und Salomo (V. 78–81); Hiob, Jonas u. a. (V. 83–88); Zacharias und Johannes der Täufer V. 89–90); Maria und Jesus (V. 91–94); das Gericht (V. 95–105). Noch stärker gestört ist die Reihenfolge in Sure 19, wo die Erzählungen von Zacharias und Johannes (V. 1–12), Maria und Jesus (V. 13–36) und vom Gericht (V. 37–40) am Anfang stehen: dann folgt ein Block mit den Erzählungen von Abraham (V. 41–50), Mose (V. 51–53) und anderen Propheten (V. 54–57).

In den zusammenhängenden Erzählungen von den Anfängen der Welt stehen die von der Erschaffung des Menschen, Paradies und Sündenfall im Vordergrund. Die Geschichte von Kain und Abel erscheint dagegen nur an einer einzigen Stelle (5:27–32) und dient der Begründung des Tötungsverbots und der Ausnahmen von diesem Verbot. Quantitativ den größten Raum nehmen die Erzählungen ein, die die Sintflut und den Zeitraum von Abraham bis zu David und Salomo behandeln. Mit den beiden Königen kommt die Geschichte der Israeliten überhaupt zu einem Abschluß. Dies entspricht dem Geschichtsverständnis der Juden, wie es auch im Neuen Testament greifbar ist, etwa in der Predigt des Protomärtyrers Stephanus, der seine Skizze der Heilsgeschichte mit Abraham beginnt und mit David und Salomo enden läßt (Apostelgeschichte 7, 2–53). Innerhalb dieser Erzählungen kann nach quantitativen Gesichtspunkten etwa die folgende Reihe in absteigender Richtung aufgestellt werden: Mose und der Auszug der Israeliten aus Ägypten; Noah und die Sintflut; die Abrahamgeschichten; Lot und der Untergang Sodoms. Die Erzählungen dienen Muhammad in erster Linie der Selbstbestätigung und sind meist in der Weise umgedeutet worden, daß sie von Propheten handeln, die die Botschaft verkünden, Verfolgung erleiden, in Lebensgefahr geraten und in der Regel durch die Vernichtung ihrer Gegner in einem göttlichen Strafgericht zusammen mit den Gläubigen gerettet werden. Propheten sind nach dieser Vorstellungsweise alle, die eine göttliche Offenbarung empfangen und die Botschaft verkündet haben. Die Namen der alttestamentlichen Schriftpropheten sind Muhammad, mit Ausnahme von Jonas (Yūnus) (21:87–88. 37:139–148), unbekannt, doch gibt es Passagen, die an Texte aus den Schriftpropheten erinnern, wie die Geschichte vom Totengebein, das zum Leben erweckt wird, in Sure 2:259 (vgl. Ezechiel 37). Kurz erwähnt werden im Koran Elias (Ilyās) (6:85. 37:123–132), Elisa (al-Yasaʿ) (6:86. 38:48) und Hiob (Aiyūb) (4:163. 6:84. 21:83–84. 38:41–44).

4.2 Die Erschaffung des Menschen, Paradies und Sündenfall

Die Geschichte von der Erschaffung des Menschen erscheint in der Bibel in zwei Versionen: einmal im Rahmen des Sechstagewerkes (1 Mose 1, 1–2, 4 A), dann als eigene Erzählung: Dem ersten Menschenpaar wird das Paradies zugewiesen und das Verbot erteilt, vom „Baum der Erkenntnis" zu essen (1 Mose 2, 4 B–25). Daran schließt sich die Erzählung vom Sündenfall und von der Vertreibung aus dem Paradies an (1 Mose 3). Auch im Koran treten beide Typen auf. Der an erster Stelle genannte Typ besteht häufig nur aus einer knappen Skizze, z. B. in Sure 6:1–2: „Lob sei Gott, der Himmel und Erde geschaffen und die Finsternis und das Licht gemacht hat! . . . Er ist es, der euch aus Lehm geschaffen . . . hat." Dies ist in Sure 4:1 verkürzt, und zwar auf das Werk des sechsten Tages, die Erschaffung des Menschen, mit einer Anspielung auf Eva (deren Name im Koran nicht erwähnt wird): „Ihr Menschen! Fürchtet euren Herrn, der euch aus einem einzigen Wesen geschaffen hat, und aus ihm das entsprechende andere Wesen, und der aus ihnen beiden viele Männer und Frauen hat (hervorgehen und) sich (über die Erde) ausbreiten lassen!" Man spürt das Nachwirken von 1 Mose 1, 28, wo Gott die Menschen segnet und ihnen befiehlt, fruchtbar zu sein, sich zu vermehren und die Erde zu erfüllen[1].

Die Geschichte von der Erschaffung des Menschen und seinem Sündenfall wird an mehreren Stellen erzählt. In Sure 2:30–39 besteht sie aus drei Teilen: (1) Gott hält Rat im Himmel und verkündet den Engeln seine Absicht, den Menschen zu erschaffen. Dem Einspruch der Engel, der Mensch werde sündig sein und Blut vergießen, begegnet er mit dem Hinweis auf seine Allwissenheit (vielleicht ein Hinweis auf das geplante Erlösungswerk). Er lehrt Adam alle Namen, wodurch dieser die Engel an Wissen übertrifft (V. 30–33); (2) Gott befiehlt den Engeln, sich vor Adam niederzuwerfen. Alle gehorchen, mit Ausnahme des Teufels. „Er gehörte nämlich zu den Ungläubigen" (V. 34); (3) Gott weist dem ersten

[1] Weitere Stellen über die Schöpfung: 7:54–57 (Erschaffung der Welt in 6 Tagen). 15:16–25. 16:3–16. 41:9–12. 55:1–30.

Menschenpaar das Paradies als Wohnort an und erlaubt ihm, von allen Früchten zu essen, mit Ausnahme der Früchte eines Baumes. Es folgt die bekannte Geschichte von der Verführung durch den Teufel, der Übertretung des Verbots und der Vertreibung aus dem Paradies (V. 35–39).

Die folgende Tabelle vermittelt einen Überblick über das Vorkommen der Erzählung im Koran (incl. Sure 2) und zeigt die Schwerpunkte:

Sure	2	7	15	17	20	38	95
1	30–33	11	26–27			71–72	4
2	34	11–18	28–48	61–65	116	73–85	
3	35–39	19–25			117–124		5

Die Erzählung hat den Zweck, das Böse in der Welt zu erklären, ohne in einen Dualismus zu verfallen. Der Teufel ist ein gefallener Engel, der sich weigerte, dem Befehl Gottes zu gehorchen. Dieser mittlere, offenbar wichtigste Teil wird außer in Sure 2 an fünf weiteren Stellen erzählt, wobei der erste Teil, der Bericht über die Beratung im Himmel und die Erschaffung des Menschen, relativ kurz ausfällt. In Sure 7 wird Teil 2, die Auseinandersetzung zwischen Gott und dem Engel der Auflehnung, ausführlich behandelt. Der Teufel weigert sich, vor Adam niederzufallen, weil er sich höher dünkt als jener. Er wird aus dem Himmel verbannt, doch gelingt es ihm, sich die Möglichkeit, die Menschen zu verführen, bis zum Jüngsten Tag offenzuhalten. Sein erstes Opfer waren die Stammeltern, deren Geschichte anschließend erzählt wird (V. 19–25). Eine etwas erweiterte Fassung der Verhandlung zwischen Gott und dem Teufel, mit einer theologischen Interpretation, die dem Prinzip der Willensfreiheit Raum gibt, haben wir in Sure 15:31–43: Gleichsam aus Rache, weil Gott ihn in Sünde fallen ließ, will der Teufel bewirken, daß die Menschen sich den Verlockungen der Welt hingeben und ein sündhaftes Leben führen. Gott läßt ihn gewähren, aber mit einer Einschränkung: „Über meine Diener hast du keine Vollmacht, abgesehen von denen, die abirren und dir folgen.“ Diese aber werden der Hölle verfallen.

Die Erzählung vom Sündenfall und der Vertreibung aus dem Paradies geht in der Bibel direkt in die von Kain und Abel und dem

Brudermord über. Im Koran endet sie mit einer versöhnlichen Geste. Die Menschen gehen zwar des Paradieses verlustig und werden der Mühsal des Erdenlebens überantwortet, aber es ergeht die Verheißung künftigen Heils: „Hierauf nahm Adam von seinem Herrn Worte (der Verheißung) entgegen. Und Gott wandte sich ihm gnädig wieder zu . . . Und wenn dann (später) von mir eine rechte Leitung zu euch kommt, brauchen diejenigen, die ihr folgen, (wegen des Gerichts) keine Angst zu haben, und sie werden (nach der Abrechnung am Jüngsten Tag) nicht traurig sein" (2:37–38; ähnlich 20:122–124). Die „rechte Leitung" *(hudā)* ist der Islam.

Wie viele andere Erzählungen erscheint auch die von Paradies und Sündenfall in einer Kurzfassung, und zwar in Sure 95, die wegen ihrer Kürze und wegen der Schwurformel am Anfang (V. 1–3) zu den frühesten Suren gehören müßte [2]. Dort heißt es: „Wir haben doch (seinerzeit) den Menschen in bester Form (?) geschaffen. Hierauf haben wir ihn (aber) ganz tief herunterkommen lassen (?)" (V. 4–5). Kürzer könnte man die Geschichte nicht erzählen. Diese Kürze war nur möglich, weil Muhammad damit rechnen konnte, daß seine Zuhörer die Erzählung kannten und es nur eines Stichwortes bedurfte, sie in Erinnerung zu rufen.

4.3 Kain und Abel

Die Geschichte von Kain und Abel (1 Mose 4, 1–16) wird in Sure 5:27–32 erzählt. Sie zerfällt in zwei Teile: die Geschichte selbst (V. 27–31) und das aus ihr abgeleitete Gesetz (V. 32). Die Geschichte selbst ist gegenüber der in der Bibel erzählten stark gekürzt, hat aber auch einige Zusätze. Namen werden nicht genannt; Kain und Abel heißen „die beiden Söhne Adams". Daß Kain ein Ackermann war, Abel ein Hirt, wird im Koran ebenfalls nicht gesagt [3]. Beide brachten, jeder für sich, ein Opfer dar; „von einem

[2] Nöldeke/Schwally, Geschichte des Qorāns I 79, nimmt an, daß sie in überarbeiteter Form vorliegt; vor allem V. 6 sei viel zu lang und wahrscheinlich erst nachträglich hinzugefügt worden.

[3] In den der Bibel u. nachbiblischer Überlieferung entnommenen Prophetenerzählungen wird die Geschichte vollständig, mit Nennung der Namen, gebracht, hier: The Tales of the Prophets of al-Kisa'i. Translated from the Arabic with notes by W. M. Thackston, Boston 1978, S. 77ff. (al-Kisā'ī lebte im 11. Jahrhundert).

von ihnen wurde es (bei Gott) angenommen, von dem anderen nicht". Kain droht seinem Bruder den Tod an, dieser antwortet mit dem Argument, Gott nehme ein Opfer nur von den Gottesfürchtigen an. Abel bringt dies als Entschuldigung für sich selbst vor, aber auch als Erklärung für Gottes Ungnade gegen Kain, dessen Sinn auf Gewalttätigkeit gerichtet ist. Den Drohungen Kains gegenüber bleibt er ganz passiv: „Wenn du deine Hand nach mir ausstreckst, um mich zu töten, so werde ich meine Hand nicht nach dir ausstrecken, um dich zu töten." Außerdem kündigt er ihm die Höllenstrafe an (wenn er sich der Mordtat schuldig macht): „Das ist der Lohn der Frevler." Nachdem Kain seinen Bruder getötet hatte, zeigte ihm ein Rabe, der in der Erde scharrte, daß er ihn begraben sollte: Noch war ja nicht bekannt, wie mit Leichen verfahren werden sollte. Dieser Teil der Erzählung endet mit der Reue des Mörders: „Und er empfand nun Bedauern (wörtlich: er wurde einer von denen, die bereuen)."

Das aus der Erzählung abgeleitete Gesetz ist das absolute Tötungsverbot der Juden. Muhammad nennt zwei Ausnahmen: „Wenn einer jemanden tötet, (und zwar) nicht (etwa zur Rache) für jemand (anderes, der von diesem getötet worden ist), oder (zur Strafe für) Unheil (das er) auf der Erde (angerichtet hat), soll es so sein, als ob er die Menschen alle getötet hätte. Und wenn einer jemandem am Leben erhält (oder: lebendig macht), soll es so sein, als ob er die Menschen alle am Leben erhalten (oder: lebendig gemacht) hätte."

Dies stammt, ohne die beiden am Anfang genannten Ausnahmen vom Tötungsverbot, aus der Mischna, wie schon A. Geiger und zuletzt N. A. Stillman festgestellt haben[4]. Es ist ein Kommentar zu 1 Mose 4, 10: „Das Blut deines Bruders schreit zu mir von der Erde." „Blut" steht hier im Plural *(deme)*, was nach der Mischna bedeuten soll, daß nicht nur das Blut Abels, sondern auch das seiner potentiellen Nachkommen gemeint ist. Der Text der Mischna endet mit dem zitierten Satz. Ausnahmen vom Tötungsverbot kennt die Bibel (vgl. 2 Mose 21, 12 ff.) und natürlich auch der Talmud. Muhammad beruft sich bei den Ausnahmen auf jüdisches Gesetz, „den Kindern Israels vorgeschrieben". Blutrache wird im Koran teils erlaubt, teils

[4] A. Geiger, Was hat Mohammed aus dem Judentum aufgenommen? S. 102 f. Norman A. Stillman, The Story of Cain and Abel in the Qur'an and the Muslim Commentators: Some Observations, in: Journal of Semitic Studies 19 (1974), S. 231–239.

verboten[5]. Die Geschichte als solche, samt dem davon abgeleiteten Gesetz, hat Muhammad sicherlich von jüdischen Lehrern gehört. Er benutzt sie als Waffe in der Auseinandersetzung mit den Juden in Medina und will ihnen an Hand ihrer eigenen Überlieferung zeigen, daß Gewaltanwendung in bestimmten Fällen erlaubt sei. Die Predigt der Propheten, die zu den Israeliten gekommen sind, hat nur bedingt Annahme gefunden: „Viele von ihnen gebärden sich nach (alle)dem maßlos (indem sie) auf der Erde (Unheil anrichten)." Daraus wird gefolgert, daß Anwendung von Gewalt gegen sie erlaubt sei, denn auf das Anrichten von Unheil bezieht sich ja eine der beiden Ausnahmen vom Tötungsverbot.

Die Erzählung gehört in einen größeren Kontext. Dieser beginnt mit der Anrede „Ihr Leute der Schrift" in V. 19 und endet mit V. 34, da mit der Anrede „Ihr Gläubigen" in V. 35 ein neuer Abschnitt beginnt. Der an die Leute der Schrift gerichtete Abschnitt hat außer der Einleitung (V. 19) drei Teile: (1) Die Erzählung von Mose und den Israeliten, die sich dem Befehl, das verheißene Land zu erobern, widersetzen und mit vierzigjährigem Umherirren in der Wüste bestraft werden (V. 20–26); (2) die hier behandelte Erzählung von Kain und Abel mit der Aufzählung der Ausnahmen vom Tötungsverbot (V. 27–32); (3) eine Aufzählung von Strafen für diejenigen, die „gegen Gott und seinen Gesandten Krieg führen": Tod (durch Kreuzigung), Verstümmelung (Abhauen von Fuß und Hand wechselweise), oder Landesverweisung (V. 33–34).

An Hand der Erzählung in Nr. 1 wird bewiesen, daß die Gläubigen in den Krieg ziehen müssen, wenn Gott dies durch den Mund des Propheten befiehlt. Die Geschichte von Kain und Abel in Nr. 2 dient dem Nachweis, daß in bestimmten Fällen das Töten erlaubt ist, und zwar in der Weise, daß die Ausnahme vom Tötungsverbot sich gegen die Juden selbst richtet. Der Inhalt von Nr. 3 ist in sich selbst klar. Das ganze Stück, von V. 19 bis V. 34, richtet sich offenbar gegen die Juden von Medina. Sie wurden, wie oben schon gesagt, teils vertrieben, teils niedergemacht. Dabei bleibt offen, ob alle drei Unterabschnitte zur gleichen Zeit entstanden sind und von Anfang an in dieser Komposition gestanden haben, oder ob sie erst nachträglich zusammengefügt worden sind. Manches spricht für die letztere Annahme. Unterabschnitt Nr. 3 liest sich wie ein Kommentar zu Nr. 2: die „Unheil auf der Erde anrichten" sind diejenigen, die „gegen Gott und seinen Gesandten Krieg führen".

[5] Vgl. Sure 2:178, 179, 194 u. 5:45.

4.4 Die Sintflut und andere Strafgerichte

4.4.1 Noah (Nūḥ)

Die biblische Erzählung von der Sintflut (1 Mose 6, 1–9, 17) handelt von der Ausrottung der Sünder und der Rettung der Frommen. Im Koran ist es dagegen die Erzählung von einem Propheten, der die Botschaft verkündet und von den Ungläubigen verfolgt wird; Noah und seine Anhänger werden dadurch gerettet, daß die Ungläubigen ertrinken. Die koranische Erzählung hat einen zweifachen Aspekt: Sie dient als Bestätigung dafür, daß Gott die Sünder bestraft, und zeigt, daß der Prophet, der den Befehl zur Verkündigung der Botschaft erhält, auf Gottes Hilfe rechnen kann. Gott läßt seinen Diener nicht im Stich. Durch diese Umdeutung der biblischen Erzählung, in der es in der Hauptsache um den Nachweis geht, daß Gott die Gerechten rettet und die Sünder bestraft, wird eine Lösung für ein schwieriges Problem gefunden: Es geht um die Frage, was geschieht, wenn der von Gott beauftragte Prophet, der sich dem Auftrag ja nicht entziehen kann, durch die Ausrichtung der Botschaft in Gefahr gerät. Diese Frage war auch für Muhammad selbst von größter Bedeutung, als er in Mekka von seinen ungläubigen Landsleuten bedrängt wurde, so daß er schließlich für sein Leben fürchten mußte.

Im Koran wird die Geschichte nicht weniger als zehnmal mehr oder weniger ausführlich erzählt (7:59–64. 10:71–73. 11:25–49. 21:76–77. 23:23–30. 26:105–121. 29:14–15. 37:75–82. 54:9–17. 71:1–28. Sure 71 mit der Überschrift „Noah“ gehört zu den wenigen Suren, die einem einzigen Thema gewidmet sind. Vollständig wird die Geschichte in Sure 11 erzählt: Noah predigt den Glauben an den einen Gott und kündigt das Strafgericht an, wenn die Menschen sich nicht bekehren (V. 25–26). Der Streit mit seinen Gegnern wird ausführlich behandelt (V. 27–34). In V. 35 wird die Erzählung durch einen Einschub unterbrochen: Muhammad weist die Anschuldigung seiner Gegner zurück, die Erzählung sei ein Produkt seiner Phantasie. Noah erhält den Befehl zum Bau der Arche; er besteigt sie mit seiner Familie und Tieren von jeder Gattung (V. 36–41). Nach dem Ende der Flut landet die Arche auf dem Berg al-Ǧūdī (V. 44)[6]. Noah verläßt die Arche und empfängt Gottes

[6] Gemeint ist wohl ein Berg in Arabien; später lokalisierten die Muslime den Berg im kurdischen Bergland, vgl. M. Streck, Djūdī, in: Encyclopaedie of Islam, 2. Auflage, II 573–574.

Segen (V. 48) – vielleicht ein Nachhall des noachitischen Bundes, von dem in der Bibel erzählt wird (1 Mose 9, 1–17).

In Sure 11 ist eine Geschichte eingeflochten, die der Bibel unbekannt ist: Noahs Sohn weigert sich, in die Arche zu gehen; er will sich auf den Berg zurückziehen, wo er glaubt, in Sicherheit zu sein, und ertrinkt (V. 42–43). Noahs Fürbitte mit dem Argument, der Sohn gehöre doch zur Familie, wird von Gott nicht angenommen (V. 45–46). Dies zeigt, daß die Blutsverwandtschaft für das Heil nichts nützt; nur der Glaube zählt. Hätte Noahs Sohn an das von seinem Vater verkündete Strafgericht geglaubt und die Arche als die einzige Zuflucht anerkannt, wäre er gerettet worden.

Von den verschiedenen Episoden wird die Predigt des Propheten und seine Auseinandersetzung mit den Gegnern besonders ausführlich erzählt. Das Thema war geeignet, Muhammads Selbstverständnis zu klären und seine eigene Sendung zu deuten. Sure 71 ist fast ganz Noahs Predigt gewidmet. Zum besseren Verständnis muß die Gliederung und formale Gestaltung dieser Sure kurz erläutert werden. Sie läßt sich nach formalen und inhaltlichen Gesichtspunkten in sieben Abschnitte gliedern: (1) Überschrift mit Angabe des Themas: Warnung vor dem Strafgericht (V. 1); (2) Aufforderung zum Glauben und Ankündigung des Strafgerichts (V. 2–4); (3) Noah wendet sich an Gott und rechtfertigt sich: er habe sich wiederholt bemüht, doch sei seine Predigt erfolglos gewesen; er habe Gott als den Barmherzigen und den Schöpfer verkündet (V. 5–14); (4) Fortsetzung von Nr. 3: Gott ist der Schöpfer der Welt; er hat den Menschen erschaffen und läßt ihn sterben und auferstehen (V. 15–20); (5) Noah wendet sich an Gott und berichtet von einem Widersacher, der die Menschen aufgefordert habe, am Götterglauben der Väter festzuhalten; die Namen von fünf altarabischen Gottheiten werden aufgezählt (sie wurden also schon zu Noahs Zeiten verehrt!)[7]; Noah bittet Gott, die Herzen der Sünder zu verhärten, damit sie der Strafe nicht entgehen (V. 21–24); (6) das Ergebnis der Sintflut: Die Sünder sind ertrunken und werden beim Gericht zur Hölle verdammt werden (V. 25); (7) Noah bittet Gott, die Ungläubigen von der Erde zu vertilgen: „Wenn du sie (am Leben) läßt, führen sie deine Diener in die Irre und setzen nichts als Sünder und Ungläubige in die Welt“ (vielleicht eine Erinnerung an die Gottessöhne und Menschentöchter in 1 Mose 6, 1–4) (V. 26–27); Noah

[7] Eine alphabetische Liste der altarabischen Götternamen findet man bei Fahd, Le Panthéon de l'Arabie centrale, S. 38–201.

bittet Gott um Vergebung für sich, seine Eltern und alle Gläubigen und um Vernichtung der Frevler (V. 28).

Aus der Analyse ergibt sich, daß die Sure aus mindestens drei ursprünglich selbständigen Stücken zusammengesetzt ist: Das erste Stück bilden die Abschnitte 1–4 (vielleicht noch einmal zu unterteilen); das zweite Stück die Abschnitte 5 und 6, wobei die Erzählung von der Sintflut selbst ausgefallen ist. Abschnitt 6 schildert nur das Ergebnis. Das dritte Stück bildet Abschnitt 7, mit dem eine ganz neue Erzählung beginnt, da Noah ja offenbar noch am Anfang der Ereignisse steht.

Der Inhalt von Noahs Predigt ist in den drei Stücken unterschiedlich. Im ersten Stück verkündet er das bevorstehende Strafgericht, als „Warner“, wie es in V. 1 heißt; das Strafgericht wird aufgeschoben, wenn die Menschen sich bekehren. Schließlich aber kommt die Auferstehung der Toten und das Weltgericht; dieses Thema hängt mit der Predigt des Schöpfergottes eng zusammen. Das zweite Stück handelt vom Glauben an den einen Gott und vom Kampf gegen die altarabischen Götter. Das sind genau die beiden Predigtthemen, mit denen Muhammad sich am Beginn seiner Sendung beschäftigt hat: der eine Gott und das Gericht, wobei noch offen ist, in welche Reihenfolge in der Verkündigung des Propheten die beiden Themen zu stellen sind. Das dritte Stück ist nur ein Fragment; die Situation ist offenbar der im zweiten Stück ähnlich. Auf jeden Fall stimmen das zweite und dritte Stück darin überein, daß Noah für den Untergang seiner Feinde, der Ungläubigen, betet. Damit stehen diese Stücke in der Tradition der Psalmen, in denen David, der gerechte Verfolgte, um Rettung betet (vgl. die Psalmen 3, 7, 35 u. a.).

Noah gerät wegen seiner Predigt in Bedrängnis: Steinigung wird ihm angedroht (26:116), eine Todesart, die nach neutestamentlichem Zeugnis der Diakon Stephanus erlitt, weil er angeblich Lästerworte gegen Mose und gegen Gott gesagt hatte (Apostelgeschichte 6, 11), ein Angriff auf die Religion der Väter. Noah betet um Rettung: „Triff zwischen mir und ihnen eine Entscheidung und errette mich und die Gläubigen, die mit mir sind!“ (26:118; ähnlich 21:76. 54:10). Die Ausrottung der Ungläubigen hat eine doppelte Funktion: Der verfolgte Prophet wird gerettet, die Sünder gehen ins Verderben.

Noahs Feinde sind die Vornehmen (7:60. 11:27), während seine Anhänger sich vor allem aus den unteren Schichten rekrutieren (11:27. 26:111). Das ist eine Klassifizierung von Anhängern und

Gegnern, die aus dem Evangelium stammen könnte: Jesus läßt die Armen zu sich kommen, die Reichen, die Priester und die Pharisäer, sind seine Gegner. Sicherlich spiegelt sich darin aber auch Muhammads Situation in Mekka, wo seine Gegner hauptsächlich die Notabeln und reichen Kaufleute waren. Wie der Apostel Paulus auf seine wirtschaftliche Unabhängigkeit pocht und in seiner Rede vor den Vorstehern der Gemeinde von Ephesus betont, daß er für seine Verkündigung kein Geld verlangt, vielmehr von seiner Hände Arbeit gelebt habe (Apostelgeschichte 20, 33–34), verlangte Noah keinen Lohn (10:72. 11:29. 26:109). Offenbar war Muhammad von seinen Gegnern vorgeworfen worden, er verfolge mit seiner Predigt materielle Ziele. Noah folgte nur Gottes Befehl (7:62). Wie Muhammad den arabischen Koran für die Araber verkündete, war Noah ein Prophet „aus den eigenen Reihen" seines Volkes, nicht ein Fremder (7:63). Wie Muhammad (und Jesus) war er nur ein Mensch (11:27), verfügte nicht über göttliche Kräfte und war auch kein Engel (11:31), obwohl Gott, wenn er gewollt hätte, zur Verkündigung seiner Botschaft Engel statt Menschen hätte schicken können (23:24). Noah war auch kein Besessener (23:25. 54:9), ein Vorwurf, gegen den Muhammad sich bekanntlich oft wehren mußte[8].

4.4.2 Andere Strafgerichte, pseudobiblische Erzählungen

Die bekanntesten biblischen Strafgerichte sind die Sintflut und der Untergang der Stadt Sodom. Die Sintflut wird auch im Koran als ein universales Strafgericht verstanden; Muhammad brauchte aber das Beispiel des partiellen Strafgerichts, das auf Mekka angewandt werden konnte. Diese Bedingung erfüllte die Erzählung von Lot und dem Untergang Sodoms. In der Bibel ist Lot ein Gerechter, der mit seiner Familie gerettet wird, während die Sodomiter wegen ihrer Sünden zugrunde gehen (1 Mose 19, 1–29). Die Geschichte entspricht genau der von der Sintflut, nur daß das Strafgericht auf eine Stadt eingeschränkt ist. Muhammad aber deutet die Erzählung um und macht Lot zu einem Propheten, wie er schon Noah zu einem Propheten gemacht hatte. Lot predigt, wird verfolgt und dadurch gerettet, daß Gott ihm befiehlt, die Stadt zu verlassen. In der Bibel erscheint die Geschichte in Verbindung mit der vom Besuch der drei Engel bei Abraham unter der Eiche von

[8] Vgl. die Aufzählung der Belege bei Paret, Kommentar zu 7:184.

Mamre; die Engel begaben sich, nachdem Abrahams Versuch, Gott die Strafe abzuhandeln, gescheitert war, nach Sodom, um das Strafgericht zu vollziehen. (1 Mose 18–19). Eigentlich waren die Engel auf dem Weg nach Sodom, dessen Untergang schon beschlossen war, und hatten bei Abraham haltgemacht, um die Geburt Isaaks anzukündigen. Die biblische Erzählung hat, wie man sieht, eine Doppelfunktion: Sie soll zeigen, daß die Gerechten gesegnet, die Sünder bestraft werden. Abraham erhält die Verheißung von Nachkommenschaft, der Lebensfaden der Frevler wird abgeschnitten.

Eingebettet in die Geschichte von Abrahams Verheißung steht die Erzählung von Lot und dem Untergang Sodoms auch im Koran, und zwar in Sure 11, wo erst von Abrahams Verheißung (V. 69–76), dann von Lot und dem Untergang der Stadt – ihr Name wird im Koran nicht erwähnt – berichtet wird (V. 77–83). Das gleiche gilt für Sure 51:24–37. Der Akzent liegt aber in beiden Fällen auf der Erzählung von Lot und dem Untergang Sodoms, da sie sowohl in Sure 11 als auch in Sure 51 in einer Liste von Strafgerichten steht, die der Reihe nach, von der Sintflut angefangen, erzählt werden. In diese Liste wurde auch die Geschichte von Lot aufgenommen, konnte aber noch nicht von der Geschichte von Abraham und den Engeln unter der Eiche von Mamre getrennt werden. Erst später verselbständigten sich beide Erzählungen: Isaaks Verheißung erscheint für sich in Sure 19:49–50 (auch 37:100–101 u. 37:112f.), der Untergang der Stadt Lots als eigene Geschichte in Sure 7:80–84 (auch 26:160–175 u. 54:33–40).

Neben den an der Bibel orientierten Erzählungen von der Sintflut und vom Untergang Sodoms gibt es Erzählungen von Strafgerichten, die kein Vorbild in der Bibel haben. Sie stellen altarabisches Erzählgut dar, das nach dem biblischen Vorbild umgearbeitet und theologisch im Sinne des koranischen Gottes- und Weltverständnisses umgedeutet ist. Man kann sie „pseudobiblische Erzählungen" nennen. Eine Zwischenstellung nimmt die Geschichte vom Untergang der Midianiter (Madyan) ein; sie sind aus der Bibel bekannt, doch wird dort nichts über ein Strafgericht gesagt. Der Prophet der Midianiter ist Šuʿaib; er kann mit dem biblischen Jethro, dem Schwiegervater Moses und Priester der Midianiter (2 Mose 2, 16), identifiziert werden. Die pseudobiblischen Erzählungen im vollen Wortsinn handeln von den altarabischen Völkern ʿĀd und Ṯamūd und deren Propheten Hūd und Ṣāliḥ, von den Sabäern und der Stadt al-Ḥiǧr. Sie alle gingen zugrunde, weil sie auf das Wort der Propheten nicht hörten und im Unglauben verharrten. Es sind auch

Rettungsgeschichten, da gezeigt wird, wie die Propheten und ihre Anhänger in Gefahr gerieten und durch den Untergang der Ungläubigen gerettet wurden.

Die Völker oder Städte, die einem Strafgericht zum Opfer gefallen sind, haben kaum individuelle Konturen. Die Predigt und das Wirken der Propheten unterscheiden sich, von zwei gleich zu nennenden Ausnahmen abgesehen, kaum von dem, was wir bei Noah kennengelernt haben. Die ʿĀd zeichneten sich durch einen riesenhaften Körperwuchs aus (7:69) und lebten in einer Sandwüste (wörtlich: Dünen) (46:21). Auf jeder Anhöhe (der Ausdruck ist nicht ganz eindeutig) errichteten sie Wegzeichen, durch ihre Bauwerke hofften sie, Unsterblichkeit zu erlangen (26:128–129). Sie folgten dem Befehl eines Gewaltmenschen (11:59). Ihre Wohnungen sind jetzt verödet wie die der Ṯamūd (29:38). Die Ṯamūd meißelten Häuser aus den Bergen (26:149), was aber auch von den Bewohnern von al-Ḥiğr gesagt wird (15:82). Andererseits heißt es, die Häuser der Ṯamūd seien nun verfallen (27:52), was schlecht zu den Häusern paßt, die aus den Bergen gemeißelt sind. Ṣāliḥ, der Prophet der Ṯamūd, besaß ein Kamel, dessen Pflege er den Leuten ans Herz legte, doch wurde es von den Ungläubigen schlecht behandelt und sogar verstümmelt (7:73. 11:64. 26:155). Neun Männer verschworen sich gegen ihn mit dem Ziel, ihn und seine Angehörigen zu ermorden und die dann fällige Blutrache durch Zeugnisverweigerung zu vereiteln (27:48–49). Die unvollständigen Angaben im Koran haben die Legendenbildung beflügelt, auch fehlt es nicht an Versuchen, die Vorgänge zu lokalisieren. So heißen die Felsengräber am Nordrand des Ḥiǧāz, vergleichbar denen in Petra, Madā'in Ṣāliḥ („Städte des Ṣāliḥ") oder al-Ḥiğr. Das Grab des Ṣāliḥ wird sowohl in Südarabien als auch auf der Sinai-Halbinsel gezeigt. Auch Hūd wird mit mehreren Orten verbunden[9]. „Thamudisch" nennt man die zahlreichen altarabischen Inschriften, die überall auf der Arabischen Halbinsel gefunden werden.

Nicht viel mehr als über die ʿĀd und Ṯamūd weiß man über die Madyan, die biblischen Midianiter[10]. Sie werden schon in der Bibel als Kaufleute erwähnt: Midianitische Kaufleute brachten Joseph

[9] Ein Heiligtum des Nabī Ṣāliḥ gibt es in der Nähe des Katharinenklosters auf dem Sinai. Zum Grab in Hadramaut vgl. Harold Ingrams, Arabia and the Isles, 3. Auflage, London 1966, S. 182ff. Zu Hūd vgl. A. J. Wensinck u. Ch. Pellat, Hūd, in: Encyclopaedia of Islam, 2. Auflage III 537f.

[10] Jetzt C. E. Bosworth, Madyan Shuʿaib in Pre-Islamic and Early Islamic Lore and History, in: Journal of Semitic Studies 29 (1984), S. 53–64.

nach Ägypten (1 Mose 37, 36). Im Koran werden sie ermahnt, volles Maß und Gewicht zu geben (7:85. 11:84–85. 26:181–182). Aus kleinen Anfängen sind sie zu einem großen Volk herangewachsen (7:86), vielleicht eine Anspielung auf die Unterdrückung der Israeliten durch die Midianiter, wie sie im Buch der Richter geschildert wird, bis sie von Gideon geschlagen wurden. Sie werden auch „Leute des Dickichts" *(aṣḥāb al-aika)* genannt (26:176 u. ö.)[11] und wohnen nicht weit vom Volk des Lot (11:89).

Kaum aufschlußreicher sind die Angaben über die Sabäer. Ihre Geschichte wird in Sure 34 erzählt: Sie besaßen „zwei Gärten, (einen) zur Rechten und (einen) zur Linken" (V. 15). Dann brach der Damm, die Flut zerstörte sie, es blieb nur eine Wüste mit spärlicher Vegetation übrig (V. 16). Diese Katastrophe, vielleicht eine Anspielung auf den Bruch des berühmten Damms von Ma'rib, wird von Muhammad als Strafe für die Undankbarkeit der Sabäer gedeutet (V. 17). Dann wird weiter erzählt, die Sabäer hätten Handel bis nach Palästina getrieben (V. 18). Aus Habgier hätten sie das Gebiet, in dem sie Handel trieben, erweitern wollen, dafür seien sie mit dem völligen Aussterben bestraft worden (V. 19).

Ein biblisches Strafgericht spielt in diesem Zusammenhang eine wichtige Rolle, die Erzählung von der Rettung der Israeliten beim Durchzug durch das Meer und dem Untergang der Ägypter. Im Koran wird von den „sieben Erzählungen" gesprochen (15:87, vgl. auch 39:23); man hat dies auf die Erzählungen von den Strafgerichten bezogen, doch bleiben Unklarheiten[12]. Jedenfalls gibt es im Koran listenartige Aufstellungen von Strafgerichten, die, beginnend mit der Sintflut, der Reihe nach erzählt werden. Eine durchgehende Reihe finden wir z. B. in Sure 11: die Sintflut (V. 25–48); das Strafgericht über die ʿĀd (V. 50–60); über die Ṯamūd (V. 61–68); über Sodom (V. 74–83, verbunden mit der Geschichte von der Verheißung Isaaks); die Midianiter (V. 84–95). Ähnlich in Sure 7:59–93 (wo die Mamre-Geschichte fehlt, was in diesem Zusammenhang aber keine Rolle spielt) und Sure 26:105–191[13]. In Sure 29 ist die

[11] Zur Identiät der beiden vgl. A. F. L. Beeston, The "Men of the Tanglewood" in the Qur'ān, in: Journal of Semitic Studies 13 (1968), S. 253–255.

[12] Ausführliche Diskussion bei W. Montgomery Watt, Bell's Introduction to the Qur'an, completely revised and enlarged, Edinburg 1970, S. 127ff.

[13] In Sure 26 gehen die Erzählungen von Mose (V. 10–68) und Abraham (V. 69–104) voraus; diese und die folgenden Erzählungen sind durch gleichlautende Schlußformeln als zusammengehörig gekennzeichnet.

Reihenfolge leicht verändert: Sintflut (V. 14–15), Abraham und Lot (V. 16–35), die Midianiter (V. 36–37), ʿĀd und Ṯamūd (V. 38).

Mit dem Strafgericht über die Midianiter wird die Zeit Moses erreicht; nach biblischer und koranischer Aussage hatte er vorübergehend in Midian Zuflucht gefunden (2 Mose 2, 11–22. Sure 28:22–28). Folglich schließt sich in Sure 11 die Erzählung vom Untergang der Ägypter (V. 96–99) unmittelbar an die vom Untergang der Midianiter an (V. 84–95). Ähnlich verhält es sich in Sure 7, nur ist hier zwischen die Erzählung über die Midianiter (V. 85–93) und über Mose und die Ägypter (V. 103–106) eine Zusammenfassung mit allgemeinen Überlegungen über die Städte und ihre „Geschichte", d. h. die Predigt der Propheten, ihre Zurückweisung und das Strafgericht (V. 94–102) eingeschaltet.

Die Serie der Strafgerichte endet nicht mit dem Untergang der Ägypter. In Sure 7 wird im Anschluß daran (V. 136–137) die Geschichte vom Wüstenzug der Israeliten und der Gesetzgebung am Sinai (V. 138–162) erzählt. Daran schließt sich die in Einzelheiten schwer verständliche Geschichte von der „Stadt am Meer" und den Sabbatschändern, die zur Strafe in Affen verwandelt werden (V. 163–166), an. Wenn vom Sabbat die Rede ist, sind die Israeliten bzw. Juden gemeint. Hier wird gezeigt, wie das Sabbatgebot, das ja ein wichtiger Bestandteil des am Sinai verkündeten Dekalogs ist, von den Israeliten bzw. Juden übertreten wurde und was die Strafe war. Gleich im Anschluß an diese Geschichte wird ihnen Ungemach bis zum Ende der Zeiten angekündigt: Gott werde „bis zum Tag der Auferstehung (gewisse) Leute über sie schicken, die ihnen eine schlimme Qual auferlegen" (Sure 7:167).

Im Verlauf der Entwicklung der koranischen Predigt wurden die mehr oder weniger ausführlichen Erzählungen von den Strafgerichten zu stichwortartigen Aufzählungen verkürzt. Ein Beispiel dafür liefert Sure 22:42–44: „Und wenn sie (die Ungläubigen) dich (Muhammad) der Lüge zeihen (braucht man sich nicht zu wundern). (Schon) vor ihnen haben die Leute Noahs, ʿĀd und Ṯamūd (ihre Gesandten) der Lüge geziehen, desgleichen die Leute Abrahams, die Leute Lots und die Gefährten von Madyan. Und Mose ist (ebenso) der Lüge geziehen worden . . . Hierauf kam ich mit einem Strafgericht über sie" [14]. In Sure 10 sind im Anschluß an die ausführliche Erzählung von der Sintflut (V. 71–73) die nachfolgenden

[14] Die „Leute Abrahams" werden hier genannt; sie waren ungläubig, aber von einer Strafe wird nichts erzählt.

partiellen Strafgerichte so zusammengezogen, daß nicht einmal mehr die Namen der Völker, Städte oder Propheten genannt werden: „Hierauf, nach ihm (d. h. nach Noah), schickten wir Gesandte zu ihrem (jeweiligen) Volk. Und sie kamen mit den klaren Beweisen zu ihnen. Aber sie konnten unmöglich an das glauben, was sie vorher als Lüge erklärt hatten. So versiegeln wir denen das Herz, die Übertretungen begehen (so daß sie verstockt bleiben)" (V. 74)[15]. An diese allgemeine Ausführungen schließt sich die Mosegeschichte an, bei welcher der Akzent auf dem Untergang des Pharao und der Ägypter liegt (V. 75–92).

4.5 Abraham (Ibrāhīm)

4.5.1 Der Verkünder der Botschaft, Bedrängnis und Rettung

Die biblische Abrahamsgeschichte beginnt mit der Auswanderung und der Verheißung von Nachkommenschaft (1 Mose 12). Über Abrahams Leben vor der Auswanderung weiß die Bibel so gut wie nichts. Nur in Josua 24, 2 wird kurz gesagt, daß die Väter der Israeliten von Urzeiten an jenseits des Stroms (gemeint ist wohl Ur in Chaldäa jenseits des Euphrats) wohnten und anderen Göttern dienten. Daß Abraham vor seiner Auswanderung Verfolgungen ausgesetzt war, wußte schon die rabbinische und die christliche Überlieferung, wie Hieronymus bezeugt[16]. Das war die Quelle, aus der Muhammad schöpfte. Er fand dort Informationen, die seine eigenen Erfahrungen bestätigten: Abraham erkannte den einen Gott, wurde zum Propheten berufen, verkündete den Glauben und geriet in Bedrängnis, aber Gott rettete ihn. Weiteren Verfolgungen konnte er sich entziehen, weil er den Befehl zur Auswanderung erhielt und in ein Land zog, wo er in Sicherheit war.

Den Weg zum Glauben an den Schöpfergott fand Abraham bei der Betrachtung des gestirnten Himmels, hinter dessen ständigem Wandel ein unwandelbarer Gott stehen mußte (6:75–79). Vom Heiden wird er zum Hanifen (6:79). Dieses rational erworbene Wissen wird durch offenbartes Wissen ergänzt und vervollständigt;

[15] Man denkt an 2 Korinther 3, 15: „bis heute liegt, sooft Mose verlesen wird, eine Hülle auf ihrem Herzen."

[16] Hieronymus, Quaestiones in Gen. 11, 28, und Kommentar zu Jesaja 65, 8, zitiert bei Speyer, Die biblischen Erzählungen im Qoran, S. 143.

es gibt keinen Zweifel daran, daß er ein Prophet ist (19:41). Durch seinen Glauben gerät er in gesellschaftliche Isolation. Während in der Bibel erzählt wird, er habe sein Vaterhaus verlassen, stehen im Koran die Auseinandersetzungen mit seinem ungläubigen Vater am Anfang; sie sind besonders ausführlich in Sure 19 beschrieben: Abraham berichtet seinem Vater von der ihm zuteil gewordenen Offenbarung: „Ich habe Wissen erhalten, das du nicht erhalten hast.“ Er fordert ihn zum Glauben auf (V. 41–43) und warnt ihn vor der Höllenstrafe (V. 44–45). Der Vater weist seinen Sohn zurecht, droht ihm Steinigung an und verbietet ihm das Haus (V. 46–47). Abraham aber betet für seinen Vater (V. 47–48).

In der Auseinandersetzung zwischen Abraham und seinem Vater spiegelt sich die Bedrohung des Väterglaubens durch die neue Religion. Die Frage lautet, ob der Gehorsam gegen Gott Vorrang vor dem Gehorsam gegen den Vater habe. Wir werden dieser Frage, die Muhammad und seine junge Gemeinde naturgemäß stark beschäftigte, noch an anderen Stellen begegnen. Die Auflehnung gegen die elterliche Autorität verdient an sich Strafe: „Ehre deinen Vater und deine Mutter, damit du lange lebst in dem Lande, das Jahwe, dein Gott, dir geben will“, heißt es im Dekalog (2 Mose 20, 12). Das gilt aber nicht, wenn es um den Glauben geht. Abraham wird für seinen Ungehorsam gegen den Vater um des Glaubens willen durch gläubige Nachkommenschaft belohnt (19:49–50).

Abraham verkündigt die Botschaft auch außerhalb des Familienkreises; dabei wird er in heftige Auseinandersetzungen verwickelt (6:80–82). Meist wird dies zusammen mit dem Streit mit dem Vater geschildert (21:51–57. 26:69–82. 37:83–87. 43:26–28). In den Kontext von Abrahams Glaubenszeugnis gehört auch die Erzählung von dem König, der für sich göttliche Macht in Anspruch nimmt und von Abraham mit der Aufforderung, die Sonne im Westen aufgehen zu lassen, zuschanden gemacht wird (2:258)[17]. Eine mehrfach erzählte Episode in Abrahams Kampf mit dem Unglauben ist die Zerstörung der Götzenbilder (21:58–67. 37:90–96). Er macht sich so verhaßt, daß seine Gegner beschließen, ihn auf dem Scheiterhaufen zu verbrennen. Aber er wird durch Gottes Eingreifen aus den Flammen gerettet (21:68–70. 29:24. 37:97–98). Dieses Element stammt aus einer ganz anderen Geschichte, der

[17] In der islamischen Überlieferung wird dieser König mit Nimrod identifiziert, was ein Anachronismus ist, da Nimrod, „der erste Gewaltherrscher auf Erden“, in der Bibel als Enkel Chams erscheint (1 Mose 10, 8).

Rettung der drei Jünglinge aus dem Feuerofen (Daniel 3, 24–90), so wird aber auch schon in der rabbinischen Literatur erzählt[18].

Mit der Erzählung von Abrahams Auswanderung, zusammen mit Lot, gewinnt der Koran Anschluß an die biblische Darstellung, die ja erst an dieser Stelle einsetzt (1 Mose 12, 14): „Und wir retteten ihn und Lot in das Land, das wir für die Menschen in aller Welt gesegnet haben" (21:71). Von Abrahams Auswanderung ist auch an einer anderen Stelle die Rede, auf den ersten Blick allerdings weniger deutlich: „Und Abraham sagte: ‚Ich will (jetzt) zu meinem Herren gehen. Er wird mich rechtleiten'" (37:99). Parets Übersetzung dieser Stelle ist blaß und wohl auch irreführend. Abraham sagt wörtlich: „Ich gehe zu meinem Herrn." Das setzt voraus, daß ein Befehl Gottes vorher ergangen ist. „Zu meinem Herrn" heißt: nach Jerusalem bzw. in das verheißene Land, wo Gott auf dem Zion Wohnung genommen hat. „Er wird mich rechtleiten" sollte eher heißen: „Er (Gott) wird mir den Weg zeigen", in Anlehnung an 1 Mose 12, 1, wo Gott Abraham den Befehl zur Auswanderung erteilt, und zwar „in das Land, das ich dir zeigen werde".

Nach der Bibel erhielt Abraham die Verheißung zahlreicher Nachkommenschaft mehrere Male: das erste Mal mit dem Befehl zum Verlassen seiner Heimat (1 Mose 12, 1–3), dann nach seiner Trennung von Lot (1 Mose 13), zum dritten Mal nach seinem Zusammentreffen mit dem Priester Melchisedek: Gott versprach Abraham, der bisher kinderlos geblieben war, zahlreiche Nachkommenschaft. „Er glaubte Jahwe, und der rechnete es ihm zur Gerechtigkeit an" (1 Mose 15, 5–6). Es folgt der Bundesschluß mit der Verheißung des Landes, verbunden mit einer Theophanie: Gott erschien Abraham und zerschnitt zum Zeichen der Wahrheit der Verheißung eine Kuh, eine Ziege, einen Widder und zwei Tauben. Die beiden Hälften wurden einander gegenübergelegt. Nachts „ging etwas wie ein rauchender Ofen und eine brennende Fackel zwischen diesen Stücken durch. An jenem Tag schloß Gott mit Abraham einen Bund". Zum vierten Mal ist von der Verheißung zahlreicher Nachkommenschaft und dem Bundesschluß in 1 Mose 17 die Rede.

Eine Erinnerung an den in rätselhafter Form verlaufenden Bundesschluß von 1 Mose 15 haben wir in Sure 2:260, wo die Episode benutzt wird, um die Auferstehung der Toten zu demonstrieren. „Abraham sagte: ‚Herr! Laß mich sehen, wie du die Toten lebendig machst.' . . . Gott sagte: ‚So nimm vier Vögel und richte sie (mit

[18] Vgl. Speyer, a. a. O., S. 143.

dem Kopf?) auf dich zu (und schlachte sie?)! Hierauf tu auf jeden Berg ein Stück von ihnen! Und dann rufe sie, worauf sie (eilends) zu dir gelaufen kommen! Du mußt wissen, daß Gott mächtig und weise ist.'" [19]

Die Verheißung von Nachkommenschaft und der Bundesschluß, von denen in der Bibel so oft gesprochen wird, werden in Sure 2:124 aufgenommen; es ist die einzige Stelle im Koran, an der dieses Thema behandelt wird. Abraham wurde von seinem Herrn mit Worten auf die Probe gestellt, heißt es am Anfang dieses Verses. Die Probe bestand, wie einige meinen, darin, daß Gott ihm befahl, seinen Sohn Isaak zu opfern, nach anderen darin, daß Nachkommenschaft verheißen wurde, obwohl er bereits ein hohes Alter erreicht hatte[20]. Im ersten Fall wäre es eine Gehorsamsprobe, im zweiten eine Glaubensprobe. Letzterem ist, wie wir gleich sehen werden, der Vorzug zu geben. Die Probe, auf die Abraham gestellt wurde, bestand darin, daß ihm durch die Worte Gottes Nachkommenschaft verheißen wurde, obwohl er und Sara das Zeugungsalter längst überschritten hatten. Daß die Verheißung von Nachkommenschaft eine Probe ist, wird in 1 Mose 12, anläßlich der ersten Verheißung, nicht gesagt, wohl aber wird es in 1 Mose 15, 3 angedeutet, wo Abraham sich über seine Kinderlosigkeit beklagt und befürchtet, sein leibeigener Knecht werde sein Erbe sein. Ganz deutlich beschrieben wird die Probe in 1 Mose 18, beim Besuch der drei Engel unter der Eiche von Mamre und der Ankündigung von Isaaks Geburt, wo Abraham auf sein Alter und das Alter Saras hinweist. In Sure 2 heißt es weiter: „Und er (sc. Gott) erfüllte sie", nämlich die Worte (der Verheißung) und schenkte Abraham, wie wir ergänzen müssen, Nachkommenschaft. Der folgende Satz hat mit dem Vorhergehenden nichts mehr zu tun, denn jetzt wird nicht mehr von Nachkommenschaft an sich gesprochen, sondern von den Menschen und ihrem Verhältnis zu Abraham: „Er (sc. Gott) sagte: ‚Ich will dich (wörtlich: ich mache dich) zu einem Vorbild *(imām)* für die Menschen.'" *Imām* ist der Führer, der Leiter, das Leitbild[21]; es handelt sich um Menschen schlechthin, nicht um

[19] Speyer, a.a.O., S. 163, kennt für diese Version weder ein jüdisches noch ein christliches Vorbild.

[20] Vgl. Paret, Kommentar zu 2:124.

[21] Das Wort wird in diesem Sinne im Koran von Gläubigen (z. B. den Juden in Ägypten, 28:5), Ungläubigen (den Leuten des Dickichts, 15:79), aber auch in bezug auf die Schrift (11:17. 46:12) oder das Hauptbuch beim Gericht (17:71. 36:12) gebraucht.

Nachkommenschaft Abrahams, zu deren Leitbild der Patriarch gemacht werden soll. Dieser fragt dann auch sofort: „,(Sind auch Leute) aus meiner Nachkommenschaft (in den Bund eingeschlossen)?' Er (sc. Gott) sagte: ‚Mein Bund erstreckt sich nicht auf die Frevler.'" Der Bund, der geschlossen wird, besteht darin, daß Abraham von Gott zum Vorbild der Menschen gemacht wird, und zwar zum Vorbild im Glauben, den er bei der Verheißung von Nachkommenschaft so schön bewiesen hat, und daß alle, die glauben wie er, gerechtfertigt sind.

In Sure 2:124 wird also von zwei Dingen gesprochen, der Verheißung und dem Bund. In der Bibel bezieht der Bund sich auf das Land (vgl. 1 Mose 15, 18–21). Im Koran ist daraus die Heilsanwartschaft durch den Glauben geworden. Abraham wird hier mit den Augen der christlichen Überlieferung gesehen. Jesus streitet mit den Juden, die auf ihre Abstammung pochen und daraus ihre Heilsgewißheit ableiten (Matthäus 3, 9 u. Par.). Die Abstammung von Abraham nutzt aber nichts für das Heil, wenn der Glaube fehlt. Paulus sagt: „Abraham ist der Vater der Gläubigen" (Römer 4, 16). Der mit Abraham geschlossene Bund bezieht sich auf die Gläubigen, nicht auf die leibliche Nachkommenschaft. Im Koran ist die Sache gleich zurechtgerückt: Abraham bezieht den Bund ganz selbstverständlich nicht auf seine leibliche Nachkommenschaft, denn er soll ja zum Vorbild „für die Menschen" werden. Da er um seine leiblichen Erben besorgt ist, will er sie in den Bund eingeschlossen wissen, was ihm auch bewilligt wird. Aber die Sünder bleiben ausgeschlossen! „Die Menschen," deren Führer *(imām)* Abraham ist, sind die Gerechten und Gläubigen; unter ihnen können auch leibliche Nachkommen sein. Sie bilden eine Gruppe der Gläubigen und haben keinen höheren Anspruch als die anderen Gläubigen. Der Glaube rechtfertigt, nicht die leibliche Abstammung von Abraham.

4.5.2 Unter der Eiche von Mamre; die Opferung Isaaks

Die Geschichte von Abraham unter der Eiche von Mamre und dem Besuch der drei Engel wird im Koran an mehreren Stellen in enger Anlehnung an die Bibel (1 Mose 18), aber kürzer als dort, erzählt (11:69–73. 15:51–56. 51:24–30). Sie ist (mit Ausnahme von Sure 37:100–101 und 37:112–113) Teil der Geschichte von Lot und dem Strafgericht über Sodom, wobei der Akzent auf letzterer liegt.

Das ist in dem Abschnitt über Propheten und Strafgerichte bereits erörtert worden und braucht hier nicht wiederholt zu werden.

Während andere Episoden aus Abrahams Leben mehrere Male und teils mit zahlreichen Varianten erzählt werden, kommt die Geschichte von der Opferung Isaaks nur in Sure 37 vor, und zwar im Kontext einer zusammenhängenden Biographie Abrahams, die aus mehreren Stücken besteht: (1) Abrahams Predigt und seine Errettung aus dem Feuer (V. 83–98); (2) Die Auswanderung (V. 99); (3) Bitte um einen Sohn und Verkündigung der Geburt Isaaks, dessen Name allerdings nicht genannt ist. Es handelt sich um eine Kurzfassung der Erzählung von der Erscheinung der Engel unter der Eiche von Mamre (diese Ortsbezeichnung fehlt im Koran hier und auch an anderen Stellen): „Und wir verkündeten ihm einen braven Jungen" (V. 100–101); (4) Die Erzählung von der Opferung des Sohnes und dessen Rettung. Über diese Episode wird in enger Anlehnung an die Bibel, wenn auch stark verkürzt und mit einigen wichtigen Abweichungen, berichtet (V. 102–111). Ein Name wird wieder nicht genannt. Daß es sich bei dem Schlachtopfer nicht um Isaak, sondern um Ismael gehandelt haben müsse, folgert die islamische Koranexegese aus der Tatsache, daß auf diese Geschichte die von der Verkündigung Isaaks folgt: „Und wir verkündeten ihm Isaak, (und) daß er ein Prophet sein werde, einer von den Rechtschaffenen" (V. 112)[22]. Bei dieser Interpretation wird aber übersehen, daß mit V. 112 eine Erzählung beginnt, die mit Abschnitt Nr. 3, der Erzählung von der Verkündigung eines nicht mit Namen genannten Sohnes, identisch ist. Die Erzählungen V. 100–101 und V. 112–113 handeln beide von der gleichen Sache, nämlich der Erscheinung der drei Engel unter der Eiche von Mamre und der Verkündigung der Geburt Isaaks. Man kann aus V. 112–113 nicht folgern, daß die vorhergehende Erzählung von Ismael handelt.

Außer der Frage, ob Ismael oder Isaak geopfert werden sollte, stellt sich die nach dem Ort des Geschehens. Die Bibel spricht von einem Marsch Abrahams in das Land Moria; das Opfer sollte auf einem der dortigen Berge dargebracht werden (1 Mose 22, 2). Nach 2 Chronik 3, 1 war der Berg Moria die Stelle, wo Salomo den Tempel erbaute. Im Koran gibt es nur undeutliche Hinweise auf den Ort. Am Anfang der Erzählung wird gesagt, Abraham habe den Befehl zur Opferung seines Sohnes erhalten, als dieser „so weit

[22] So Ṭabarī (Anfang 10. Jahrhundert) in seinem großen Korankommentar zu dieser Stelle.

(herangewachsen) war, daß er (Abraham) mit ihm den Lauf *(saʿy)* machen konnte" (V. 102). Paret schlägt diese Übersetzung vor und bezieht *saʿy*, allerdings mit einem Fragezeichen versehen, auf den rituellen Lauf zwischen den beiden Steinmalen aṣ-Ṣafā und al-Marwa, die sich in der Nähe der Kaaba befinden. Der siebenmalige Lauf zwischen den beiden Steinmalen, im Anschluß an die siebenmalige Umkreisung der Kaaba, gehört zu den Riten des Pilgerfestes. Bei diesem Verständnis von *saʿy* hätte das Opfer bei der Kaaba oder in der Nähe stattgefunden. Offenbar sehr früh schon betrachtete man einen Felsen in Minā, in der Nähe von Mekka, als Ort des Abrahamsopfers; doch gab es noch im 10. Jahrhundert Muslime, die dies leugneten und der jüdischen Überlieferung vom Abrahamsopfer auf dem Berg Moria, d. h. in Jerusalem, folgten[23].

Der Hinweis auf *saʿy* bzw. darauf, daß Abrahams Sohn in der Lage war, den Ritus auszuführen, könnte aber auch bedeuten, daß der Sohn so weit herangewachsen war, daß er über sich selbst entscheiden konnte, religionsmündig geworden war, wie man heute sagen würde. In der Bibel fragt er seinen Vater nach dem Opfertier, das er vermißt, da durch die Mitnahme von Feuer und Holz alles für ein Opfer vorbereitet ist. Abraham antwortet ausweichend, wie einem Kinde, das noch kein Verständnis hat, und natürlich auch in der Absicht, ihn nicht zu beunruhigen (1 Mose 22, 6–8). Im Koran aber teilt Abraham seinem Sohn, ohne daß dieser gefragt hätte, den Befehl Gottes mit, und der Sohn ergibt sich ohne den geringsten Widerspruch in Gottes Willen: „Vater, tu, was dir befohlen wird! Du wirst, so Gott will, finden, daß ich (einer) von denen bin, die (viel) aushalten können" (V. 102). Er war erwachsen genug, die Tragweite des Verlangten zu erkennen. In Erweiterung der biblischen Erzählung will Muhammad zeigen, daß auch Abrahams Sohn ein „Gottergebener" *(muslim)* war. Vor diesem Anliegen tritt die Frage nach dem Ort des Geschehens in den Hintergrund. Abraham hatte, wie wir uns erinnern, seinem Vater den Gehorsam aufgekündigt, weil er den Gehorsam gegen Gott für wichtiger hielt. Er wurde durch einen Sohn belohnt, der nicht nur gegen Gott, sondern auch gegen seinen Vater gehorsam war.

[23] Ṭabarī führt die Autoritäten für die eine und die andere Auffassung an.

4.5.3 Der Erbauer der Kaaba und Stammvater der Araber

Die Erzählung von der Erbauung der Kaaba durch Abraham hat keine Grundlage in der Bibel. Die Kaaba ist der Bibel völlig unbekannt. Allenfalls könnte man, wenn man einen Anhaltspunkt in der Bibel sucht, an den Bau von Altären denken, von denen im Zusammenhang mit Verheißung und Bund mehrfach die Rede ist. In Frage käme der Altar bei Betel, „Haus Gottes“ (1 Mose 12, 8), zumal auch die Kaaba im Koran „Haus“ *(bait)* (sc. Haus Gottes) genannt wird. Chronologisch gehört die Erbauung der Kaaba hinter die Geburt Isaaks und die Verstoßung Hagars und Ismaels (1 Mose 21), da im Koran gesagt wird, daß Isaak schon geboren war, als Abraham in Mekka weilte (14:39), und Ismael beim Bau der Kaaba, wie wir gleich sehen werden, mitwirkte. Gleichwohl ist es schwierig, ja, sogar unmöglich, den Bau der Kaaba in die Chronologie und Topographie der biblischen Abrahamserzählungen einzuordnen. Es gibt aber in der koranischen Erzählung so viele biblische Materialien, daß es gerechtfertigt ist, sie im Kontext der alttestamentlichen Erzählungen im Koran zu behandeln.

Am besten beginnt man mit Sure 3:95–97: Der Aufforderung, die Religion Abrahams, eines Hanifen, anzunehmen (V. 95), folgt die Feststellung: „Das erste (Gottes)haus *(bait)*, das den Menschen aufgestellt worden ist, ist dasjenige in Bakka[24], (aufgestellt) zum Segen und zur Rechtleitung für die Menschen in aller Welt“ (V. 96). Dann wird gesagt, daß es sich bei dem Haus um den Platz *(maqām)* Abrahams handelt, daß jeder, der den Platz (oder das Haus) betritt, in Sicherheit ist und daß die Menschen verpflichtet sind, die Wallfahrt nach dem Haus zu machen, „soweit sie dazu eine Möglichkeit finden“ (V. 97). Die Kaaba ist also mit dem Platz Abrahams identisch, „Platz Abrahams“ ist der Ort, an dem der Patriarch Gott angebetet (oder ihm ein Opfer dargebracht) hat, nahe verwandt also den Altären, von deren Bau durch Abraham die Bibel berichtet.

Ein weiterer einschlägiger Text steht in Sure 2:125, im Anschluß an die eben behandelte Verheißung und den Bund. Zunächst wird gesagt, daß Gott „das Haus zu einer Stätte der Einkehr für die Menschen und zu einem Ort der Sicherheit“ machte. Er befahl: „Macht euch aus dem Platz Abrahams eine Gebetsstätte!“ Die

[24] Bakka ist ein anderer Name für Mekka. Die Annahme liegt nahe, daß die Vertauschung des ersten Buchstabens apotropäische Funktion hat und die bösen Geister irreführen soll.

Kaaba ist eine Stätte der Einkehr, weil sie das Ziel der Wallfahrt ist. Daß sie ein Ort der Sicherheit ist, wie schon in 3:97 gesagt, ist wohl als Anspielung auf den während der Wallfahrt herrschenden Landfrieden, die vier heiligen Monate (vgl. 9:2. 9:36), zu deuten. Über die Zeit und über die Personen, an die Gott den Befehl richtete, auf dem Platz Abrahams eine Gebetsstätte einzurichten, wird nichts gesagt. „Platz Abrahams" ist als eine Ortsbezeichnung aus der Rückschau zu verstehen, denn daß Abraham und Ismael diejenigen waren, an die Gottes Befehl gerichtet war, geht aus dem folgenden Satz hervor: „Und wir verpflichteten Abraham und Ismael (mit den Worten): ‚Reinigt mein Haus für diejenigen, die die Umgangsprozession machen und sich dem Kult hingeben, und die sich verneigen und niederwerfen.'" Das sind die wichtigsten Riten des Gottesdienstes an der Kaaba, doch wichtiger ist der Umstand, daß hier von einer Reinigung der Kaaba gesprochen wird. Das setzt voraus, daß der Platz schon ein Heiligtum war, als er Abraham und Ismael als Gebetsstätte zugewiesen wurde. Vielleicht ist auch schon „das erste, den Menschen aufgestellte Haus" in Bakka in Sure 3:96 als ein Gotteshaus zu verstehen, das bereits vor Abraham bestanden hat. Über den Erbauer wird dort ja nichts gesagt. Daß es mit Abraham zu tun hat, geht nur aus dem Kontext hervor. Die islamische Überlieferung hat jedenfalls später die Gründung der Kaaba auf Adam zurückgeführt[25].

Der Koran spricht also einmal vom Bau der Kaaba durch Abraham, dann wieder von ihrer Reinigung. In Sure 2:127 wird deutlich gesagt, daß Abraham die Grundmauern aufführte. In Sure 22:26 aber heißt es wieder, daß er die Kaaba reinigte. Es stellt sich die Frage, welche von beiden Versionen die ältere ist. Zu vermuten ist, daß Muhammad zuerst glaubte, die Kaaba sei von Abraham erbaut worden. Dann korrigierte er seine Auffassung und kam zu dem Schluß, Abraham habe die Kaaba nur gereinigt, nicht erbaut. Diese Auffassung entsprach mehr seinem Selbstverständnis, da auch er sich berufen fühlte, die Kaaba, die sich noch im Besitz der Heiden befand und durch den Götzendienst besudelt war, in Besitz zu nehmen, zu reinigen und dem ursprünglichen Gottesdienst zurückzugeben.

Ismael war am Bau oder an der Reinigung der Kaaba beteiligt. Er ist die Schlüsselfigur für die genealogische Verbindung der Araber mit Abraham. Nach der biblischen Erzählung war Ismael mit seiner

[25] Vgl. F. Wüstenfeld, Die Chroniken der Stadt Mekka, S. 2.

Mutter Hagar auf Betreiben Saras nach der Geburt Isaaks verstoßen worden; Mutter und Sohn irrten, wie in der Bibel erzählt wird, in der Wüste von Beerscheba umher, gerieten in große Not, wurden aber auf wunderbare Weise gerettet. Hagar erhielt für Ismael die gleiche Verheißung von Nachkommenschaft, die Abraham für (den noch ungeborenen) Isaak (1 Mose 15, 4) erhalten hatte. Ismael wuchs heran, wurde ein Bogenschütze und wohnte in der Wüste Paran (1 Mose 21, 8–21). Dies war ein brauchbarer Ansatzpunkt für die Einbeziehung Ismaels in die Geschichte der Kaaba (und der Araber). Wenn von der Kaaba gesprochen wird, erscheint Abraham häufig allein. In der Erzählung von der Reinigung aber sind beide tätig, Abraham und Ismael (2:125); in 2:127, wo gesagt wird, Abraham habe die Grundmauern des Hauses aufgeführt, könnte der Name Ismael nachträglich eingeschoben sein.

Abraham hat nicht nur die Kaaba erbaut oder vom Götzendienst gereinigt, sondern auch die Wallfahrt *(ḥaǧǧ)* eingeführt. Die Verpflichtung dazu ist in Sure 3:97 niedergelegt. Die Riten werden ausführlich in Sure 22:26–33 beschrieben. Sie sind natürlich heidnischer Herkunft, nur ihr Sinn wurde unter Berufung auf Abraham und den an ihn ergangenen Befehl Gottes verändert. Das Pilgerfest mit seinen Riten steht nun im Dienst der monotheistischen Gottesverehrung; über den Opfertieren darf nur der Name Allahs ausgerufen werden. Die Gläubigen werden ermahnt, „die Verunreinigung durch die Götzen“ zu meiden und sich als „Gott ergebene Hanifen, die ihm nichts beigesellen,“ zu verhalten (V. 30–31).

Wie Salomo nach der Fertigstellung des Tempels ein Gebet sprach (1 Könige 8, 14–61), so auch Abraham nach der Fertigstellung der Kaaba (bzw. nach Abschluß der Reinigung). Es ist in drei Versionen überliefert:

In der ersten Version spricht Abraham allein: „‚Herr! Mach dies (d. h. das Gebiet der Kaaba) zu einer sicheren Ortschaft und beschere ihren Einwohnern Früchte – denen von ihnen, die an Gott und den Jüngsten Tag glauben!‘ Gott sagte: ‚Wer aber ungläubig ist, den lasse ich (die Güter dieser Welt) ein wenig genießen. Hierauf weise ich ihn unweigerlich in die Strafe des Höllenfeuers ein – ein schlimmes Ende!‘“ (2:126).

In der zweiten Version sprechen Abraham und Ismael: „Herr, nimm (es) von uns an! Du bist der, der (alles) hört und weiß“ (2:127). Gemeint ist die Kaaba, deren Grundmauern beide gelegt haben. Ein Gebet um Annahme gehört aber eigentlich zu einem Opfer. Vielleicht schwingt in der hier gewählten Formulierung

Abrahams die Erinnerung an ein Opfer nach. Das liegt ja auch nahe, wenn man die Erbauung der Kaaba in eine Beziehung zu Abrahams Erbauung von Altären, wie in der Bibel erzählt, setzt, denn ein Altar wird zum Zweck des Opferns erbaut. Dann beten Abraham und Ismael um den rechten Glauben für sich und ihre Nachkommenschaft, ferner um göttliche Weisung für die Riten des Pilgerfestes (V. 128). Den Schluß bildet eine Prophezeiung auf Muhammad und den Islam: „Und laß, Herr, unter ihnen (d. h. unter den Nachkommen) einen Gesandten aus ihren eigenen Reihen auftreten, der ihnen deine Verse verliest, sie die Schrift und die Weisheit lehrt und sie (von der Unreinheit des Heidentums) läutert! Du bist der Mächtige und Weise“ (V. 129).

Die dritte Version steht als erratischer Block, ohne sichtbare Verbindung mit dem Kontext, in Sure 14:35–41. Hier spricht wieder Abraham allein: „Herr! Mach diese Ortschaft sicher! Und laß mich und meine Söhne es vermeiden, den Götzen zu dienen (V. 35) . . . Herr! Ich habe Leute aus meiner Nachkommenschaft in einem Tal, in dem kein Getreide wächst, bei deinem geheiligten Haus Wohnung nehmen lassen, Herr, damit sie das Gebet verrichten.“ Das Gebet endet mit der Bitte um das tägliche Brot („Früchte“) (V. 37), der Anerkennung von Gottes Allwissenheit (V. 38) und dem Dank für Nachkommenschaft: „Lob sei Gott, der mir trotz meines hohen Alters den Ismael und Isaak geschenkt hat!“ (V. 39). Am Schluß steht eine Bitte um das rechte Tun für Abraham selbst und seine Nachkommen (V. 40) und eine Bitte um Vergebung seiner eigenen Sünden und der seiner Eltern und der Gläubigen beim Gericht (V. 41).

Nach der Errichtung oder Reinigung der Kaaba ist das wichtigste Ergebnis von Abrahams Aufenthalt in Mekka die Ansiedlung einer gläubigen Gemeinde. Aus welchen Personen diese besteht, schält sich erst nach einigem Schwanken heraus. Zunächst ist nur von Einwohnern die Rede; Gott möge die Ortschaft sicher machen und den Einwohnern Früchte, d. h. Unterhalt bescheren. Diese Bitte wird aber insofern eingeschränkt, als sie sich nur auf die Gläubigen beziehen soll; das Wohnen in Mekka allein sichert nicht das Heil (2:126). Dann ist es Abraham selbst, dem Gott den Platz des Hauses, d. h. den Platz oder Ort, an dem die Kaaba steht, als Wohnstätte anweist (mit der Verpflichtung, dem einen Gott zu dienen und das Haus zu reinigen). Abraham soll offenbar selbst dort wohnen bleiben (22:26). Schließlich wird gesagt, Abraham habe Leute aus seiner Nachkommenschaft „in einem Tal, in dem kein Getreide wächst", bei Gottes geheiligtem Haus, d. h. bei der Kaaba, Wohnung nehmen lassen. Sie sollen dort Gottesdienst verrichten. Das Gebiet ist aber offenbar nicht ganz unbewohnt, denn es schließt sich die Bitte an, daß „das Herz von Menschen sich ihnen zuneigt", d. h. daß sie freundliche Aufnahme bei ihrer Nachbarschaft finden mögen. Abraham bittet weiter um Unterhalt (wörtlich: Früchte), da es ja ein unfruchtbares Tal ist (14:37). Daß die Mekkaner Nachkommen Abrahams sind, ergibt sich aus Abrahams Bitte um die Erweckung eines Propheten aus der Mitte seiner Nachkommenschaft, was sich natürlich auf Muhammad bezieht (2:127). Als Abraham an der Kaaba weilte, war auch Isaak bereits geboren, da der Patriarch Gott dafür dankt, daß er ihm Ismael und Isaak geschenkt hat (14:39). Daß die Mekkaner bzw. die Araber Nachkommen Ismaels sind, kann allein aus dessen Mithilfe beim Bau oder bei der Reinigung der Kaaba geschlossen werden.

4.6 Joseph (Yūsuf)

Die Josephsgeschichte ist das Bindeglied zwischen der Patriarchengeschichte und der Geschichte der Israeliten in Ägypten, weil durch sie erklärt wird, wie die Israeliten in Ägypten ansässig geworden sind. Es ist eine der wenigen biblischen Geschichten, die in einem zusammenhängenden Stück abgehandelt werden; sie füllt den größten Teil von Sure 12 (V. 1–102), die den Titel ›Joseph‹ (Yūsuf) trägt, und ist die „schönste Geschichte", wie Muhammad sagt (V. 3).

Der Ablauf der Geschichte ist dem in der Bibel (1 Mose 37–50) sehr ähnlich, doch ist die koranische Erzählung kürzer und hat einige Abweichungen. Im einzelnen werden die folgenden Episoden erzählt: (1) Joseph berichtet seinem Vater Jakob (Yaʿqūb), von einem Traum: Zwölf Sterne, die Sonne und der Mond seien vor ihm niedergefallen. Jakob deutet den Traum als Zeichen der Erwählung, warnt Joseph aber vor seinen Brüdern (V. 4–6). (2) Joseph wird von seinen Brüdern in eine Zisterne geworfen, dem Vater wird Josephs Tod mittels eines mit Blut getränkten Hemdes vorgetäuscht. Durchreisende Kaufleute finden ihn zufällig und verkaufen ihn an einen Mann in Ägypten, der ihn seiner Frau als Hausklave übergibt. Namen werden nicht genannt (V. 7–21). (3) Die Frau will Joseph verführen, doch widersetzt dieser sich; der Hausherr untersucht den Fall und spricht Joseph auf Grund von Indizien von aller Schuld frei. Die Frau lädt ihre Freundinnen ein und führt ihnen Joseph vor; seine Schönheit wird bewundert, die Frau bekräftigt öffentlich ihre Absicht, ihn zu verführen (V. 22–34). (4) Joseph wird ins Gefängnis geworfen, doch wird der Grund hier nicht genannt. Er deutet die Träume zweier Mitgefangener, worin man unschwer die in der Bibel erzählten Träume des Obermundschenks und des Oberbäckers des Pharao erkennt (1 Mose 40). Abweichend von der Bibel wird berichtet, wie Joseph den beiden Ägyptern die Botschaft von dem einen Gott verkündet und sie zur Annahme des rechten Glaubens auffordert. Die Traumdeutung hat die Funktion, Josephs Wissen des Verborgenen zu beweisen. Sie ist, wenn man so will, sein Beglaubigungswunder (V. 35–42). (5) Joseph deutet, wie auch in der Bibel, die Träume des Pharao und wird zum Aufseher über die Vorräte des Landes eingesetzt. Er folgte dem Ruf des Pharao aber erst, nachdem die Frauen, die seine Schönheit bewundert hatten, ihm ein günstiges Zeugnis ausgestellt hatten und die Frau seines Besitzers ihn von aller Schuld freigesprochen hatte (womit Josephs Haft nachträglich begründet wird) (V. 43–57). (6) Josephs Brüder kommen nach Ägypten usw., wie in der Bibel erzählt. Benjamin (sein Name wird nicht genannt) wird verhaftet und muß in Ägypten bleiben (nach 1 Mose 42, 18–24 ist dies Simeon) (V. 58–87). (7) Die Brüder kommen wieder nach Ägypten. Joseph gibt sich ihnen zu erkennen. Jakobs Blindheit, die er sich durch das Weinen über den Verlust seiner beiden Söhne zugezogen hatte, wird durch das Auflegen eines Hemdes, das Joseph schickt, geheilt. Joseph läßt die ganze Familie nach Ägypten kommen (V. 88–101)[26].

Die koranische Erzählung endet mit der Audienz Jakobs und seiner Frau bei Joseph (V. 99–100). In der Bibel folgen die Erzählungen von der Audienz beim Pharao, Josephs Agrarpolitik, Jakobs Segen, Tod und Begräbnis in Hebron (1 Mose 47–50). Der Koran hat daraus zwei Episoden bzw. Elemente in veränderter Form übernommen: Die Audienz beim Pharao ist in eine Audienz bei Joseph umgedeutet: „Und er (Joseph) erhob seine Eltern (zu sich) auf den Thron. Sie (d. h. die Eltern und die Brüder) aber warfen sich (voller

[26] Ausführliche Analyse der Erzählung jetzt bei Anthony H. Johns, Joseph in the Qur'an: Dramatic Dialogue, Human Emotion and Prophetic Wisdom, in: Islamochristiana 7 (1981), S. 29–55 (mit einer vollständigen englischen Übersetzung von Sure 12 am Schluß).

Ehrfurcht) vor ihm nieder" (V. 100)[27]. Auf die Eltern Josephs wird gleich zurückzukommen sein. Die andere Episode ist der Versuch der Brüder, nach Jakobs Tod an die Fürsprache des Vaters zu erinnern, da sie Angst vor Vergeltung haben. Jakob habe ihnen aufgetragen: „So sollt ihr zu Joseph sagen: Ach, vergib deinen Brüdern ihre Missetat und ihre Sünde, das Böse, das sie dir angetan haben" (1 Mose 50, 17). Im Koran ist daraus ein Gebet Jakobs um Vergebung der Sünden seiner Söhne geworden: „Sie (die Söhne) sagten: ‚Vater! Bitte (Gott) für uns wegen unserer Schuld um Vergebung! Wir haben uns versündigt.' Er sagte: ‚Ich werde meinen Herrn um Vergebung für euch bitten. Er ist es, der barmherzig ist und bereit zu vergeben'" (V. 97–98).

Jakob ist im Koran zu einem Gottesmann geworden, der wie ein Prophet (und Priester) Fürbitte für seine Gemeinde einlegt. Auch Züge des leidenden Hiob sind auf ihn übergegangen. Die von ihm geübte Tugend schlechthin ist die Geduld; er fügt sich in den Ratschluß Gottes. Er war geduldig, als er hörte, Joseph sei von einem Wolf verschlungen worden (V. 18), ebenso, als er die Nachricht erhielt, daß ein anderer Sohn (Simeon oder Benjamin) nicht aus Ägypten zurückgekehrt sei (V. 83). Wie Hiob hat er seine Familie verloren, jedenfalls seine beiden Lieblingssöhne, die Kinder der Rahel; er wird für seine Geduld dadurch belohnt, daß er mit den Seinen wieder vereint wird. Ferner verfügt er über Wissen, wie es gewöhnlichen Menschen versagt ist: Schon bei der Erzählung von Josephs Traum sagt er voraus, daß Joseph von Gott die Gabe erhalten werde, Geschichten zu deuten (V. 6); Offenbarungswissen hat er auch über das Schicksal der beiden verschollenen Söhne: „Ich weiß (auf Grund dessen, was mir) von Gott (eröffnet worden ist, manches) was ihr nicht wißt. Ihr Söhne! Geht hin und forscht nach Joseph und seinem Bruder!" (V. 86–87).

Noch deutlicher ist Josephs Rolle als Prophet herausgearbeitet. Er erleidet Unrecht und Verfolgung, verkündet die Botschaft unter widrigsten Umständen, am Ende aber triumphiert er. Übernatürliches Wissen ist ihm von Jugend auf eigen. Als er in der Zisterne lag, wußte er schon, was sich in ferner Zukunft in Ägypten ereignen würde (V. 15). Als Erwachsener erhielt er Urteilskraft und Wissen, wie es Propheten zukommt, weil er fromm war (V. 22). Gott hat ihn die Traumdeutung gelehrt (V. 37 u. 101), was den Vornehmen

[27] Nach der Bibel zog Joseph seinem Vater entgegen (1 Mose 46, 28–30); das ist hier wohl nicht gemeint, vgl. auch Paret, Kommentar zu 12 : 99.

des Pharao versagt geblieben war (V. 44). Als Prophet ist er auch mit der Gabe der Krankenheilung ausgestattet: Durch Auflegen seines Hemdes wird Jakob von der Blindheit geheilt (V. 93). Als Prophet wird er von Gott vor der Sünde beschützt: Als die Frau seines Herrn ihn verführen wollte „und (auch) sein Sinn nach ihr stand", wäre er der Versuchung erlegen, „wenn er nicht die Erleuchtung (oder: das Zeichen) seines Herrn gesehen hätte". Gott aber griff ein, „um Böses und Abscheuliches von ihm abzuwenden" (V. 24). Aber der Mensch muß bei der Abwehr der Sünde auch selbst mitwirken: Joseph betet: „Herr! Gefangengesetzt zu werden ist mir lieber als das, wozu sie (die Frauen) mich auffordern." Und doch muß letztlich Gott eingreifen, um den Menschen vor der Sünde zu bewahren. Josephs Gebet endet: „Und wenn du die List der Weiber nicht von mir abwendest, bekomme ich Verlangen nach ihnen und bin ein Tor (d. h. ein Sünder)" (V. 33). Ein Lehrstück für das Problem von Gnade, Prädestination und Willensfreiheit!

Joseph war seinen Eltern in Gehorsam und Ehrfurcht verbunden. Seine Mutter war Rahel (1 Mose 30, 22–24). Er war ihr Erstgeborener. Später gebar sie noch den Benjamin, doch starb sie bei seiner Geburt (1 Mose 35, 16–20). Als Jakob nach Ägypten zog, war sie also schon lange tot. Im Koran wird aber gesagt, Joseph habe „seine Eltern" zu sich auf den Thron erhoben (V. 100). Die Elternliebe ist ein wichtiger Bestandteil der koranischen Ethik. Muhammad widmet ihr einen längeren Abschnitt in Sure 46:15–18. Sie ist von den Propheten vorbildlich praktiziert worden. Noah betet: „Herr! Vergib mir und meinen Eltern und einem (jeden), der als Gläubiger mein Haus betritt" (71:28). Ähnlich betet Abraham (14:41). Salomo dankt Gott für die Gnade, die er ihm und seinen Eltern erwiesen hat (27:19). Joseph ehrt seine Eltern, indem er sie zu sich emporzieht. Daß Muhammad hier von Eltern spricht, während doch nur Jakob oder Jakob und die Brüder Josephs gemeint sein können, beweist, daß es sich bei der Elternliebe (jedenfalls an dieser Stelle) um einen Topos handelt; wenn von den Tugenden der Propheten und Gottesmänner gesprochen wird, ist die Elternliebe notwendig eingeschlossen.

Als Retter der Israeliten ist Joseph in der christlichen Überlieferung zum Typus Christi, des Erlösers, geworden[28]. Vielleicht liegt hier der Schlüssel dafür, daß Muhammad ihn als einen Propheten

[28] Vgl. Herbert Donner, Die literarische Gestalt der alttestamentlichen Josephsgeschichte, Heidelberg 1976, S. 48.

deutet. Die Adressaten seiner Predigt sind nicht seine Brüder oder die Israeliten, sondern die Ägypter. Der Erfolg war gering, wie wir wissen. Als ein neuer König zur Herrschaft kam, der von Joseph nichts wußte (2 Mose 1,8), begann die Unterdrückung der Israeliten, in der Mose als neuer Retter auftrat. Als Helfer des Mose erschien, wie wir gleich sehen werden, ein gläubiger Ägypter; er gehörte zum Rest der Gemeinde, die von Joseph in Ägypten gegründet worden war (40:34).

Die biblische Josephsgeschichte bewegt sich um zwei Pole, Jakob und Joseph. Der Gedanke ist geäußert worden, daß es eigentlich eine Geschichte sei, in der das Schicksal Jakobs im Mittelpunkt steht[29]. Nach A. H. Johns vermittelt sie den Gedanken der Versöhnung, Muhammad habe Jakob und Joseph als seine Vorbilder betrachtet[30]. In erster Linie ist es, wie aus unserer Analyse klargeworden sein dürfte, die Geschichte eines Propheten, der den Verfolgungen seiner Gegner entgangen ist und schließlich triumphiert. Sie gipfelt im Dankgebet Josephs: „Herr! Du hast mir (in Ägypten) Herrschergewalt gegeben“ usw. (V. 101). Im Nachwort spricht Muhammad von den Ränken, die von Josephs Brüdern geschmiedet worden sind (V. 102). In dieser Situation war er selbst, als er diese Geschichte erzählte, aller Wahrscheinlichkeit nach kurz vor der Hidschra, wie R. Bell annimmt[31]. So legt die Erzählung Zeugnis ab von den Hoffnungen, die der Prophet für sich und sein Werk hegte. Später, nach der Eroberung Mekkas, behandelte Muhammad seine Feinde so generös, wie Joseph seine Brüder aufgenommen hatte, als sie seiner Hilfe bedurften.

4.7 Mose (Mūsā) und die Israeliten

4.7.1 Die Schwerpunkte der Erzählung

Der Zyklus der Mosegeschichten gehört zum Kernstück der biblischen Erzählungen im Koran. Mose wird in gut 40 Suren erwähnt. Am häufigsten wird sein Auftreten vor dem Pharao (im Koran als Eigennahme gebraucht: Firʿaun), die Rettung der Israeliten und der Untergang der Ägypter, meist in einer zusammenhän-

[29] G. von Rad, zitiert bei A. H. Johns, Joseph in the Qur'an, S. 39.
[30] A. H. Johns, a. a. O., S. 44f.
[31] Watt, Bell's Introduction to the Qur'ān, S. 110.

genden Erzählung, behandelt. Quantitativ den nächsten Platz nimmt die Erzählung von seiner Berufung am Dornbusch ein. Andere Erzählungen, wie die von seiner Geburt und dem Wüstenzug der Israeliten, spielen nur eine untergeordnete Rolle.

4.7.2 Mose ein Prophet, der verfolgt und mit den Gläubigen gerettet wird

Eine durchgehende Erzählung von der Geburt Moses bis zum Auszug der Israeliten aus Ägypten findet sich, in enger Anlehnung an die Bibel, in Sure 28: Die Israeliten werden von den Ägyptern bedrückt, die Söhne auf Befehl des Pharao ermordet; nur die Frauen (gemeint sind die neugeborenen Mädchen) werden verschont (V. 1–6); Mose wird im Binsenkörbchen ausgesetzt, von den Leuten des Pharao gefunden und an den Hof gebracht; seine Schwester (nach 2 Mose 5 Pharaos Tochter) sorgt dafür, daß er seiner leiblichen Mutter, deren Identiät den Ägyptern jedoch verborgen bleibt, übergeben wird (V. 7–14); Mose wächst heran und muß nach der Ermordung eines Ägypters als Flüchtling das Land verlassen (V. 14–21); er findet Aufnahme in Midian (Madyan) und verdingt sich als Knecht, um eine der beiden Töchter (des Šuʿaib/Jethro) zu heiraten (eine Verwechslung mit der Geschichte von Jakob und den beiden Töchtern Labans, 1 Mose 29) (V. 22–28); er hat die Erscheinung am Dornbusch und wird zum Propheten berufen, der die Israeliten aus der Gewalt der Ägypter befreit; sein Bruder Aaron (Hārūn) wird ihm als Helfer beigegeben (V. 29–35). Der Rest wird in wenigen Worten erzählt: Der Pharao lehnt die Predigt ab (V. 36–39), die Ägypter ertrinken im Meer (V. 40–42).

Die Kindheits- und Jugendgeschichte des Mose erscheint in einer Rückblende noch einmal in Sure 20, wo die Geschichte der Berufung am Dornbusch erzählt wird (V. 9–23): Mose erschrickt vor der Aufgabe, vor den Pharao hinzutreten, und bittet um Hilfe (V. 24–36). Um ihm Mut zuzusprechen und ihn seiner Hilfe zu versichern, erinnert Gott ihn an die Rettung aus dem Nil (V. 37–40) und die geglückte Flucht, als er einen Ägypter ermordet hatte (V. 40). Eine Rückblende gibt es auch in Sure 26, nun aber beim Auftreten Moses vor dem Pharao: Der Herrscher erinnert ihn an die Wohltaten, die er ihm erwiesen hat, als er ihn in seiner Familie aufzog, und hält ihm die Ermordung des Ägypters vor (V. 18–20).

Der Pharao wendet ein psychologisches Mittel an, wenn er der Forderung Moses nach einer Wohltat, der Freilassung der Israeliten, mit der Forderung nach Dankbarkeit begegnet und Mose daran erinnert, daß er nichts zu fordern, sondern für eine Mordtat Rechenschaft abzulegen habe.

Die Geschichte von der Berufung am Dornbusch wird in Sure 20 am ausführlichsten behandelt, und zwar in Anlehnung an die Bibel (2 Mose 3, 1–4, 17): Mose sieht ein Feuer, doch ist vom Dornbusch, der brennt, aber nicht verbrennt, keine Rede. Daher geht Mose auch nicht, wie in der Bibel erzählt, hin, um das Wunder näher zu betrachten, sondern er nähert sich dem Feuer, um ein Stück Glut zu holen oder „Rechtleitung" zu finden. Das kann „göttliche Belehrung" bedeuten, aber auch ganz prosaisch so verstanden werden, daß er hofft, am Feuer Leute zu finden, die ihm Auskunft über den Weg geben können (V. 10). Gott stellt sich ihm vor: „Ich bin dein Herr. Zieh deine Sandalen aus. Du befindest dich im heiligen Tal Ṭuwā" (V. 11–12)[32]; Gott offenbart ihm die wichtigsten Artikel des Glaubensbekenntnisses und der Pflichtenlehre: Monotheismus, Verrichtung des liturgischen Gebets *(ṣalāt)*, Glaube an das Gericht und die Vergeltung (V. 13–16); als Beglaubigungswunder erhält er den Stab, der zur Schlange wird, und die Hand, die verdorrt und geheilt wird (V. 17–23). Der Inhalt der Sendung wird nur skizziert: „Geh zu Pharao! Er ist aufsässig" (V. 24); Mose bittet um die Redegabe und um Zuweisung seines Bruders Aaron als Helfer (V. 24–36). Nach der schon behandelten Rückblende auf Moses Jugend (V. 37–41) wird die Sendung weiter spezifiziert: Mose soll vor den Pharao treten, sich als Gesandter Gottes vorstellen, ihn auffordern, die Israeliten ziehen zu lassen und im Fall der Weigerung göttliche Strafe ankündigen (V. 42–48).

Kurzfassungen der Berufungsgeschichte findet man an vier anderen Stellen (19:51–53. 26:10–17. 27:7–12. 28:29–34), ohne daß wesentlich Neues zu dem in Sure 20 Gesagten hinzukäme (mit Ausnahme des Hinweises auf die gleich zu behandelnden „neun Zeichen"). Die Kurzfassungen stehen im Rahmen anderer Episoden der Moseerzählung; nur die Berufungsgeschichte in Sure 19 macht eine Ausnahme, da sie im Rahmen von Erzählungen über andere Propheten steht; sie ist sehr kurz: „Und gedenke in der Schrift des Mose! Er war ein Auserlesener (?) und ein Gesandter und Prophet.

[32] Die Bedeutung des Namens ist unbekannt, vgl. auch Horovitz, Koranische Untersuchungen, S. 125.

Wir riefen ihn von der rechten Seite des Berges an[33] und ließen ihn uns zu vertraulichem Gespräch nahekommen. Und wir schenkten ihm in unserer Barmherzigkeit seinen Bruder Aaron, einen Propheten“ (V. 51–53).

Das Auftreten Moses (und seines Bruders Aaron) vor dem Pharao wird am ausführlichsten in Sure 26 geschildert, wieder in enger Anlehnung an die Bibel: Der noch zur Berufung am Dornbusch gehörende Auftrag, den Pharao zur Freigabe der Israeliten aufzufordern (V. 16–17); der Pharao erinnert Mose, wie schon erwähnt, an die empfangenen Wohltaten (V. 18–21); Mose berichtet, daß Gott ihn zum Gesandten berufen habe mit dem Auftrag, die Freilassung der Israeliten zu fordern (V. 21–22); Mose predigt dem Pharao den Schöpfergott, worauf dieser ihn für besessen *(mağnūn)* erklärt und ihm Einkerkerung androht (V. 23–29); Mose führt seine Beglaubigungswunder vor: sein Stab wird zur Schlange, seine Hand weiß (aussätzig) (V. 30–33); Mose besiegt die ägyptischen Zauberer in dem vom Pharao angesetzten Wettstreit (V. 34–45); die ägyptischen Zauberer bekehren sich und glauben „an den Herrn der Menschen in aller Welt, den Herrn von Mose und Aaron“, worauf der Pharao ihnen schwere Strafe, Verstümmelung und Kreuzigung, androht (V. 46–51).

Ähnlich wird die Geschichte vom Auftreten vor dem Pharao in Sure 7:104–126 erzählt, nur fehlt hier die Predigt vom Schöpfergott. Kürzere Versionen haben wir an anderen Stellen (10:75–82. 17:101–102. 20:49–56). In Sure 11 ist die Erzählung auf ein paar Stichworte zusammengestrichen (V. 96–97). Interessant ist ein Zusatz in Sure 28, in welchem eine Erklärung für den Bau der Pyramiden geliefert wird. Darin schwingt eine Erinnerung an den im Koran sonst nicht erwähnten Turmbau von Babel (1 Mose 11,1–9) nach: Der Pharao befiehlt seinem Wesir Hāmān[34]: „Hāmān! Erhitze mir Lehm (und brenn ihn zu Ziegeln) und mach mir (daraus) ein (hochragendes) Schloß! Vielleicht kann ich dann zum Gott Moses emporsteigen.

[33] Wenn man sich der Kapelle des brennenden Dornbuschs im Katharinenkloster von der „Ebene der Vorbereitung“ her nähert, dem einzigen Zugang zum Kloster, liegt die Kapelle tatsächlich auf der rechten Seite. Die Lokalisierung des brennenden Dornbuschs an dieser Stelle war schon Etheria (4. Jahrhundert) bekannt, vgl. Herbert Donner, Pilgerfahrt ins Heilige Land, Stuttgart 1979, S. 83 u. 89.

[34] Hāmān ist eigentlich der Wesir des persischen Großkönigs (vgl. Ester 3,1). Er ist in so typischer Weise zum Feind der Gläubigen geworden, daß der Name nicht mehr für das Individuum, sondern den Typ steht.

Ich bin aber der Meinung, daß er ein Lügner ist“ (V. 38). Dies ist der Gipfel der Hybris des ägyptischen Herrschers: Durch den Bau der Pyramiden will er die Vermittlung des von Gott gesandten Propheten ausschalten und selbst in Verbindung mit Gott treten.

In Sure 40 wird die Hybris des Pharao noch deutlicher herausgearbeitet: Mose wird zum Zauberer und Lügner erklärt (V. 24); die in der Bibel befohlene Tötung der israelitischen Knaben, damit sie nicht zu zahlreich werden und die Überhand bekommen (2 Mose 1,8–22), wird mißverstanden und umgedeutet: Der Pharao befiehlt: „Tötet die Söhne derer, die mit ihm glauben!“ (wodurch offenbar die Anhängerschaft Moses geschwächt werden soll) (V. 25); dann faßt der Pharao den Entschluß, Mose selbst zu töten, mit der zynischen Bemerkung: „Er mag dann zu seinem Herrn beten“ (V. 26); dann tritt „ein gläubiger Mann von den Leuten Pharaos, der seinen Glauben (vor seinen Landsleuten) verborgen hielt“, auf und ermahnt die Ägypter, die Botschaft Moses anzunehmen; er gibt den „Rat des Gamaliel“: „Wenn er (Mose) ein Lügner ist, ist es zu seinem eigenen Nachteil. Wenn er aber die Wahrheit sagt, wird euch etwas von dem treffen, was er euch androht“ [35]. Er erinnert an frühere Strafgerichte, die Sintflut, den Untergang der ʿĀd und Ṯamūd, und an die Predigt Josephs (V. 28–35); damit wird an die biblische Aussage „Dann kam ein neuer König in Ägypten zur Herrschaft, der von Joseph nichts wußte“ (2 Mose 1,8) angeknüpft; dann gibt der Pharao Hāmān den schon erwähnten Befehl, ein (hochragendes) Schloß zu bauen (V. 36–37); der gläubige Ägypter setzt seine Predigt fort, hat aber keinen Erfolg (V. 38–46). Die Hybris des Pharao steigert sich in drei Stufen: Erst will er die Kinder der Gläubigen töten, dann den Propheten, und da dies mißlingt, ihn als den Mittler zwischen Gott und den Menschen ausschalten.

Ein anderes Beispiel der pharaonischen Hybris findet man in Sure 79: Auf Moses Predigt und die Beglaubigungswunder versammelt der Pharao die Ägypter und läßt ausrufen: „Ich bin euer höchster Herr“ (V. 24). Das ist Gotteslästerung, denn er will nicht nur den Propheten als Mittler ausschalten, sondern macht sich selbst zu Gott.

Unter den Einzelheiten, mit denen die Erzählung vom Auftreten Moses vor dem Pharao ausgestattet worden ist, spielen die Beglaubigungswunder, der Stab, der sich in eine Schlange verwandelt, und

[35] Vgl. Apostelgeschichte 5, 34–40.

die Hand, die er verdorrt aus dem Gewand zieht, eine zentrale Rolle, zumal durch diese Wunder auch die Zauberer des Pharao besiegt werden. Sie werden fast immer erwähnt, wenn das Auftreten Moses vor dem Pharao etwas ausführlicher geschildert wird. Damit folgt Muhammad dem biblischen Bericht von der Berufung Moses (2 Mose 4,1–9) und seinem Auftreten vor dem Pharao (2 Mose 7,8–13). Mit Hilfe der Beglaubigungswunder kann zuverlässig zwischen einem heidnischen Zauber und einem von Gott gewirkten Wunder unterschieden werden.

Auf die zehn Plagen der Bibel (2 Mose 7–12) gibt es eine Anspielung in Sure 7:130–135, wo allerdings nur sieben, teilweise abweichend von der Bibel, aufgezählt werden: (die Dürre) und der Mangel an Früchten (V. 130), die Flut, die Heuschrecken, die Läuse, die Frösche, das Blut (V. 133) und ein siebtes „Strafgericht" (V. 134), das nicht weiter beschrieben wird. Neun Zeichen, vielleicht die erwähnten sieben mit den beiden Beglaubigungswundern, werden in Sure 17:101 ohne nähere Beschreibung erwähnt (vgl. auch 27:12). Auf die in der Bibel erzählte Einsetzung des Pessach, die Weihe der Erstgeburt und sonstige Einzelheiten wird im Koran nicht eingegangen, da Muhammad sie offenbar nicht für wichtig erachtete. An einer Stelle spricht der Koran von der *qibla*, die die Israeliten in oder an ihren Häusern anbringen sollten (wörtlich: macht eure Häuser zu einer *qibla*, Gebetsrichtung) (10:87). Vielleicht ist dies ein Mißverständnis des von Mose den Israeliten gegebenen Befehls, die Türpfosten und Oberschwellen ihrer Häuser mit dem Blut der Pessachlämmer zu bestreichen (1 Mose 12, 21–28).

Verglichen mit der ausführlichen Schilderung der Vorgeschichte wird der Untergang der Ägypter im Meer relativ knapp dargestellt, was den Regeln des dramatischen Erzählens entspricht. Die Israeliten ziehen aus, Mose teilt mit seinem Stab das Meer, der Pharao und seine Leute verfolgen die Israeliten und ertrinken. Abweichend von der Bibel wird in Sure 10 erzählt, der Pharao habe sich kurz vor dem Ertrinken bekehrt: „Als er schließlich am Ertrinken war, sagte er: ‚Ich glaube, daß es keinen Gott gibt außer dem, an den die Kinder Israels glauben'" (V. 90). Aber es ist zu spät. Gott nimmt seine Reue nicht an; er will den Pharao nur mit seinem Leib retten, „damit du für diejenigen, die nach dir kommen, ein Zeichen seist" (V. 92)[36]. Das ist vielleicht eine Anspielung auf den Brauch der Mumifizierung

[36] Auch die Arche Noah blieb als Zeichen zurück, zur Mahnung für die späteren Generationen, Sure 54:15.

und aufwendigen Beisetzung der Leiche des Pharaos. In den Augen der Juden und Christen waren die ägyptischen Königsgräber Denkmäler („Zeichen“) eines abscheulichen Dämonenkults.

Der Teil der Mosesgeschichte, in dem die Geburt Moses, sein Auftreten vor dem Pharao und der Untergang der Ägypter geschildert wird, gehört zu einem Typ von Erzählungen, der uns schon anderweitig bekannt ist: Ein Prophet wird berufen, mit der Botschaft beauftragt, gerät in große Bedrängnis und wird durch die Vernichtung seiner Feinde gerettet. Insofern gehört die Geschichte von Mose und dem Untergang der Ägypter zum Typus der Erzählungen von Strafgerichten. Sie erscheint, wie die folgende Tabelle zeigt, an mehreren Stellen des Korans mit diesem Akzent (die Verse sind in Klammern gesetzt, wenn die Reihenfolge abweicht):

Sure	7	10	11	51	54
1. Die Sintflut	59–64	71–73	25–48	(46)	9–17
2. Gericht über die ʿĀd	65–72		50–60	41–42	18–22
3. Gericht über die Ṯamūd	73–79		61–68	43–45	23–32
4. Gericht über Sodom	80–84		69–83	(31–37)	33–40
5. Gericht über Midian	85–93		84–95		
6. Zusammenfassung Nr. 2–5	94–102	74			
7. Mose und die Ägypter	103–137	75–93	96–99	(38–40)	41–42

4.7.3 Der Wüstenzug und die Freveltaten der Israeliten

Bis jetzt haben wir nur die erste Hälfte der koranischen Moseerzählung betrachtet; sie handelt vom Auftreten eines Propheten, der Gefahren besteht, die Botschaft verkündet, es mit dem mächtigsten

Herrscher der Welt aufnimmt und siegt. Etwas ganz anderes wird in der zweiten Hälfte erzählt. Es ist die Geschichte der Israeliten, die Gottes Wohltaten mit Undank vergelten. Die listenartigen Aufzählungen der Beispiele von Gottes Wohltaten und Israels Undank in Sure 2:49–61 und 4:153–162 sind oben schon behandelt worden[37]. Die Ereignisse nach dem Durchzug durch das Meer werden nur in Sure 7 einigermaßen zusammenhängend erzählt; auch hier wechseln Beispiele von Gottes Wohltaten mit solchen vom Undank des Volkes einander ab: Gleich nach dem Durchzug durch das Meer verlangen die Israeliten von Mose, er solle ihnen Götzenbilder machen (V. 138–140)[38]; während Mose auf dem Berg weilt und die Gesetzestafeln erhält (V. 142–147), verfertigen die Israeliten das Goldene Kalb und beten es an (V. 148–153); Mose tritt fürbittend für das Volk ein (vgl. 2 Mose 32, 30–35), der Bund wird erneuert (2 Mose 34), Mose wirkt das Wasserwunder, die Wolke spendet Schatten, das Volk wird mit Manna und Wachteln gespeist (V. 154–160; zur Speisung vgl. auch 20:80–82); als die Israeliten das Land in Besitz nehmen sollten, „vertauschten diejenigen von ihnen, die frevelten, den Ausspruch, den man ihnen gesagt hatte, mit einem anderen" und wurden deshalb von einem Strafgericht heimgesucht (V. 161–162; vgl. auch 5:20–26)[39]. Deutlicher steht die Geschichte von der Aussendung der Kundschafter und der Auflehnung des Volkes (vgl. 4 Mose 13–14) in Sure 5:20–26, wo auch die vierzigjährige Wüstenwanderung als Strafe für die Weigerung, um den Besitz des Landes zu kämpfen (vgl. 4 Mose 14, 33), erwähnt ist.

Die Geschichte vom Goldenen Kalb findet man in zwei Versionen. Die Version in Sure 7 stimmt weitgehend mit dem biblischen Bericht (2 Mose 32) überein: Während Mose auf dem Berg weilte,

[37] Siehe o. S. 44ff.

[38] Vielleicht denkt der Erzähler bei den Götzenbildern an den ägyptischen Tempel in Serabit als-Chadim auf der Sinai-Halbinsel, ca. 100 km Luftlinie südöstlich von Suez.

[39] Der Ausspruch lautete *ḥiṭṭa*, dazu Paret, Kommentar zu 2:58, mit ausführlicher Erörterung der Erklärungsversuche westlicher Gelehrter. Die islamische Überlieferung hat diese an sich dunkle Passage auf Jerusalem bezogen: „Nehmt diese Stadt (sc. Jerusalem) zur Wohnung und eßt davon, wo ihr wollt. Und sagt ‚ḥiṭṭa' und tretet zum Tor ein, indem ihr euch niederwerft! Dann werden euch eure Sünden vergeben." In Konsequenz dieser Auslegung heißt eines der Tore der Nordmauer des Ḥaram aš-šarīf in Jerusalem Bāb Ḥiṭṭa, vgl. Guy Le Strange, Palestine under the Moslems, Beirut (Neudruck) 1965, S. 173ff.

fertigten die Israeliten aus ihrem Schmuck ein Kalb als Götzenbild an und verehrten es (V. 148), doch erkannten sie, anders als in der Bibel, schon vor Moses Rückkehr, daß sie gesündigt hatten (V. 149). Als Moses zurückkehrte und davon erfuhr, warf er die Gesetzestafeln zu Boden und zog Aaron (den er vor seinem Aufstieg auf den Berg zu seinem Stellvertreter eingesetzt hatte, vgl. V. 142) zur Rechenschaft. Dieser entschuldigte sich damit, daß er vom Volk gezwungen worden sei (das Götzenbild anzufertigen) (V. 150). Mose bittet Gott für sich und seinen Bruder um Vergebung (V. 151). Das Stück endet mit einer Reflexion über die Strafe der Sünder und die Barmherzigkeit Gottes gegen diejenigen, die ihre Sünden bereuen (V. 152–153).

Ausführlicher und mit Abweichung von der Bibel wird die Geschichte in Sure 20 erzählt: Gott informiert Mose von dem Fehltritt der Israeliten unter der Anführung des Sāmirī, Mose kehrt vom Berg in das Lager zurück (V. 83–89). Aaron wird hier als derjenige vorgestellt, der das Volk von der Verehrung des Goldenen Kalbes abbringen wollte (V. 90–91). Mose gegenüber rechtfertigt er sich mit dem Argument, er habe das Volk nicht mit Gewalt am Götzendienst hindern wollen, um keine Zwietracht zu stiften (V. 92–94). Der Sāmirī wird zur Strafe mit Aussatz geschlagen (und damit aus der Gesellschaft der Menschen verbannt), das Götzenbild soll verbrannt, die Asche ins Meer gestreut werden (V. 95–97). Das Stück endet mit dem Bekenntnis des einen Gottes (V. 98). Über den Sāmirī hat es viele Spekulationen gegeben[40]. Hier spielt er eine Rolle, die darauf zugeschnitten ist, Aaron zu entlasten. Der Name deutet auf einen Mann aus Samaria hin, einen Angehörigen jener jüdischen Gruppe, die sich schon früh vom Jerusalemer Tempelkult gelöst hatte und im Neuen Testament als von den Juden geächtet geschildert wird. Das legt den Schluß nahe, daß die Erzählung aus einer jüdischen Quelle stammt; in der christlichen Überlieferung wäre eine Erzählung mit einer so deutlich antisamaritanischen Tendenz schlecht vorstellbar.

Zu den Episoden der Wüstenwanderung gehört auch die Schlachtung der gelben Kuh. Sie wird in Sure 2:67–71 erzählt. Danach hat die Sure die Überschrift ›Die Kuh‹. Sie hat einen deutlichen Anklang an die biblische ›Geschichte von der roten fehlerlosen Kuh, die kein Gebrechen hat‹. Es ist die Kuh, aus der durch Verbrennen

[40] Ausführliche Diskussion bei Paret, Kommentar zu 20:85 (mit Verweis auf Horovitz, Speyer u. a.).

die Asche gewonnen wird, die bei bestimmten Reinigungsriten benötigt wird (4 Mose 19, 1–10). Daß im Koran aus der roten eine gelbe Kuh wird, ist nicht weiter von Belang.

Gleich anschließend folgt eine andere Geschichte, die ebenfalls von einer Kuh handelt (2:72–73). Daß hier etwas Neues beginnt, ergibt sich aus dem Wechsel der Redeweise: Der erste Teil (V. 67–71) ist in der Form eines Berichts gehalten. Der jetzt beginnende zweite Teil (V. 72–73) hat die Form der direkten Rede: Gott spricht zu den Israeliten. Das Vorbild ist die Geschichte von der jungen Kuh (5 Mose 21, 1–9), „die noch nicht zur Arbeit gebraucht wurde und noch nie im Joch gegangen ist". Es ist die Kuh, die nach der biblischen Vorschrift im Fall eines nicht aufgeklärten Mordes geschlachtet werden soll und der Entsühnung von der Blutschuld dient. Im Koran ist daraus etwas ganz anderes geworden, nämlich ein Beweisstück für die Auferstehung der Toten. Der Ermordete wird durch die Berührung mit einem Stück von der Kuh ins Leben zurückgerufen und kann dann den Mörder benennen. Die Erzählung endet mit dem Satz: „So macht Gott die Toten lebendig und läßt euch seine Zeichen sehen. Vielleicht würdet ihr verständig sein."

4.7.4 Der Dekalog

Während die Geschichte vom Auszug aus Ägypten und der Wüstenwanderung mit vielen Einzelheiten erzählt wird, fehlt der Dekalog als das Ergebnis der Gotteserscheinung auf dem Sinai. Die Gesetzestafeln, die Mose auf dem Berg erhielt, werden erwähnt (7:145), und an einer anderen Stelle wird gesagt, daß Mose und Aaron die „deutliche Schrift" erhielten (37:117). Der Inhalt des Dekalogs erscheint in diesem Zusammenhang aber nur kurz in Sure 2:83–85, und zwar im Rahmen der großen Auseinandersetzung mit den Juden (2:47–110). Das heißt aber nicht, daß Muhammad der Inhalt des Dekalogs unbekannt gewesen wäre. Der Koran atmet in seiner Gotteslehre und seinen ethischen Regeln den Geist des Dekalogs; an einzelnen Stellen erscheinen Gebote oder Gruppen von Geboten, die inhaltlich und teils auch formal aus dem Dekalog stammen.

Der Aufzählung der Gebote in 2 Mose 20 entspricht, wenn auch in geänderter Reihenfolge und mit Lücken, am ehesten die Liste in Sure 17: das Verbot, neben Gott andere Götter zu verehren (V 22); das Gebot des Gehorsams gegen die Eltern (V. 23–25), verbunden mit der Verpflichtung, die Verwandten, Armen und die Fremdlinge zu unterstützen (V. 26–30); Verbot der Kindertötung: „Und tötet nicht eure Kinder aus Furcht vor Verarmung" (V. 31); Verbot der Unzucht (V. 32); das allgemeine Tötungsverbot (V. 33); Verbot, das Vermögen der Waisen anzutasten und falsches Maß und falsche Gewichte zu benutzen (vergleichbar dem siebten Gebot) (V. 34–35). Soweit Sure 17[41]. Das Verbot des falschen Zeugnisses, das nun folgen müßte, steht in Sure 6. Der Dekalog beginnt hier mit der charakteristischen Aufforderung: „Kommt her! Ich will (euch) verlesen, was euer Herr euch verboten hat" (V. 151). Die Liste ist der in Sure 17 ähnlich (V. 151 ff.). Am Schluß steht: „Und wenn ihr eine Aussage macht, dann seid gerecht, auch wenn es ein Verwandter sein sollte (gegen den ihr auszusagen habt)!" (V. 152). Eine andere Parallele ist Sure 25:64–72 (kürzer in Sure 16:90–94, 23:2–8 u. 60:12).

Wenn man die Stellen mit Anspielungen auf den Dekalog überblickt, fällt auf, daß das vierte Gebot, die Ehrung der Eltern, am häufigsten vorkommt. In Sure 4 lautet es ähnlich wie in Sure 17, mit Einschluß der Waisen usw.; hier wird auch gute Behandlung der Sklaven befohlen (V. 36). An anderen Stellen wird der elterliche Gehorsam eingeschärft, ausführlich in Sure 46:15–18; jedoch wird davon dispensiert, wenn die Eltern ihre Autorität dazu benutzen, ihre Kinder zum Festhalten am Polytheismus zu zwingen (29:8–9; auch 31:14–15). Das ist ein Thema, dem wir schon bei der Behandlung der Abrahamsgeschichte begegnet sind und das sich wie ein roter Faden durch das Denken des Propheten zieht. Auch Jesus verlangt ja die Trennung von den Eltern um des Glaubens willen (Matthäus 10, 37; Lukas 14, 26).

Auffällig ist das Fehlen des Sabbatgebotes, im Dekalog an dritter Stelle genannt; es wird ausführlicher als die anderen Gebote behandelt und mit Gottes Ruhen am siebten Tag begründet (2 Mose 20, 8–11). Von den im Koran erwähnten Strafen für Sabbatschänder ist schon gesprochen worden. In Sure 16 wird das Sabbatgebot förmlich abrogiert: „Der Sabbat ist nur denen auferlegt worden, die darüber uneins (geworden) waren. Wahrlich, dein Herr wird am Tag der Auferstehung zwischen ihnen entscheiden über das, worüber sie (in ihrem Erdenleben) uneins waren" (V. 124). Man könnte an

[41] Vgl. auch die Gegenüberstellung von Sure 17:22–25 mit den einschlägigen Stellen aus 2 Mose 20 u. a. bei M. S. Seale, Qur'an and Bible. Studies in Interpretation and Dialogue, London 1978, S. 74f.

2 Mose 16, 27 denken, wo erzählt wird, wie es zu einer Spaltung der Israeliten kam, als Mose das Sammeln des Manna am Sabbat verbot. Jedoch hat das Sabbatgebot, wenn Muhammad davon spricht, einen deutlichen Strafcharakter, wie auch andere jüdische Gesetzesvorschriften, die erlassen wurden, „weil (ihre) Herzen sich verhärteten, so daß sie (schließlich) wie Steine waren, oder noch härter" (2:74). Es liegt nahe, daß Muhammad bei der Abrogierung des Sabbatgebotes die Predigt Jesu im Auge hatte. Jesus hat ja des öfteren mit den Pharisäern und Schriftgelehrten über den Sabbat diskutiert (vgl. Matthäus 12, 1–14; Markus 3, 1–6 u. a.). Die islamische Praxis besteht darin, das Kaufgeschäft ruhen zu lassen, wenn am Freitag zum Gottesdienst gerufen wird[42]. Das ist ein Mittelweg zwischen dem jüdischen Sabbat und der christlichen Sonntagsruhe.

4.7.5 Die Rotte Korah (Qārūn)

Zum Zyklus der koranischen Moseerzählung gehört auch die Geschichte von der Rotte Korah und ihrer Bestrafung. Sie handelt, wie in der Bibel erzählt wird, vom Abfall einer Gruppe aus der Gemeinde des Mose. Korah lehnte sich gegen Mose und Aaron auf und forderte das Priesteramt und Beteiligung an der Führung der Gemeinde. Er und seine Anhänger „samt ihren Familien und alle Menschen, die zu Korah gehörten, samt all seiner Habe" wurden vom Erdboden lebendig verschlungen oder durch Feuer vom Himmel verbrannt (4 Mose 16). Im Koran wird die Geschichte in Sure 28 erzählt: Korah gehörte zum Volk Moses; er war so reich, daß „die Schlüssel (zu seinen Schätzen) von einer ganzen Schar kräftiger Männer kaum getragen werden konnten" (V. 76). Die Ermahnungen seiner Zeitgenossen, mehr auf Gott als auf seinen Reichtum zu vertrauen, schlug er in den Wind (V. 77–78). Von denjenigen, deren Sinn auf das Diesseits gerichtet war, wurde er wegen seines Reichtums beneidet (V. 79); die Verständigen aber erwarteten Gottes Lohn wegen des Glaubens und des rechten Tuns, nicht wegen des Besitzes (V. 80). „Da ließen wir ihn und seine Behausung in der Erde versinken. Und er hatte nun keine Schar (von Anhängern), die ihm außer Gott hätten helfen können." Sein Untergang diente den Überlebenden zur Lehre, sich auf die Gnade Gottes, nicht aber auf weltliche Güter zu verlassen (V. 81–82).

[42] Die einzige Stelle darüber ist Sure 62:9–11.

Die Erzählung ist Teil der Polemik gegen die ungläubigen Mekkaner; sie fürchten, die Herrschaft über die Stadt zu verlieren, wenn sie sich dem Islam anschließen (V. 57). Muhammad weist auf frühere Strafgerichte über Städte hin, ohne eine bestimmte Stadt zu erwähnen (V. 58–59). In Anlehnung an 1 Johannes 2, 15–17 wird die Vergänglichkeit des irdischen Besitzes dem Lohn im Jenseits gegenübergestellt (V. 60–61). Es folgen Erwägungen über das Gericht und die Güte, die Gott als der Schöpfer dem Menschen erweist (V. 62–75). Dann wird die Geschichte vom reichen Korah und seinem Untergang erzählt. Die Parallele zu den Mekkanern mit ihrem Pochen auf Besitz und ihrer Weigerung, Muhammad als den Propheten und von Gott eingesetzten Führer anzuerkennen, liegt auf der Hand.

In Sure 29:39 wird Korah im Kontext einer stichwortartigen Aufzählung von Strafgerichten in einem Atemzug mit dem Pharao und dessen Wesir Hāmān genannt: „Und weiter Korah, Pharao und Hāmān. Mose kam ja mit den klaren Beweisen zu ihnen. Aber sie gebärdeten sich hochmütig auf der Erde (und wollten nichts davon wissen). Jedoch konnten sie (uns) nicht davonlaufen (und sich unserem Zugriff nicht entziehen)." Daß Korah, wenn er zusammen mit dem Pharao und Hāmān erscheint, als ein Ägypter verstanden wird, geht deutlicher noch aus Sure 40:24 hervor[43], wo die drei Namen gleichsam als Überschrift einer ausführlichen Darstellung vom Auftreten des Mose vor dem Pharao stehen (V. 25–46). Im weiteren Verlauf tritt Hāmān als derjenige auf, der auf Pharaos Befehl die Pyramiden erbaut (V. 36–37); die Geschichte von Korah, die man hier erwarten sollte, kommt aber nicht.

4.8 Die Könige der Israeliten

4.8.1 Saul (Ṭālūt) wird König; David (Dāwūd) besiegt den Goliath (Ǧālūt)

Über die Landnahme der Israeliten und die Zeit der Richter wird im Koran so gut wie nichts gesagt. Das nächste große Ereignis nach der Errettung aus Ägypten und der Wüstenwanderung ist die Erhebung Sauls zum König. Sie wird mit loser Anlehnung an die Bibel

[43] Birket Qārūn, ein See im Faiyum, deutet auf eine Lokalisierung der Geschichte in Ägypten.

(1 Samuel 8–15) in Sure 2:246–251 erzählt. Die Israeliten verlangen „von einem ihrer Propheten“, nämlich Samuel (der Name wird im Koran nicht erwähnt), die Einsetzung eines Königs, weil sie Krieg gegen ihre Feinde führen wollen. Diese Feinde (in der Bibel sind es die Philister) haben die Israeliten aus ihren Wohnsitzen vertrieben und die Familien auseinandergerissen (V. 246). Der Prophet warnt die Israeliten, wie auch in der Bibel erzählt, vor den Lasten und setzt Saul (Ṭālūt) als König ein. Die Einwände des Volkes wegen Sauls Armut weist er mit dem Argument zurück, dieser sei von Gott auserwählt, Gott habe ihm ein Übermaß an Wissen und Körpergröße verliehen (vgl. 1 Samuel 10,23). Samuels Ausspruch „Gott gibt seine Herrschaft, wem er will“ (V. 246) ist, da es einen Legitimus im abendländischen Sinn nie gegeben hat, zum geflügelten Wort der islamischen Staatslehre geworden. Das Zeichen (der Beweis) für Sauls Erwählung soll nach dem Spruch Samuels die Rückkehr der Bundeslade *(tābūt)* sein. Das entspricht dem biblischen Bericht, da die Lade schon vor Sauls Antritt von den Philistern zurückgegeben worden war (1 Samuel 5–6). Dann rücken die Israeliten zum Kampf aus; sie müssen eine Probe bestehen (es wird ihnen verboten, vom Wasser eines Flusses zu trinken) und nehmen den Kampf mit den Truppen des Goliath (Ǧālūt) auf. „Und sie schlugen sie mit Gottes Erlaubnis, und David tötete den Goliath“ (V. 249–251). Daß David noch ein Knabe war und den mächtigen und schwerbewaffneten Goliath mit einfachsten Waffen besiegte (1 Samuel 17), wird nicht erzählt. Während Goliath in der Bibel ein Krieger der Philister ist, der die Israeliten zum Zweikampf herausfordert, ist er im Koran ein König; die Israeliten sind ihren Gegnern an Zahl weit unterlegen. Die Ähnlichkeit der Namen der beiden Anführer, Ṭālūt und Ǧālūt, ist gewollt und soll die beiden Könige als Paar mit gegensätzlichen Eigenschaften kennzeichnen[44]: auf der einen Seite Saul als der von Gott erwählte König eines von Gott erwählten Volkes, auf der anderen Seite Goliath als der frevlerische König eines frevelhaften Volkes, das das Gottesvolk aus seinen Wohnungen und von seinen Söhnen weg vertrieben hat (vgl. V. 246). Der dritte im Bund ist David, durch den Namen Dāwūd mit seinem Widersacher Ǧālūt verbunden: Der Gegensatz besteht in der (im Koran nicht erwähnten) Jugendlichkeit Davids und seiner leichten Bewaffnung

[44] Vgl. auch „Sindbad der Seefahrer“ und „Sindbad der Lastträger“, deren Namen gleich sind, weil sie beide Geschöpfe Gottes sind, die aber in unterschiedlichen sozialen Verhältnissen leben.

gegenüber der Körperkraft und der schweren Bewaffnung des Goliath; Dāwūd kämpft im Namen Gottes, Ǧālūt im Namen der Götzen, wovon in der Bibel gesprochen wird (1 Samuel 17).

Davids Lohn war das Königtum: „Und Gott gab ihm die Königsherrschaft und die Weisheit und lehrte ihn (mancherlei), was er (ihn eben lehren) wollte“ (V. 251). Die Erzählung ist sicherlich in Medina entstanden. Die Situation der Muslime ist die gleiche wie die der Israeliten unter Saul: sie sind aus ihren Wohnsitzen und von ihren Söhnen weg vertrieben. An einer anderen Stelle begründet Muhammad den Krieg gegen Mekka damit, daß die Muslime „unberechtigterweise aus ihren Wohnungen vertrieben“ worden seien (22:39–40). Hier will er an Hand eines historischen Beispiels zeigen, wie ein zahlenmäßig unterlegenes Volk den Sieg erringt, weil Gott ihm hilft.

Die Erzählung könnte aus einer christlichen Quelle übernommen sein. Die Israeliten lehnten Saul zunächst ab, wie im Koran gesagt wird, weil er kein Ansehen hatte. Er war aus dem Stamm Benjamin, dem kleinsten der israelitischen Stämme (1 Samuel 10, 20–24). Speyer weist darauf hin, daß Efrem der Syrer in Saul deshalb das Vorbild Christi sah. Die Prüfung am Bach war nach Afrahat „ein Vorbild der Taufe, und der Kampf, in den die Juden ziehen sollten, der Kampf für den Glauben“ [45]. Wir haben hier ein schönes Beispiel für die christliche Verarbeitung biblischer Stoffe im Sinne einer typologischen Auslegung und ihre Verwertung in der koranischen Verkündigung mit veränderter Zielrichtung.

4.8.2 David (Dāwūd) und Salomo (Sulaimān)

David steht, wie wir gesehen haben, in einem Gegensatz zu Goliath, was auch durch die Namen zum Ausdruck gebracht wird. Auf der anderen Seite bilden im Koran David und Salomo, Vater und Sohn, ein Paar, das durch positive Eigenschaften miteinander verbunden ist. Das ist mehr, als in der Bibel erzählt wird, da dort David wegen seiner Sünden verweigert wird, den Tempel zu bauen; Gott überträgt diese Aufgabe Salomo.

Vom Tempel ist im Koran nur andeutungsweise die Rede. Das Tempelweihgebet spricht bekanntlich Abraham nach der Fertigstellung der Kaaba. David wird in Sure 17 als Verfasser des Psalter vor-

[45] Speyer, Die biblischen Erzählungen im Qoran, S. 367f.

gestellt: „Einige der Propheten haben wir vor den anderen (durch besondere Gunsterweise) ausgezeichnet. Und dem David haben wir einen Psalter *(zabūr)* gegeben" (V. 55). An Stellen im Psalter, wo die ganze Natur aufgefordert wird, in den Lobpreis Gottes einzufallen (z. B. Psalm 98, 8), erinnern koranische Aussagen wie: „Und im Verein mit David machten wir die Berge dienstbar, so daß sie (mit ihm zusammen uns) priesen, ebenso die Vögel" (21:79. 34:10. 38:18–19). Übereinstimmend mit den Legenden, die in der nachbiblischen Literatur über David erzählt werden, wird er im Koran als Verfertiger von Kettenpanzern vorgestellt (21:80. 34:11).

Zusammen mit Salomo wird David als weiser Richter gepriesen (21:78. 27:15). Das alles sind jedoch nur kurze Bemerkungen. Die umfangreichste Erzählung über David ist die von seiner Sünde mit der Frau des Urias, Natans Predigt und der Buße des Königs. Sie steht in Sure 38:20–25 und ist gegenüber der biblischen Erzählung (2 Samuel 11 u. 12) stark gerafft, so daß man sie ohne Kenntnis jener kaum versteht. Mit der einleitenden Bemerkung ist sie in ein Paradestück der Weisheit Davids als Richter umgedeutet: „Und wir festigten seine Königsherrschaft und gaben ihm die Weisheit und die Fähigkeit, Streitfälle zu entscheiden" (V. 20). Dann folgt die Geschichte von zwei Prozeßgegnern, die vor David erscheinen und ihren Rechtsstreit vortragen: Der eine, Besitzer eines einzigen Schafes, beschuldigt den anderen, Besitzer von 99 Schafen, ihm das einzige Schaf weggenommen zu haben (V. 21–23). Das ist, wie man leicht erkennt, mit kleinen Abweichungen die Predigt Natans, der dem König seine Sünde in Form eines Gleichnisses vorhält (2 Samuel 12, 1–12). Natürlich erkennt David das Unrecht, erkennt aber auch, daß die Geschichte auf ihn selbst zielt: „Und David meinte, wir hätten ihn (selber mit diesem Streitfall) einer Prüfung unterworfen. Da bat er seinen Herrn um Vergebung, fiel, indem er sich (gleichzeitig) verneigte, nieder und tat Buße" (V. 24). Der Koran schreibt an dieser Stelle bei der Rezitation in Nachahmung von Davids Reue eine Niederwerfung *(sağda)* vor.

In der rabbinischen Literatur wird David als der große Büßer dargestellt; es fehlt aber auch nicht an Versuchen, ihn von der Schuld freizusprechen[46]. Seine Buße hat in den Bußpsalmen einen Niederschlag gefunden, die auch vom Christentum in diesem Sinne übernommen worden sind. Als Ort von Davids Sünde und Buße

[46] Vgl. Louis Ginzberg, The Legends of the Jews, Philadelphia 5728 – 1968, IV 101–104.

muß schon in der jüdischen Überlieferung sein Palast am Westrand Jerusalems, im Bereich der heutigen Davidszitadelle, gegolten haben. Später haben sich die Christen dieser Tradition bemächtigt. Der „Pilger von Piacenza", der im 6. Jahrhundert Jerusalem besuchte, berichtet von Mönchen, die sich im „Davidsturm" angesiedelt hatten. Der Turm galt als der Ort, an dem David die Psalmen gedichtet hat („ubi Psalterium decantavit")[47]. Der büßende David paßte offenbar nicht in das Bild, das man sich vom König machen wollte, seit das Christentum Staatsreligion geworden war und der Kaiser, der ja auch in der Nachfolge Davids stand, der „gottgewollte" Basileus, Stellvertreter Christi und Auserwählter des Volkes war. Die jüdische Überlieferung war weniger von solchen Problemen belastet, bewahrte das Bild des büßenden David und schmückte es weiter aus. Muhammad traf auf beide Davidsbilder. Sein Zögern, für welches von beiden er sich entscheiden sollte, schlägt sich im Koran in einer Erzählung nieder, die mit der Verherrlichung Davis beginnt und in die vom büßenden König umschlägt.

Noch stärker als David ist Salomo in der nachbiblischen Literatur von Legenden umrankt. Diese haben auch in der koranischen Darstellung ein Echo gefunden. Salomo wird als ein universaler Herrscher charakterisiert. Er herrscht über die Kräfte der Natur und die Welt der Geister (21:81–82. 34:12. 38:36–39); er versteht die Sprache der Tiere (27:16), und diese wissen von seinen Entschlüssen, wie z. B. die Ameisen, die vom Aufbruch seines Heeres erfahren haben und sich in Sicherheit bringen (27:17–19); der Wiedehopf *(hudhud)* dient ihm als Gesandter bei der Königin von Saba (27:20). Die Beschreibung des Tempelbaus und der Tempelgeräte in der Bibel (2 Chronik 1–9) ist Ausgangspunkt für die legendäre Darstellung Salomos als eines großen Baumeisters. So auch im Koran: Er verfügte über die Metallquelle; die Geister, deren Hilfe er sich bei seinen Bauten bediente, „machten für ihn, was er wollte: Paläste, Bildwerke, Schlüssel (so groß) wie Wasserbecken und (auf Füßen) feststehende Kochkessel" (34:13). Sein Schloß war mit Glasplatten ausgelegt, so daß die Königin von Saba, als sie ihn besuchte, den Fußboden für ein Wasserbecken hielt (27:44).

Als Herr über die Natur steht Salomo in mancherlei Parallelen zu David. Als weise Richter treten sie, wie wir bereits gesehen haben, gemeinsam auf. Auch in ihren Sünden ergänzen sie sich gegen-

[47] Dazu Herbert Donner, Pilgerfahrt ins Heilige Land, S. 281.

seitig. David begehrt das Weib seines Nächsten und läßt deren Ehemann zu Tode kommen, womit er gegen das fünfte und zehnte Gebot verstößt. Salomo verfällt der Liebe zu den Gütern dieser Welt, „schnellaufenden Pferden“. Vielleicht beruht dies auf einer Verwechslung mit den Pferden, die die Könige von Juda zu Ehren der Sonne am Eingang des Tempels aufgestellt hatten; Joschija ließ die Standbilder im Zuge der Reinigung des Tempels entfernen (2 Könige 23, 11). Wie dem auch sei, Salomo versäumte über den Pferden, wie es im Koran heißt, seine Pflichten gegen Gott (38:30–33). Das ist ein Verstoß gegen die drei ersten Gebote, die von den Pflichten des Menschen gegen Gott handeln, während David gegen Gebote bezüglich der Pflichten des Menschen gegen den Nächsten verstoßen hatte. Im Koran wird Davids Buße gedacht; über seine Strafe wird nichts gesagt. Nach der biblischen Darstellung wird ihm, weil Blut an seinen Händen klebt, der Bau des Tempels entzogen und Salomo übertragen (1 Chronik 28, 3). Der Sache angemessen war auch Salomos Strafe, über die im Koran gesagt wird: „Wir unterwarfen Salomo ja auch einer Prüfung und setzten ein leibhaftiges Ebenbild (von ihm) auf seinen Thron. Daraufhin tat er Buße“ (38:34–35). Da Salomo Gott nicht als den höchsten Herrn anerkennt, wird ihm die Königsherrschaft zeitweise entzogen. Als Büßer eiferte er seinem Vater nach. Vater und Sohn sind in dieser Erzählung durch ihre Sünde ergänzend einander zugeordnet. Salomo war bußfertig, weil auch sein Vater bußfertig gewesen war.

Die längste Erzählung über Salomo ist die von seiner Beziehung zur Königin von Saba (27:17–44). Sie ist mit vielen märchenhaften Zügen ausgestattet. Salomo zieht mit seinen Truppen aus Geistern, Menschen und Vögeln aus (V. 17–19). Als die Vögel, die sich in seinem Heer befinden, Revue passieren, bemerkt der König das Fehlen des Wiedehopfs (V. 20–21). Dieser bringt Kunde von den Sabäern: Eine Königin herrscht über sie, und sie beten die Sonne an (V. 22–26). Salomo schickt den Wiedehopf mit einem Brief zur Königin, in welchem er sie auffordert, den Islam anzunehmen. Die Königin berät sich mit den Großen ihres Reiches und beschließt, Salomo durch ein Geschenk zu besänftigen (V. 27–35). Salomo droht mit einem Feldzug (V. 36–37) und beauftragt einen seiner dienstbaren Geister damit, ihm den Thron der Königin herbeizuschaffen (V. 38–41). Damit ist sie entmachtet; sie unterwirft sich (was im Koran aber nicht explicite gesagt wird); sie besucht Salomo, besichtigt den Palast und bekehrt sich zum Islam, indem sie sagt: „Herr! Ich habe gegen mich selber gefrevelt (indem ich ungläubig war). Ich ergebe mich zusammen mit Salomo dem Herrn der Menschen in aller Welt" (V. 42–44).

In der Bibel ist die Königin von Saba eine Zeugin von Salomos Weisheit und Reichtum. Er löst die Rätsel, die sie ihm vorlegt, sie bewundert bei der Besichtigung des Palastes seinen Reichtum. Beide beschenken sich gegenseitig in der großzügigsten Weise, wie es Königen untereinander zukommt (1 Könige 10, 1–13 und Par.). Im Koran steht die Erzählung in einer Serie von Geschichten über Propheten und ihre Sendung: Mose und der Pharao (V. 7–14); Salomo und die Königin von Saba (diese Geschichte) (V. 15–44); Ṣāliḥ und die Ṯamūd (V. 45–53); Lot und der Untergang Sodoms (V. 54–58). Die Geschichte von Salomo und der Königin von Saba steht in einem Kontrast zu der von Mose und dem Pharao, denn während der Pharao die Botschaft ablehnt und zugrunde geht, nimmt die Königin von Saba sie an und wird mit den höchsten Ehren ausgezeichnet. Die beiden folgenden Erzählungen handeln von der Ablehnung der Botschaft und der daraus folgenden Strafe. Sie sind vielleicht nur wegen des ähnlichen Inhalts hier angehängt.

Die Geschichte von Salomos Maßnahmen gegen die Sabäer ist ein Musterbeispiel für den Krieg gegen die Heiden, den Muhammad von Medina aus gegen die Mekkaner führte. Sie enthält im Kern eine wichtige Regel des heiligen Krieges *(ǧihād)*, des Kampfes gegen die Ungläubigen, daß nämlich der Gegner zur Annahme des Islams aufgefordert werden muß, bevor der Kampf gegen ihn eröffnet wird. Nur wenn er nicht sofort einlenkt, sind kriegerische Maßnahmen zulässig. In der Legende ist die Beziehung zwischen Salomo und der Königin von Saba zu einer Liebesgeschichte abgesunken. Goethe macht davon im ›West-Östlichen Divan‹ Gebrauch und spricht in dem Gedicht ›Gruß‹ vom Wiedehopf als dem Kuppler zwischen den beiden Liebenden.

4.9 Das Ende der Israeliten

Eine Kurzfassung der Geschichte Israels von Mose bis zur Zerstörung des Zweiten Tempels findet sich in Sure 17:2–8. Der Abschnitt zerfällt in zwei Teile: 1) Auftreten und Predigt des Mose (V. 2–3), und 2) die Androhung der zweimaligen Zerstörung des Tempels (V. 3–8). Mose predigt den Glauben an den einen Gott *(tauḥīd)* und erinnert an die Sintflut. In dieser Erinnerung ist eine Gerichtsdrohung enthalten: Wie die Menschen in der Sintflut zugrunde gegangen sind, weil sie Götzendienst getrieben haben, wird Israel für seinen Abfall von Gott bestraft werden. Die Strafe wird darin bestehen, daß die Feinde in die Stadt und in die Kultstätte, nämlich den Tempel *(masǧid)* (V. 7) eindringen und, wie wir hinzufügen müssen, beides zerstören. Danach wird den Israeliten eine Erholungspause vergönnt: „Hierauf lassen wir euch gegen sie wieder die Oberhand gewinnen, versorgen euch reichlich mit Vermögen und Söhnen und geben euch ein stärkeres Aufgebot" (V. 6). Dann aber geht die zweite Drohung in Erfüllung: Die Israeliten fallen erneut in Sünde, die Stadt und der Tempel werden „wie beim ersten Mal" (V. 7) zerstört.

Die in Teil 2 enthaltene doppelte Gerichtsankündigung bezieht sich, man kann kaum daran zweifeln, auf die Zerstörung Jerusalems durch Nebukadnezar, die babylonische Gefangenschaft, die Rückkehr und die Zerstörung des herodianischen Tempels durch die Römer. Auch die muslimischen Korankommentatoren haben die Stelle so interpretiert. Das alles steht hier aber noch bevor, wird als Strafe angedroht und kann formal als Fortsetzung von Moses Predigt verstanden werden. Es liegt nahe, an die Predigt Moses im Deuteronomium zu denken, wo am Schluß ja auch Krieg und Verbannung (28, 47–68), Rückkehr und Bekehrung (29, 28–30, 14) angekündigt werden. Muhammad geht aber noch ein Stück weiter und läßt auf das erste Strafgericht das zweite und letzte irdische Strafgericht folgen. Aber noch können die Israeliten auf die Barmherzigkeit Gottes hoffen: „Vielleicht wird sich euer Herr über euch erbarmen" (V. 8). Somit enthüllt die Erzählung sich als Ermahnung Muhammads an die Juden, den Islam anzunehmen. Bleiben sie verstockt, droht die ewige Strafe: „Und wir haben die Hölle zu einem Gefängnis für die Ungläubigen gemacht", heißt es ganz am Schluß des Abschnitts. Der Ausdruck „Gefängnis" *(ḥaṣīr,* in dieser Form ein Hapax legomenon im Koran), könnte auf die Gefangenschaft der Israeliten in Babylon anspielen: Die Hölle ist härter als jene, und es gibt keine Hoffnung auf Befreiung und Rückkehr.

5. NEUTESTAMENTLICHE ERZÄHLUNGEN

5.1 Eine Übersicht

Die neutestamentlichen Erzählungen stehen quantitativ weit hinter denen aus dem Alten Testament zurück. Sie beschränken sich, von verstreuten Passagen abgesehen, auf drei große Komplexe, nämlich die Suren 3:33–57, 5:110–120 und 19:1–33. Dazu ist noch Sure 4:157–158 zu nennen, wo die Kreuzigung Jesu erwähnt, aber geleugnet wird. Muhammad kennt, wie oben schon gesagt, das „Evangelium" *(inǧīl)* und faßt unter diesem Namen die heiligen Schriften der Christen insgesamt zusammen. Er weiß offenbar nichts von der Vierzahl der Evangelien, der Apostelgeschichte, den apostolischen Briefen und der Apokalypse des Johannes. Das schließt aber nicht aus, daß es Stellen im Koran gibt, die direkt oder durch ein Zwischenglied aus diesen Schriften stammen oder daran anklingen. Speyer hat am Schluß seines Buches ›Die biblischen Erzählungen im Koran‹ eine Liste solcher Stellen zusammengestellt. An neutestamentlichen Personen kennt Muhammad nur Zacharias und Johannes den Täufer (Yaḥyā), Maria und Jesus. Die Apostel und Jünger werden kumulativ erwähnt, ihre Namen aber nicht genannt.

In Sure 3 spannt sich der Bogen der Erzählungen über Jesus von Adam, mit dem die Genealogie beginnt, bis zum Gericht. Im Mittelpunkt steht die Verkündigungsszene. Die Wunder Jesu werden kurz aufgezählt, die Wahl der Jünger wird angedeutet, und es ist die Rede von den Nachstellungen der Juden und der Rettung Jesu durch die Himmelfahrt. Beim Gericht werden die Juden Jesus als den wahren Propheten erkennen. Sure 19 hat manches mit Sure 3 gemeinsam, doch wird die Geburtsgeschichte ausführlicher erzählt. Sure 5 bringt Erzählungen, die an die wunderbare Brotvermehrung bzw. das Abendmahl und die Todesangst Jesu in Gethsemani anklingen. Es sind Reste aus der Leidensgeschichte, die ja in den Evangelien das einzige Stück aus dem Leben Jesu ist, das zusammenhängend erzählt wird. Die Kreuzigung ist im Koran zu einer dunklen Andeutung in Sure 4:157 reduziert. Dagegen wird die Aufnahme in den Himmel zweimal erwähnt (3:55. 4:158). Beim

Gericht wird Jesus, wie Muhammad und die anderen Propheten, als Zeuge für seine Gemeinde auftreten, eine deutliche Absage an die christliche Formel, er werde wiederkommen „zu richten die Lebenden und die Toten". Muhammad weiß auch nichts von der Präexistenz Jesu; Anklänge an die Logoslehre sind rein äußerlich.

Die Figur Jesu ist im Koran reicher ausgestattet als die Prophetengestalten des Alten Testaments. Doch reduziert sich seine Funktion, wenn man genauer hinsieht, auf die auch den anderen Propheten zukommenden Tätigkeiten: Er verkündet das Wort, bestätigt seine Vorgänger im Prophetenamt und kündigt seinen Nachfolger, nämlich Muhammad, an; er vollbringt Wunder, durch die seine Sendung beglaubigt wird; er findet Anhänger, aber auch Gegner; er erleidet Verfolgung und gerät in Gefahr, wird aber von Gott gerettet.

Das Bild, das der Koran von Maria zeichnet, kommt den christlichen Vorstellungen näher als das koranische Jesusbild. Sie ist die reine Jungfrau, die Jesus ohne Zutun eines Mannes das Leben schenkt; auch finden sich Anklänge an die Mater dolorosa, wie sie im Johannesevangelium dargestellt wird, doch leidet sie nicht unter dem Kreuz, sondern als Mutter, die wegen ihres Kindes von den Juden verleumdet wird.

5.2 Jesus (ʿĪsā) in der Heilsgeschichte (Sure 3:33–57)

Die Geschichte von Jesus und seiner Mutter, Zacharias und Johannes dem Täufer wird ausführlich in Sure 3:33–57 erzählt. Sie zerfällt in zwei Teile: Der erste Teil reicht bis zur Verkündigung der Geburt Jesu (V. 33–44), der zweite Teil von der Verkündigung bis zur Himmelfahrt (V. 45–57). Beide sind durch einen verkürzten Zeitsatz in V. 45 voneinander getrennt [1].

Der erste Teil beginnt, ähnlich wie das Matthäus-Evangelium (Matth. 1,1–17), mit einem Stammbaum. Während aber der Stammbaum im Evangelium die Genealogie Josephs bringt (so auch der Stammbaum Lukas 3, 23–38), haben wir es hier mit dem Stammbaum der Maria zu tun. Jesus wird im Koran ja fast stereotyp „der

[1] Verkürzte Zeitsätze werden mit der Konjunktion „(damals) als" eingeleitet und bestehen nur aus einem Vordersatz ohne den üblichen Nachsatz, vgl. Paret, Der Koran, S. 3f. Solche Sätze markieren im Koran häufig einen Text- oder Sinneinschnitt.

Sohn der Maria“ genannt. Joseph kommt im Koran nicht vor. Daß der Stammbaum mit Adam beginnt, während er bei Matthäus erst mit Abraham einsetzt, tut weniger zur Sache; bei Lukas führt er jedenfalls in aufsteigender Linie bis zu Adam (Lukas 3, 23 – Ende). Im Koran werden nur die wichtigsten Personen aufgezählt: „Gott hat Adam und Noah und die Sippe Abrahams und die Sippe ʿImrāns vor den Menschen in aller Welt auserwählt – Nachkommen, die zueinander gehören“ (V. 33–34). ʿImrān ist der biblische Amram, der Vater des Mose. Adam und Noah erscheinen nur als Einzelpersonen, Abraham und Amram aber als Stammväter großer Familien. Es sind die Patriarchen und ihre Familien, die, wie Paret auf Grund des islamischen Textverständnisses ergänzt, „alle zusammen eine große Einheit bilden“, weil sie den rechten Glauben besitzen und diesen von Generation zu Generation weitergegeben haben.

Der biblische Amram hatte zwei Söhne und eine Tochter, Mose, Aaron und Miryam/Maria (1 Chronik 5, 29). Diese Miryam ist im Koran mit Maria (Maryam), der Mutter Jesu, zu einer Person verschmolzen. Vielleicht beruht dieser „Irrtum“ auf einer typologischen Interpretation, die Muhammad vorgelegen hat. Die Theologen der alten Kirche haben gerade in den Erzählungen von Mose, dem Auszug der Israeliten aus Ägypten und dem Zug durch die Wüste typologische Vorbilder für die christlichen Glaubensgeheimnisse gefunden. Der Dornbusch, an dem Mose seine Berufung empfing, der brennt, aber nicht verbrennt, ist als Typus der immerwährenden Jungfräulichkeit Mariens verstanden worden; Mose, der das Volk rettet, ist der Typus Jesu, der die Menschheit erlöst, der Durchzug durch das Schilfmeer ein Typus der Taufe, das Manna in der Wüste das typologische Urbild der Eucharistie. Die Liste ließe sich beliebig verlängern [2].

Die dem Stammbaum folgende Erzählung hat starke Anklänge an das Protevangelium des Jakobus [3]. Nach dieser Erzählung, auf weite Strecken eine Marienlegende, ist Maria als Kind in den Tempel gebracht worden und dort unter der Obhut der Priester als Tempeljungfrau aufgewachsen. Dieses Evangelium hat in den öst-

[2] Beispiele aus der Theologie Ephrems des Syrers (4. Jh.) bei Peter Kawerau, Das Christentum des Ostens, Stuttgart/Berlin/Köln/Mainz 1972, S. 42 ff.

[3] Text bei E. Hennecke, Neutestamentliche Apokryphen in deutscher Übersetzung, 4. Auflage, hrsg. v. Wilhelm Schneemelcher, Tübingen 1968, S. 280 ff.

lichen Kirchen einen starken Einfluß auf die Ausgestaltung der Kindheitsgeschichte Jesu gehabt. Im Koran wird jedoch vieles ausgelassen: Die Frau Amrams (ihr Name wird nicht genannt) ist schwanger und weiht das erwartete Kind unter der Voraussetzung, es werde ein Junge sein, dem Dienst Gottes (V. 35). Dann wird das Kind geboren, aber es ist ein Mädchen; die Mutter gibt dem Kind den Namen Maria (Maryam) und stellt es und seine Nachkommenschaft – hier wird schon an Jesus gedacht – unter den Schutz Gottes „vor dem gesteinigten Satan" (V. 36). Die Kindheit Mariens und ihre Aufnahme unter die Tempeljungfrauen wird mit einem einzigen Satz erledigt: „Da nahm ihr Herr sie gnädig an und ließ sie auf schöne Weise heranwachsen. Und er ließ Zacharias sie betreuen. Sooft Zacharias (nun) zu ihr in den Tempel kam, fand er Unterhalt bei ihr (ohne daß ihn jemand herbeigeschafft hätte). Er sagte: ‚Maria! Woher hast du das?' Sie sagte: ‚Es kommt von Gott. Gott beschert (Unterhalt), wem er will, ohne abzurechnen'" (V. 37). Schon als Kleinkind wurde Maria auf besondere Weise ernährt, wie im Protevangelium des Jakobus erzählt wird: Anna habe ihrer Tochter ein Heiligtum im Schlafgemach eingerichtet und nicht zugelassen, daß das Kind „etwas Profanes oder Unreines zu sich nähme" (Kapitel 6, 1). Zacharias tritt im Protevangelium erst in Erscheinung, als Maria zwölf Jahre alt geworden war und vermählt werden sollte (Kapitel 8ff.). Im Koran haben wir es offenbar mit einer Marienlegende zu tun, die aus dem Protevangelium des Jakobus weiterentwickelt worden ist. Daß Maria im Tempel „Speise aus der Hand eines Engels" empfing, sagte Joseph vorwurfsvoll zu Maria, als er ihre Schwangerschaft bemerkte (Kapitel 13, 2).

Im Anschluß an die Geschichte von der Geburt Mariens, ihrer Kindheit und Weihe als Tempeljungfrau wird im Koran berichtet, wie Zacharias, der vorher als ihr Betreuer eingeführt worden ist, im Tempel um Nachkommenschaft betet, die Verkündigung der Geburt Johannes des Täufers erhält und mit dreitätiger Stummheit geschlagen wird (V. 38–41). Diese Erzählung knüpft an das Lukasevangelium an (Lukas 1, 5–25), nur soll Zacharias, wie es bei Lukas heißt, stumm bleiben bis zur Geburt des Johannes.

Durch den verkürzten Zeitsatz in V. 42 ist ein Einschnitt markiert, der die Rückkehr vom Lukasevangelium zum Protevangelium des Jakobus anzeigt: „Und (damals) als die Engel sagten: ‚Maria! Gott hat dich auserwählt und rein gemacht! Er hat dich vor den Frauen der Menschen in aller Welt auserwählt.'" Im Protevangelium lautet der Englische Gruß in der Kombination aus Lukas 1, 28 u. 42: „Sei gegrüßt, du Begnadete (der Herr sei mit dir, du Gesegnete) unter den Weibern“ (Kapitel 11, 1). Weiter sagten die Engel: „Maria! Sei deinem Herrn demütig ergeben, wirf dich (vor ihm) nieder und nimm (bei Gottesdienst) an der Verneigung teil!“ (V. 43). Durch diese Formulierung wird die Verkündigung der Geburt Jesu in eine Parallele zu der voraufgehenden Verkündigung der Geburt Johannes des Täufers gebracht, wo am Schluß Zacharias befohlen wird: „Und gedenke unablässig deines Herrn und preise (ihn) abends und morgens!“ (V. 41 Schluß). Mit einigen szenischen Randbemerkungen, in denen Muhammad auf den Offenbarungscharakter der Erzählung hinweist, kommt der erste Teil der Jesusgeschichte zu einem Abschluß (V. 44). Etwas rätselhaft wird am Schluß von V. 44 von Losstäben gesprochen, die geworfen wurden, um darüber zu entscheiden, wer Maria betreuen sollte. Das ist eine Anspielung auf das Protevangelium des Jakobus (Kapitel 8–9), wo die Losstäbe dazu dienen, einen Gemahl für Maria zu finden. Das Los fällt auf Joseph.

Der zweite Teil beginnt mit dem verkürzten Zeitsatz. „(Damals) als die Engel sagten“ (V. 45), jedoch fehlt die vorangestellte Konjunktion „und“, weil dieser Teil ursprünglich ein selbständiges Stück gewesen ist. Die Verkündigungsszene, mit der der erste Teil schließt, wird wiederaufgenommen, und zwar mit deutlicher Anspielung auf Lukas 1, 31–35: „Maria! Gott verkündet dir ein Wort von sich[4], dessen Name Jesus Christus, der Sohn der Maria, ist! Er wird im Diesseits und Jenseits angesehen sein, einer von denen, die (Gott) nahestehen. Und er wird (schon als Kind) in der Wiege zu den Leute sprechen, und (auch später) als Erwachsener, und (wird) einer von den Rechtschaffenen sein“ (V. 45–46). Marias Einwand weist der Engel (jetzt in der Einzahl, wie im Envagelium!) mit dem Argument zurück: „Das ist Gottes Art (zu handeln). Er schafft, was er will. Wenn er eine Sache beschlossen hat, sagt er zu ihr nur: sei! dann ist sie“ (V. 47). Das ist, wie oben schon angedeutet, eine scharfe Absage an die Logos-Theologie, die im Gruß des Engels anzuklingen scheint, wenn er Maria „ein Wort von sich“, d. h. von Gott, verkündigt. Jesus ist, wie hier deutlich gesagt wird, durch das Schöpferwort Gottes im Leib der Maria erschaffen worden; er hat nichts mit dem präexistenten Logos des Johannesevan-

[4] Vgl. Lukas 1, 29: „Sie aber erschrak über das Wort“, d. h. über den Gruß: „Sei gegrüßt du Begnadete; der Herr ist mit dir“ (1, 28).

geliums zu tun. Der Logos ist nicht dasjenige, das von Gott geschaffen ist, sondern das Instrument, dessen er sich bei der Schöpfung bedient. Muhammads Aussage richtet sich gegen die Lehre von der göttlichen Natur Jesu. Das zeigt auch der Name, den der Engel Jesus gibt; „Sohn der Maria", was nicht angebracht erscheint, wenn Maria angesprochen wird. Der Name „Jesus Christus, Sohn der Maria", war im Sprachgebrauch Muhammads (oder seiner Vorlage) schon so stereotyp geworden, daß er auch da gebraucht wurde, wo er dem Zusammenhang nach anders lauten müßte[5].

Daß Jesus im Diesseits und Jenseits angesehen sein und zu denen gehören wird, die Gott nahestehen, bezieht sich auf sein Prophetenamt. Daß er als Säugling zu den Leuten sprechen wird, ist eine Anleihe bei den apokryphen Kindheitsevangelien[6]. Gott wird Jesus, wie der Engel weiter sagt, „die Schrift, die Weisheit, die Thora und das Evangelium lehren" (V. 48). „Thora" und „Evangelium" sind die jüdischen und christlichen Offenbarungsschriften insgesamt. Hier soll gesagt werden, daß Jesus die Thora, die ja schon vorliegt, sich nicht durch menschliches Bemühen aneignen, sondern sie durch Offenbarung aufs neue empfangen wird. In genau der gleichen Situation befindet sich auch Muhammad; er erhält den Koran als eine neue, „arabische" Offenbarung; in der gleichen Weise werden ihm, wie er immer wieder betont, die Erzählungen aus der Bibel von Gott geoffenbart, nicht von Menschen mitgeteilt.

Im Anschluß an die Verkündigungsszene folgt, ohne Übergang, eine Aufzählung der Beglaubigungswunder Jesu, die er in eigener Person ankündigt (V. 49). Es scheint, daß dies schon das Sprechen in der Wiege ist, wie vom Engel der Verkündigung vorhergesagt; das erste dieser Wunder hat er als Kind vollbracht: er formte Vögel aus Lehm, denen er, wie Gott bei der Erschaffung Adams, durch seinen Atem Leben verlieh. Dies wird in den apokryphen Evangelien erzählt[7]. Die anderen Wunder sind die der kanonischen Evangelien, nämlich die Heilung von Blinden und Aussätzigen, ferner die Totenerweckung. Das in dieser Aufzählung an letzter Stelle angekündigte Wunder ist weniger leicht zu deuten. Paret übersetzt:

[5] Vgl. H. Räisänen, Das koranische Jesusbild, S. 17, Anm. 5 (Sure 2:87 u. a., insgesamt 22 Stellen, an denen Jesus „Sohn der Maria" genannt wird).

[6] Vgl. Hennecke, Neutestamentliche Apokryphen, I 305f. Nach der Kindheitserzählung des Thomas (Hennecke, a.a.O., I 293ff.) war jedes Wort, das der Jesusknabe sprach, eine Tat und wurde zu einem Wunder.

[7] Vgl. Hennecke, a.a.O., S. 293ff. (Kindheitserzählung des Thomas).

„Und ich werde euch Kunde geben von dem, was ihr in euren Häusern eßt und aufspeichert (ohne es gesehen zu haben). Darin liegt für euch ein Zeichen, wenn (anders) ihr gläubig seid“ (V. 49 Schluß). Die von Paret in Klammern gesetzten Erläuterungen geben das tradierte Verständnis der Muslime wieder. Henninger übersetzt: „Und ich will euch verkünden, was ihr essen und was ihr aufspeichern sollt in euren Häusern“ [8]. Während nach Parets Übersetzung an eine hellseherische Fähigkeit Jesu zu denken ist, handelt es sich nach Henninger um eine normative Aussage im Rahmen der jüdischen Speisegesetze. Das ist aus dem Texte jedoch nicht herauszulesen; offensichtlich ist ja von einem Wunder die Rede. Paret läßt im Kommentar zu 3:49 die Möglichkeit offen, „in euren Häusern“ nur auf „aufgespeichert“ zu beziehen, also: „Und ich werde euch Kunde geben von dem, was ihr eßt und in euren Häusern aufspeichert.“ Das führt jedoch zu keiner zufriedenstellenden Lösung. Denkbar ist eine Anspielung auf die wunderbare Brotvermehrung. Die Evangelien sprechen von einer (Matthäus 14, 13–21 u. Par.) oder zwei Brotvermehrungen (Matthäus 15, 32–39 und Markus 8, 1–10). Bei der ersten Brotvermehrung blieben, nachdem alle gegessen hatten, zwölf Körbe voll übrig, bei der zweiten sieben Körbe, die, wie man den Gedanken weiterspinnen muß, für eine andere Mahlzeit aufbewahrt wurden. Die wunderbare Brotvermehrung hängt typologisch mit dem Manna in der Wüste (und der Einsetzung der Eucharistie) eng zusammen. Die Israeliten sammelten auf Befehl Moses am sechsten Tag die doppelte Ration und bewahrten eine Ration für den Sabbat auf, da der Sabbat Ruhetag war, an dem nicht gesammelt werden durfte (2 Mose 16, 22–31). Vielleicht hatte Muhammad eine Vorlage, in welcher die wunderbare Brotvermehrung Jesu als Erfüllung der Speisung in der Wüste durch das vom Himmel gesandte Manna gedeutet wird. Wie das Manna teils sofort gegessen, teils aufbewahrt wurde, verfuhren die Leute auf Weisung Jesu mit dem Brot: Es wurde teils sofort verzehrt (sie waren ja hungrig, wie ausdrücklich gesagt wird), teils nach Hause getragen und für den späteren Verzehr aufbewahrt.

Auf die Ankündigung der Wunder folgt die Aufzählung der Themen von Jesu Predigt (V. 50–51): Bestätigung der Thora und Erleichterung des jüdischen Ritualgesetzes. Das ist eine Anspielung auf Themen, die in der Bergpredigt behandelt wurden, und auf die Diskussion über die Gültigkeit und Verbindlichkeit des Gesetzes,

[8] Henninger, Spuren christlicher Glaubenswahrheiten im Koran, S. 22.

die zwischen Jesus und den jüdischen Gesetzeslehrern, auch zwischen den Aposteln, ausgetragen wurde und einen Niederschlag in den neutestamentlichen Schriften gefunden hat. Am Schluß von V. 50 verweist Jesus auf seine Beglaubigung, nämlich auf das „Zeichen von Gott", mit dem er gekommen ist, womit vielleicht das Evangelium als Offenbarungsschrift gemeint ist, genauso wie Muhammad vom Koran als einem „Zeichen" spricht und das arabische Wort *āya* zwei Bedeutungen hat: „Wunder", und „Vers des Korans"[9]. Weil Jesus im Besitz des „Zeichens" ist, verlangt er Gehorsam: „Daher fürchtet Gott und gehorcht mir!" Ganz am Schluß wird der Inhalt der Gotteslehre noch einmal umrissen und die menschliche Natur Jesu mit Ausschluß der von den Christen behaupteten Gottessohnschaft Jesu betont: „Gott ist mein und euer Herr. Dienet ihm! Das ist ein gerader Weg!" (V. 51). Wir werden auf diese Aussage noch zurückkommen.

Jesus aber fand, wie alle Propheten, Unglauben und suchte Helfer, d. h. Gläubige und Anhänger (V. 52–53). Das ist eine Anspielung auf die Apostelwahl (Matthäus 10, 1–4 und Par.) oder die Aussendung der 72 Jünger (Lukas 10, 1–12). Die Jünger bekennen sich als Helfer Gottes und zum Glauben an ihn; von Jesus verlangen sie das Zeugnis, daß sie „Muslime" seien. Dieses Verlangen geht unmittelbar in ein Gebet über, in dem sie ihren Glauben bekennen und um Lohn beim Jüngsten Gericht bitten: „Herr! Wir glauben an das, was du (als Offenbarung) herabgesandt hast, und folgen dem Gesandten (d. h. Jesus). Verzeichne uns unter die Gruppe derer, die (die Wahrheit) bezeugen!"

Der folgende Abschnitt handelt von den Nachstellungen der Juden (V. 54) und Gottes Ankündigung der Himmelfahrt bzw. Aufnahme Jesu in den Himmel: „Jesus! Ich werde dich (nunmehr) abberufen. und zu mir (in den Himmel) erheben und rein machen, so daß du den Ungläubigen entrückt bist" (V. 55). Jesu Leben wird in das Schema der Prophetenbiographie, wie Muhammad sie als gegeben annahm, eingeordnet: der Prophet verkündet die Botschaft; er ist mit Beglaubigungswundern ausgestattet; er findet Anhänger und Helfer, aber noch mehr Gegner, die ihm nach dem Leben trachten; zum Schluß wird er durch Gottes Eingreifen gerettet. Während die Rettung Noahs darin bestand, daß seine Feinde in der

[9] Das Zeichen gehört zu den zentralen theologischen Begriffen des Korans, vgl. Räisänen, Das koranische Jesusbild, S. 23, mit einer Analyse des Begriffs, der im Koran beinahe vierhundertmal vorkommt.

Sintflut ertranken, Abraham durch Gottes Eingreifen vom Scheiterhaufen gerettet wurde, Mose und die Israeliten Rettung erfuhren durch die Vernichtung der Ägypter, wird Jesus durch die Aufnahme in den Himmel gerettet. Gemäß der koranischen Lehre über seine Natur kann es sich nur um eine Assumptio, nicht um eine Ascensio handeln. Im Koran wird dies durch den Gebrauch des Verbs *rafaʿa* „emporheben" verdeutlicht. Gott sagt zu Jesus: „Ich hebe dich zu mir empor" (V. 55).

Aber auch für Jesu Anhänger, die in der Welt zurückbleiben, wird gesorgt. Gott kündigt Jesus bei der Aufnahme in den Himmel an: „Ich werde bewirken, daß diejenigen, die dir folgen, den Ungläubigen bis zum Tag der Auferstehung überlegen sind" (V. 55 Mitte). Die Gläubigen sind die Christen, die Ungläubigen die Juden, die Jesu Lehre zurückgewiesen und ihm nach dem Leben getrachtet haben. „Erniedrigung und Verelendung" kommt über sie, wie wir schon gesehen haben [10]. Der Tempel ist zerstört, sie sind in alle Welt zerstreut und müssen unter der Herrschaft der Christen leben. Dieser Zustand wird bis zum Ende der Welt andauern. Beim Jüngsten Gericht wird über die Streitpunkte zwischen den beiden Religionen entschieden: Die Ungläubigen werden bestraft, die Gläubigen belohnt (V. 55 Schluß – V. 57).

5.3 Jesus rettet seine Mutter (Sure 19:1–33)

Geburt und Kindheit Jesu werden auch in Sure 19:1–33 erzählt. Sie trägt die Überschrift „Maryam" (Maria) und besteht aus zwei Teilen: Zacharias und Johannes der Täufer (V. 1–15), Maria und Jesus (V. 16–33).

Der erste Teil beginnt mit dem Gebet des Zacharias um einen Sohn, der Verkündigung der Geburt des Johannes und der dreitägigen Stummheit des Zacharis (V. 1–11). Der Text ist dem in Sure 3:38–41 sehr ähnlich. Was dort fehlt, nämlich die Geburt des Johannes, wird hier in Bruchstücken geliefert. Von der Geburt selbst ist freilich nicht die Rede; vermutlich ist ein Stück ausgefallen oder als unwichtig von Muhammad weggelassen worden. Die Handlung setzt erst nach der Geburt des Johannes ein. Er erhält den Befehl: „Johannes! Halte die Schrift fest (in deinem Besitz)!" (V. 12). Dahinter dürfte die Überlieferung stehen, daß die Priester im Tempel

[10] Siehe o. S. 45.

damit beschäftigt waren, Thorarollen herzustellen[11]. Johannes wird als Sohn des Priesters Zacharias also aufgefordert, in die Fußstapfen seines Vaters zu treten. Daß er schon als Kind „Urteilsfähigkeit" besaß (V. 12), ist eine Parallele zu der Erzählung vom zwölfjährigen Jesus im Tempel, „wie er mitten unter den Lehrern saß, ihnen zuhörte und sie fragte" (Lukas 2, 41–50). Genauso wie Jesus in Nazareth seinen Eltern „untertan" war (Lukas 2, 51), war Johannes „gottesfürchtig und pietätvoll gegen seine Eltern" (V. 13–14). Der kurze Abschnitt endet mit dem Segenswunsch: „Heil *(salām)* sei über ihm am Tag, da er geboren wurde, am Tag, da er stirbt, und am Tag, da er (wieder) zum Leben auferweckt wird" (V. 15).

Als Parallele zur Verkündigung des Johannes an Zacharias folgt die Verkündigung Jesu an Maria (V. 16–19) in ähnlichen Worten wie in Sure 3:42–43, 45–48. Der Schauplatz und die Umstände sind jedoch andere. Während man aus dem Bericht in Sure 3 den Eindruck gewinnt, daß die Verkündigung im Tempel spielt, wo Maria, von Zacharias betreut, ein zurückgezogenes Leben führt, heißt es hier, Maria habe sich vor ihren Angehörigen an einen „östlichen Ort" zurückgezogen (V. 16). Dort erhält sie die Ankündigung der Geburt Jesu. Über den „östlichen Ort" ist viel gerätselt worden. Die islamische Überlieferung sagt, er habe sich östlich vom Tempel *(miḥrāb)* befunden; Maria sei ins mannbare Alter gekommen und habe deshalb den Tempel verlassen müssen[12]. W. Rudolph verweist unter Berufung auf M. Dettinger auf christliche Herkunft dieser Erzählung: Ezechiel 44, 1, wonach das östliche Tor des Tempels nur von Gott geöffnet wird, sei von der alten Kirche typologisch auf Maria und den Einzug der Gottheit in ihren Leib bezogen worden *(solus Christus clausas portas vulvae aperuit)*[13]. Auf jeden Fall meint Muhammad mit dem „östlichen Ort" einen Platz außerhalb des Tempels (und vielleicht auch außerhalb Jerusalems). Wir werden gleich sehen, daß Maria zur Entbindung den „östlichen Ort" verließ und sich an einen „fernen Ort" zurückzog.

„Da nahm sie sich einen Vorhang (um sich) vor ihnen (zu verber-

[11] So Ṭabarī in seinem Kommentar zu 3:37 (die Stelle handelt davon, daß Maria dem Zacharias zur Betreuung übergeben wurde; Ṭabarīs Erzählung geht sicherlich auf rabbinische Quellen zurück). Engl. Übers. des Ṭabarī-Textes bei Abdelmajid Charfi, Christianity in the Qur'an Commentary of Tabari, in: Islamochristiana 6 (1980), S. 105–148, hier: S. 113.

[12] Ṭabarī, Kommentar zu 19:16 (nicht bei Charfi, s. Anm. 11).

[13] Zitiert bei Paret, Kommentar zu 19:16.

gen). Und wir sandten unseren Geist zu ihr. Der stellte sich ihr dar als ein wohlgestalteter Mensch" (V. 17). Nach R. Bell ist der Vorhang eine schwache Erinnerung an die Tätigkeit Mariens im Tempel, wo sie an der Herstellung des Vorhangs zum Allerheiligsten beteiligt war, wie im Protevangelium des Jakobus erzählt wird[14]. Muhammad meint aber wohl, daß sie auf ihren Schutz bedacht war, da sie sich ja nicht mehr im Tempel befand. Anstelle des Engels (oder der Engel) der Verkündigung erscheint hier der Geist *(rūḥ)*. Paret verweist auf 21:91, wo gesagt wird, daß Maria sich keusch hielt; „da bliesen wir ihr Geist von uns ein" (auch 66:12). Auch H. Räisänen vertritt die Meinung, daß der Geist keine andere Funktion als der Engel hat[15]. Da Maria meinte, es handele sich um einen bösen Geist, sprach sie die apotropäische Formel (V. 18). Daran schließt sich ein Dialog zwischen Maria und dem Geist an (V. 19–21), der dem zwischen Zacharias und dem Engel in manchem ähnlich ist.

Es folgt der Bericht über die Geburt Jesu (über die in Sure 3 nichts gesagt wird): „Da war sie nun schwanger mit ihm. Und sie zog sich mit ihm an einen fernen Ort zurück. Und die Wehen veranlaßten sie, zum Stamm der Palme zu gehen. Sie sagte: ‚Wäre ich doch vorher gestorben und ganz in Vergessenheit geraten!' Da rief er (Jesus) ihr von unten her zu: ‚Sei nicht traurig! Dein Herr hat unter dir ein Rinnsal (voll Wasser) gemacht. Und schüttle den Stamm der Palme (indem du ihn) an dich (ziehst)! Dann läßt sie saftige, frische Datteln auf dich herunterfallen. Und iß und trink und sei frohen Mutes!'" (V. 22–26).

In dieser Geschichte erkennt man unschwer Elemente aus der Erzählung von der Verstoßung Hagars und Ismaels wieder: Hagar irrte, dem Hunger- und Dursttode nahe, in der Wüste umher, der Engel zeigte ihr vom Himmel her die Quelle und die Palme (1 Mose 21, 8–19). Im Pseudo-Matthäusevangelium, das im 8./9. Jahrhundert im Westen bekannt war und vielleicht einen orientalischen Vorläufer hat, wird die gleiche Geschichte von Maria und Jesus auf der Flucht nach Ägypten erzählt[16]. Es ist schwer zu sagen, ob Muhammad sich auf Pseudo-Matthäus oder eine andere Quelle, die direkt oder indirekt auf 1 Mose 21 zurückgeht, bezieht. Daß Maria und Joseph in Bethlehem keine Herberge fanden und in ein Notquartier

[14] Vgl. Paret, Kommentar zu 19:17.

[15] Räisänen, Das koranische Jesusbild, S. 24ff.

[16] Vgl. Hennecke, Neutestamentliche Apokryphen, I 307. Paret, Kommentar zu 19:23–26 (mit weiteren Verweisen).

ausweichen mußten (Lukas 2, 7), könnte mit Hagars Verstoßung typologisch in Beziehung gesetzt werden, doch war Ismael bereits geboren, als Hagar verstoßen wurde, während Maria bei der Palme ankam, als die Wehen einsetzten. Der in 19:22 erwähnte „ferne Ort" ist vielleicht mit dem „flachen Höhenzug *(rabwa)* mit (fruchtbarem?) Grund und Quellwasser" in 23:50 identisch. Auch diese Beschreibung paßt eher auf Ägypten als auf Bethlehem (das im Koran an keiner Stelle mit Namen genannt wird).

Jesus wies seine Mutter auf die Palme und die Quelle hin und gab ihr, wie es im Text weiter heißt, Anweisungen für ihr Verhalten bei der Rückkehr: „Und wenn du (irgend) einen von den Menschen siehst, dann sag: ‚Ich habe dem Barmherzigen ein Fasten gelobt. Darum werde ich heute mit keinem menschlichen Wesen sprechen'" (V. 26). Maria drohen Gefahren, weil sie, die Jungfrau, mit einem Kind aus der Wüste zurückkehrt. Sie wird beschimpft: „Maria! Da hast du etwas Unerhörtes begangen. Schwester Aarons! Dein Vater war doch kein schlechter Kerl und deine Mutter keine Hure" (V. 27–28). Daß sie „Schwester Aarons" genannt wird, ist eine Konsequenz des in Sure 3:35 Gesagten, daß nämlich ihre Mutter die Gemahlin Amrams ist[17]. Auf Unzucht stand nach jüdischem Strafgesetz der Tod durch Steinigung (5 Mose 22, 20) oder Verbrennen (1 Mose 38, 24). In dieser höchsten Gefahr tritt Jesus für seine Mutter ein; er spricht zum Erstaunen der Menschen als Kind in der Wiege (V. 29): „Ich bin der Diener Gottes. Er hat mir die Schrift gegeben und mich zu einem Propheten gemacht" (V. 30). Mit der Bezeichnung „Diener Gottes" stellt Jesus sich als ein Mensch vor. Man könnte, wenn man den Titel „Diener Gottes" mit dem Prophetenamt und dem Empfang der Schrift verbindet, an Mose denken, der „Knecht Jahwes" genannt wird (5 Mose 34, 5; Nehemia 10, 29; Offenbarung des Johannes 15, 3). Petrus nennt in seiner Predigt am Pfingstfest Jesus den „Knecht" Gottes (Apostelgeschichte 3, 13).

Im Unterschied zu Muhammad, der seine Berufung, wie die Überlieferung sagt, erst im Alter von 40 Jahren erhalten hat, ist Jesus von Geburt an Prophet. Wenn Maria die Mutter eines solchen Sohnes ist, darf die Frage nach der Herkunft des Kindes nicht mehr gestellt werden, vielmehr muß die Mutter seliggepriesen werden,

[17] Muslimische Autoren wie M. Hamidullah versuchen, die Schwierigkeit, daß Maria „Schwester Aarons" genannt wird, dadurch zu beseitigen, daß sie sagen, dies sei in einem weiteren Sinne gemeint; Maria sei eine Nachfahrin Aarons, vgl. Paret, Kommentar zu 19:33f.

wie im Evangelium: „Selig der Leib, der dich getragen, und die Brüste, an denen du gesogen hast", worauf Jesus allerdings antwortet: „Vielmehr selig, die das Wort Gottes hören und befolgen" (Lukas 11, 27–28). Dies scheint Muhammad vorgeschwebt zu haben, denn er spricht anschließend von der Gabe des Segens, die Jesus verliehen sei, und zählt die wichtigsten Gebote auf: Das Gebet *(ṣalāt)*, Zahlung der Almosensteuer *(zakāt)*, Gehorsam gegen die Eltern und das Meiden von Gewalttätigkeit (vielleicht ist das Tötungsverbot gemeint, das im Dekalog dem Gebot des elterlichen Gehorsams folgt) (V. 31–32). Am Schluß spricht Jesus den Segen über sich selbst: „Heil *(salām)* sei über mir am Tag, da ich geboren wurde, am Tag, da ich sterbe, und am Tag, da ich (wieder) zum Leben erweckt werde" (V. 33).

Mit dem abschließenden Segenswunsch tritt die Parallele zu der voranstehenden Erzählung über Zacharias und Johannes den Täufer, die mit dem gleichen Segenswunsch endet (auch wenn dort ein dritter den Segenswunsch spricht), deutlich hervor. Auch Jesus spricht nicht nur von seiner Geburt, sondern auch von seinem Tod und seiner Auferweckung. Sein Kreuzestod ist von Muhammad geleugnet worden. Die islamische Überlieferung löst die offenbar bestehende Schwierigkeit mit dem Vorschlag, hier sei der Tod Jesu am Ende der Zeiten gemeint. Sie nimmt im Anschluß an christliche eschatologische Vorstellungen an, Jesus werde vom Himmel herabsteigen, den Antichrist (Daǧǧāl) besiegen und dann sterben. Dann kommt das Endgericht; Jesus wird zusammen mit den Verstorbenen auferweckt werden [18].

5.4 Ablehnung Jesu und Verfälschung der Botschaft; Gethsemani und Abendmahl

Wichtige Episoden aus Jesu Leben und Wirken werden in Sure 5:110–120 erzählt. Es sind vier Abschnitte von unterschiedlicher Länge, die jeweils mit einem verkürzten Zeitsatz beginnen. Die Rahmenhandlung ist das Gericht am Ende der Zeiten, wenn Gott die Propheten nach der Aufnahme befragt, die ihre Botschaft bei dem Volk, zu dem sie gesandt waren, gefunden hat (V. 109). Die

[18] So z. B. Baiḍāwī im Kommentar zu 43:61, bei Gätje, Koran und Koranexegese, S. 175f. Stark verkürzt erscheint die Erzählung von Zacharias und Johannes, Maria und Jesus in Sure 21:89–94.

Komposition des ganzen Stückes, das einen komplizierten redaktionellen Werdegang hat, wirft viele Probleme auf, die eine gesonderte Behandlung verdienen und deshalb hier beiseite gelassen werden müssen.

Im ersten Abschnitt (er füllt den ganzen Vers 110) wird berichtet, wie Jesus von Gott aufgefordert wurde, der Gnade zu gedenken, die ihm (und seiner Mutter) bei verschiedenen Gelegenheiten erwiesen wurde. Es sind, jeweils durch einen verkürzten Zeitsatz gekennzeichnet, vier: (1) Stärkung mit dem Heiligen Geist, so daß er schon in der Wiege sprechen konnte (und dadurch in der Lage war, seine Mutter vor dem sicheren Tod zu erretten); als Erwachsener verkündete er, mit der Gnade Gottes ausgestattet, die Botschaft; (2) Gott lehrte Jesus die Weisheit, die Thora und das Evangelium; (3) Jesus wurde mit der Wundergabe ausgestattet; sie bestand darin, daß er aus Lehm Vögel formte und sie zum Leben brachte, Kranke heilte und Tote erweckte; (4) Jesus wurde von Gott aus einer Gefahr errettet: „(Damals) als ich die Kinder Israels von dir zurückhielt (so daß sie dir nichts anhaben konnten), als du mit den klaren Beweisen zu ihnen kamst, worauf diejenigen von ihnen, die ungläubig waren, sagten: ‚Das ist ganz offensichtlich Zauberei.'"

Die einzelnen Gnadenerweise sind schon in Sure 3:46–49, 3:54 und 19:29–30 erwähnt, jedoch in einem anderen Kontext. Die Stärkung mit dem Heiligen Geist (Nr. 1) und die Rettung (Nr. 4) erinnern an Lukas 4, 16–30, wo erzählt wird, wie Jesus in die Synagoge von Nazareth kam, aufstand, um vorzulesen, ihm das Buch des Propheten Jesaja gereicht wurde und er die Stelle las: „der Geist des Herrn ruht auf mir, weil er mich gesalbt hat", usw. (Jesaja 61, 1). Jesus zog sich den Zorn der Versammlung zu, weil er andeutete, Gott habe Israel verworfen und die Heiden erwählt. Auf unerklärliche Weise werden die Juden daran gehindert, ihn durch Herabstürzen vom Rande des Berges, auf dem ihre Stadt erbaut war, zu töten.

Es stellt sich die Frage, in welcher Situation Jesus sich befand, als ihm die vier Gnadenerweise Gottes in Erinnerung gerufen wurden. Eine Antwort darauf findet man am ehesten, wenn man sich im Koran nach analogen Situationen anderer Propheten umsieht. Ein Beispiel dafür bietet die Erzählung von der Berufung des Mose am Dornbusch, als er den Auftrag erhielt, vor den Pharao zu treten. Mose bat um „Kraft und Stärke"; Gott gab ihm als Helfer den Aaron und erinnerte ihn an die Rettung aus dem Nil und aus der Bedrängnis, in die er durch die Tötung eines Ägypters geraten war. So gestärkt und ermutigt, erhält er den Befehl, zum Pharao zu gehen und die Freigabe der Israeliten zu fordern (20:9–48). Die gleichen Empfindungen wie Mose am Dornbusch hatte Jesus am Abend vor seinem Leiden in Gethsemani (Matthäus 20, 36–46 u. Par.). Er wußte, was ihm bevorstand, und hatte Angst. „Es erschien ihm aber ein Engel vom Himmel und stärkte ihn. Und als er in Angst geriet, betete er noch inständiger. Und sein Schweiß wurde wie Tropfen Blutes, die auf die Erde niederrannen" (Lukas 22, 43–44). Obwohl der Kreuzestod Jesu im Koran geleugnet wird, könnte sich in 5:110 ein Zug aus der Leidensgeschichte erhalten haben. In Gethsemani erinnerte Gott, wie man ergänzen muß, Jesus an frühere Unterstützung und Rettung. Dieser sollte daraus die Zuversicht schöpfen, daß Gott ihn auch dieses Mal retten werde.

Nun zum zweiten der eingangs erwähnten vier Abschnitte: Er beginnt (V. 111) mit einem verkürzten Zeitsatz und besteht nur aus einem Vers; er behandelt kurz die Berufung der Jünger und deren Bekenntnis, das an die Formulierung in Sure 3:52 erinnert. Darüber ist oben schon gesprochen worden.

Der dritte Abschnitt (V. 112–115) ist durch einen verkürzten Zeitsatz ohne „und" an den zweiten angeschlossen, so daß man den Eindruck gewinnt, das hier Erzählte gehöre zum Bekenntnis der Jünger. Die Geschichte handelt von dem Tisch mit Speisen, den Gott auf Gebet Jesu vom Himmel herabsenden soll. Der Zweck ist ein mehrfacher, wie aus der Bitte der Jünger hervorgeht: „Wir wollen von ihm essen und ganz sicher sein und die Gewißheit haben, daß du uns die Wahrheit gesagt hast, und (wir möchten) über ihn Zeuge sein" (V. 113). Die Jünger wollen von den Speisen, die auf dem Tisch stehen, essen, was offenbar ganz konkret gemeint ist; sie wollen ferner, daß Jesus ein Beglaubigungswunder wirkt, und bieten an, über dieses Wunder Zeugnis abzulegen. Jesus bittet Gott um den Tisch, „der (mit seinem Mahl) für uns von jetzt an bis in alle Zukunft eine Feier *(ʿīd)* und ein Zeichen von dir sein wird! Und beschere uns (Gutes)! Du kannst am besten bescheren" (V. 114). Gott gewährt die Bitte: „Ich will ihn (nunmehr) hinabsenden. Und wenn einer von euch nachträglich nicht glaubt, werde ich ihn (dereinst) auf eine Weise bestrafen, wie (sonst) niemand in der Welt" (V. 115).

Die Erzählung bezieht sich auf Ereignisse, die in der Theologie der alten Kirche typologisch aufeinander bezogen sind, nämlich die Speisung des Volkes in der Wüste mit Manna, die wunderbare Brotvermehrung und die Einsetzung der Eucharistie[19]. Das Manna

[19] Paret, Kommentar zu 5:112–115, vermutet auch Einfluß durch die

war eine konkrete Speise, ebenso die bei der wunderbaren Brotvermehrung gereichte Speise. Die Eucharistie ist eine konkrete Speise mit übernatürlichem Charakter. Die wunderbare Brotvermehrung wird im Johannesevangelium ausdrücklich als Beglaubigungswunder bezeichnet: „Als nun die Leute das Zeichen sahen, das er gewirkt hatte, sagten sie: ‚Das ist wahrhaftig der Prophet, der in die Welt kommen soll'" (Johannes 6, 14). Auf die Einsetzung der Eucharistie weist die Bitte Jesu hin, der Tisch möge ein Fest und ein Zeichen sein (V. 114), eine Anspielung auf das Osterfest und den Erinnerungscharakter, den das Abendmahl hat (vgl. Lukas 22, 19 u. Par.). Ein noch deutlicherer Hinweis auf die Eucharistie ist Gottes Drohung gegen denjenigen, der nicht an die göttliche Herkunft des Tisches glaubt, mit einer Strafe, wie „sonst niemand in der Welt" bestraft wird (V. 115). Sie erinnert an den Bericht des Paulus über das Herrenmahl mit der Warnung: „Jeder prüfe sich aber selbst und esse dann von dem Brot und trinke aus dem Kelch. Denn wer ißt und trinkt, der ißt und trinkt sich das Gericht, wenn er den Leib (Jesu) nicht (vom gewöhnlichen Brot) unterscheidet" (1 Korinther 11, 28–29).

Der vierte Abschnitt (V. 116–120) beginnt ebenfalls mit einem verkürzten Zeitsatz und berichtet, wie Paret im Kommentar zu 5:116 schreibt, „von einer Zwiesprache zwischen Gott und Jesus, die noch nicht stattgefunden hat, sich vielmehr nach V. 116 (und 109) am Jüngsten Tag, also erst in der Zukunft abspielen wird". Gott sitzt zu Gericht und hört von den Christen ein merkwürdiges Glaubensbekenntnis. Er wendet sich daher an Jesus, der als zuständiger Prophet Zeugnis über seine Anhänger ablegen muß, und fragt ihn: „Jesus, Sohn der Maria! Hast du (etwa) zu den Leuten gesagt: ‚Nehmt euch außer Gott mich und meine Mutter zu Göttern?'" (V. 116). Daß Muhammad eine Trinitätslehre dieses Inhalts erwähnt, beruht sicherlich nicht auf einem Irrtum, sondern ist doch wohl das Ergebnis von Beobachtungen, die er im Umgang mit Christen im Ḥiǧāz gemacht hatte[20].

Jesus weist den Vorwurf, er habe eine aus Vater, Sohn und Mutter bestehende Gottheit verkündet, zurück: „Ich habe ihnen nur

Vision des Petrus, Apostelgeschichte 10, 10ff. Zur Typologie vgl. auch Gräf, Zu den christlichen Einflüssen im Koran, S. 189 (Einfluß von liturgischen Texten). Vgl. auch Abd al-Tafahum, The Qur'ān and the Holy Communion, in: The Muslim World 49 (1959), S. 239–248.

[20] Zur Vergottung der Mutter Jesu s. o. S. 23f.

gesagt, was du mir befohlen hast (nämlich): ‚Dienet Gott, meinem und eurem Herrn!'" (V. 117, 1. Hälfte). Mit der folgenden Aussage wird klargestellt, daß es sich bei der hier geschilderten Szene, wie eben schon gesagt, um eine Zwiesprache zwischen Gott und Jesus beim Gericht handelt. Jesus sagt nämlich im Rückblick auf sein irdisches Wirken: „Und ich war Zeuge über sie, solange ich unter ihnen weilte. Nachdem du mich abberufen hattest, warst du es, der auf sie aufpaßte. Du bist über alles Zeuge" (V. 117, 2. Hälfte). Das soll heißen, daß Jesus nur bis zu seiner Himmelfahrt (Abberufung) für das Glaubensbekenntnis seiner Anhänger verantwortlich gemacht werden kann. Von der Himmelfahrt bis zum Gericht liegt die Verantwortung bei Gott. Er kann es zulassen, daß Menschen Irrlehren vertreten und dann der Strafe anheimfallen (V. 118–120).

5.5 Jesu Predigt

Es lohnt sich, die Inhalte der Predigt Jesu zusammenfassend zu betrachten. Zunächst die Aussagen über die eigene Person. In Sure 19 stellt er sich, als Kind auf dem Arm seiner Mutter sprechend, vor: „Ich bin der Diener Gottes. Er hat mir die Schrift gegeben und mich zu einem Propheten gemacht" (V. 30). Das ist eine klare Absage an die christliche Lehre von der göttlichen Natur Jesu. Genauso deutlich ist die Betonung seiner rein menschlichen Natur in der mehrere Male wiederholten Selbstaussage: „Gott ist mein und euer Herr. Dienet ihm! Das ist ein gerader Weg" (3:51, vgl. auch 5:72. 5:117. 19:36. 43:64).

Jesus fordert von den Menschen Gehorsam, weil er ein Prophet ist: „Ich bin mit einem Zeichen (d. h. mit der Schrift oder mit einem Beglaubigungswunder) von eurem Herrn zu euch gekommen. Daher fürchtet Gott und gehorchet mir!" (3:50). Der Gehorsam gegen den Propheten ist eine Konsequenz der Gottesfurcht; der Prophet verlangt Gehorsam von den Menschen im Namen und im Auftrag Gottes. Als Prophet hat Jesus die Schrift, das Evangelium, erhalten (57:27); es enthält „Rechtleitung und Licht, damit es bestätigt, was von der Thora vor ihm da war", und „Rechtleitung und Ermahnung für die Gottesfürchtigen" (5:46). In der Verkündigungsszene sagt der Engel zu Maria: „Und er (Gott) wird ihn die Schrift, die Weisheit, die Thora und das Evangelium lehren" (3:48).

Daß Jesus die Thora bestätigt, wird bei der Beschreibung seiner Lehrtätigkeit mehrfach gesagt (3:50. 5:46. 61:6). Er hat aber auch einiges erlaubt, was vorher verboten war (3:50). Damit ist in etwa wiedergegeben, was in den neutestamentlichen Schriften über die Gültigkeit des jüdischen Gesetzes und seine Verbindlichkeit für die Christen gesagt wird. Dieses Thema spielte in den Diskussionen zwischen Juden und Christen in Muhammads Umgebung sicherlich eine wichtige Rolle. Einem unbefangenen Beobachter konnte nicht verborgen bleiben, daß die Christen nach anderen, weniger schweren Gesetzen lebten als die Juden, besonders im Bereich der Reinheits- und Speisegesetze. Was den Dekalog angeht, so werden Jesus Anspielungen auf einzelne Gebote in den Mund gelegt, z. B. der Gehorsam gegen seine Mutter (19:32). Dazu gehört wohl auch Gottes Befehl in Jesu Predigt: „Und ich bin euer Herr. Dienet mir!" (21:92. 23:52), eine Anspielung auf den ersten Satz des Dekalogs „Ich bin Jahwe, dein Gott" und die beiden nachfolgenden Gebote, die von den Pflichten des Menschen gegen Gott handeln (2 Mose 20,2–23).

Wenn Jesus zum Judentum und seiner Gesetzgebung teils zustimmend, teils ablehnend Stellung nimmt, soll das natürlich nichts anderes heißen, als daß er, wie alle Propheten vor ihm, den Islam, die unveränderliche Religion der Menschen seit Anbeginn, verkündet hat. Die Jünger bekennen sich unter seiner Autorität und Zeugenschaft zum Islam (5:112), und Jesus verkündet an der gleichen Stelle, wo er den Dekalog (oder wenigstens Teile davon) ins Gedächtnis zurückruft, zwei der später auf insgesamt fünf festgesetzten „Säulen des Islams", nämlich die Verpflichtung zum liturgischen Gebet *(ṣalāt)* und zum Almosengeben *(zakāt)*. Diese beiden Stücke enthalten im Kern alle anderen Gebote, wie ja auch Jesus, nach dem größten Gebot im Gesetz befragt, die Gottesliebe und die Nächstenliebe nennt: „An diesen beiden Geboten hängt das ganze Gesetz und die Propheten" (Mätthäus 22, 34–40; Markus 12, 34–38). Die Zusammenfassung des Dekalogs in zwei Hauptstücken wird auch im Talmud gelehrt[21], so daß offen bleiben muß, ob Muhammad hier aus jüdischen oder christlichen Quellen schöpft.

Zu den Aufgaben des Propheten gehört es, die Botschaft der Vorgänger zu bestätigen und den kommenden Propheten anzukündigen. Schon Adam wird von Gott die zukünftige Rechtleitung in Aussicht gestellt, wie wir oben gesehen haben. Abraham betet nach

[21] Yoma 67b, vgl. Aryeh Kaplan, The Handbook of Jewish Thought, New York/Jerusalem 1979, S. 70. Die Zweiteilung auch in Luthers Kleinem Katechismus, Das erste Hauptstück: Die heiligen zehn Gebote.

der Fertigstellung der Kaaba um die Erweckung eines Propheten aus den Arabern, seinen Nachkommen durch Ismael, was in der Sache einer Verankündigung des künftigen Propheten gleichkommt. Jesus tut das gleiche: „Ihr Kinder Israels! Ich bin von Gott zu euch gesandt, um zu bestätigen, was von der Thora vor mir da war (oder: was vor mir da war, nämlich die Thora), und einen Gesandten mit einem hochlöblichen Namen zu verkünden, der nach mir kommen wird" (61:6). „Einen Gesandten mit einem hochlöblichen Namen" kann auch übersetzt werden: „Einen Gesandten mit Namen Aḥmad". Daß mit diesem Gesandten Muhammad gemeint ist, hat die islamische Koranexegese immer angenommen und daraus gefolgert, Aḥmad sei ein anderer Name Muhammads gewesen. Dabei kann sie sich auch darauf stützen, daß beide Namen die gleiche Wurzel *(ḥ-m-d)* haben. Später haben die Muslime, vielleicht unter christlichem Einfluß, den Namen Aḥmad mit dem „Helfer" *(paráklatos)* in Johannes 14, 26 gleichgesetzt und die Ankündigung der Aussendung des Heiligen Geistes, wie diese Stelle in der christlichen Theologie verstanden wurde, auf Muhammad bezogen[22].

Ein wichtiges Anliegen in Jesu Predigt ist nach den Aussagen des Korans die Einheit der Gemeinde. Die Bewahrung der Einheit ist ein Gebot, das Gott allen Propheten auferlegt hat: „Haltet (die Vorschrift der) Religion und teilt euch nicht (in verschiedene Gruppen)!" (42:13). Jesus hält sich an dieses Gebot und sagt als Sprachrohr Gottes: „Dies ist meine Gemeinschaft. Es ist eine einzige Gemeinschaft. Und ich bin euer Herr. Dienet mir!" (21:92. 23:52). Die Predigt fand jedoch kein Gehör: „Aber sie wurden uneins. Die einen von ihnen wurden gläubig, die anderen ungläubig. Und wenn Gott gewollt hätte, hätten sie einander nicht bekämpft. Aber Gott tut, was er will" (2:253). Wenn dies in unmittelbarem Zusammenhang mit Jesus gesagt wird, ist klar, daß die Ungläubigen die Juden, die Gläubigen seine Anhänger, d. h. Christen, sind. Jesu Predigt der Einheit der Gemeinde erinnert an das „hohepriesterliche Gebet" Johannes 17: Jesus spricht von der Einheit der Gemeinde: „Bewahre sie in deinem Namen, den du mir gegeben hast, damit sie eins seien wie wir" (V. 11). Und: „Ich bitte ... auch für die, die durch ihr Wort an mich glauben werden, daß sie alle eins seien" (V. 20). Es gibt einen weiteren Hinweis darauf, daß Muhammad dieser oder ein verwandter Text als Quelle gedient hat. Im Anschluß an V. 11 sagt Jesus: „Solange ich bei ihnen war, habe ich sie

[22] Paret, Kommentar zu 61:6.

in deinem Namen bewahrt, den du mir gegeben hast, und habe sie behütet ... Ich bitte ... du mögest sie bewahren vor dem Bösen" (V. 12–15). Der letzte Satz ist so zu verstehen, daß er die Zeit nach seinem Tod meint, denn es handelt sich ja um ein Abschiedsgebet, das er unmittelbar vor seiner Verhaftung gesprochen hat. Ein ähnliches Wort Jesu haben wir in Sure 5:117, wo er Rechenschaft vor Gott ablegt, den Inhalt seiner Predigt beschreibt und dann zu Gott sagt: „Und ich war Zeuge über sie, solange ich unter ihnen weilte. Nachdem du mich abberufen hattest, warst du es, der auf sie aufpaßte. Du bist über alles Zeuge."

In den Evangelien nehmen die Gleichnisreden Jesu einen wichtigen Platz ein. Auch der Koran kennt eine ganze Reihe von Gleichnissen, legt aber keines davon Jesus in den Mund. An das Evangelium erinnert am ehesten das Gleichnis vom Saatkorn (2:261–265); es handelt vom Almosengeben und hat starke Anklänge an das Gleichnis Jesu vom Sämann (Matthäus 13, 1–9 u. Par.)[23]. Dies gilt auch von dem Gleichnis vom Reichen und Armen (18:32–44), eine im Gegensatz zu den meisten anderen Gleichnissen des Korans reich ausgestaltete Geschichte von einem armen Gläubigen und einem reichen Ungläubigen. Sie erinnert an das Gleichnis vom reichen Prasser und armen Lazarus (Lukas 16, 19–31). Paret findet in 57:12–13 Übereinstimmungen mit dem Gleichnis von den klugen und den törichten Jungfrauen (Matthäus 25, 1–13), doch liegt hier keine Gleichniserzählung mehr vor; die Einzelheiten des Gleichnisses werden direkt auf die handelnden Personen, die gläubigen und die heuchlerischen Männer und Frauen, die am Jüngsten Tag zum Gericht vortreten, übertragen[24].

5.6 Die Kreuzigung (Sure 4:153–162)

Während die Himmelfahrt Jesu an verschiedenen Stellen des Korans als eine Geschichte der Rettung vor den Feinden erzählt wird, gibt es nur einen einzigen Bericht über die Kreuzigung. Er

[23] Vgl. H. Busse, Das Gleichnis vom Sämann im Koran, in: Pro Memoria. Das Studienjahr der Dormition Abbey auf dem Berg Sion in Jerusalem, hrsg. v. L. Klein u. Immanuel Jakobs, Jerusalem 1983, S. 177–197.

[24] Rudi Paret, Sure 57, 12f. und das Gleichnis von den klugen und den törichten Jungfrauen, in: Festschrift für Wilhelm Eilers, Wiesbaden 1967, S. 387–390, auch in: Der Koran, S. 192–196.

steht in Sure 4 im Rahmen einer langen Liste von Missetaten der Israeliten bzw. Juden (V. 153–160), die schon in dem Kapitel „Die Leute der Schrift" behandelt worden ist[25]. Den Juden wird aber, wie oben gesagt, nicht die Tötung Jesu, sondern die Behauptung, sie hätten Jesus getötet, vorgeworfen. Der Vorwurf steht im Text in engem Zusammenhang mit einer Verleumdung der Mutter Jesu; um ihn verständlich zu machen, müssen die von Paret in Klammern gesetzten Ergänzungen, die das islamische Textverständnis widerspiegeln, berücksichtigt werden: „Weil sie (die Juden) ungläubig waren und gegen Maria eine gewaltige Verleumdung vorbrachten, und (weil sie) sagten: ‚Wir haben Christus Jesus, den Sohn der Maria und Gesandten Gottes, getötet! – Aber sie haben ihn (in Wirklichkeit) nicht getötet und (auch) nicht gekreuzigt. Vielmehr erschien ihnen (ein anderer) ähnlich *(walākin šubbiha lahum)* (so daß sie ihn mit Jesus verwechselten und töteten)" (V. 156–157).

Maria und Jesus gehören hier nicht nur als Mutter und Sohn, sondern auch als Objekt der Verleumdung zusammen. Dies ist die koranische Version des Mitleidens der Mutter mit dem Leiden des Sohnes, wie es vom Evangelisten Johannes geschildert wird: Maria stand mit anderen Frauen bei dem Kreuz (Johannes 19, 25). Daraus hat die christliche Frömmigkeit das Bild der Mater dolorosa, der „Schmerzensmutter", entwickelt. Nach Johannes sorgte Jesus noch im Sterben für seine Mutter, indem er sie der Obhut des Lieblingsjüngers, des Evangelisten selbst, der als Augenzeuge anwesend war, übergab (Johannes 19, 26). Der Koran hat daraus, wie oben gezeigt, die Fürsorge des Sohnes für seine Mutter bei einer anderen Gelegenheit gemacht: Als sie mit dem Kind aus der Wüste kam und wegen des Verdachts der Unzucht in Lebensgefahr geriet, wurde sie durch das Sprechen des Kindes, das sich als Prophet vorstellte, gerettet. Man sieht, wie eng beide Episoden durch das Motiv der Fürsorge des Sohnes für die Mutter miteinander verbunden sind.

Muhammad entscheidet sich für eine doketistische Lösung (wenn man der traditionellen islamischen Koranauslegung, an die auch Paret sich anschließt, folgt): Ein anderer, von dem man glaubte, er sei Jesus, oder der Jesus ähnlich sah, wurde an seiner Stelle gekreuzigt. Das Verb *šabbaha* mit der Bedeutung „einen mit dem anderen vergleichen; jemandem etwas zweifelhaft machen, indem man Dinge einander so ähnlich macht, daß sie schwierig zu unterscheiden sind", Passiv: *šubbiha* „dunkel, unklar, zweifelhaft

[25] Siehe o. S. 46.

sein“ kommt in dieser Form im Koran nur an dieser Stelle vor. Doketistische Lehren waren vor allem in der Gnosis mit ihrem scharf betonten Unterschied von Materie und Geist lebendig; so ist es denkbar, daß Muhammad den Kreuzestod Jesu unter dem Einfluß gnostischer Gruppen als ein Geschehen, das sich in Wirklichkeit nicht ereignete, gedeutet hat. Es entsprach mehr seiner Auffassung vom Prophetenamt und der Gerechtigkeit Gottes, wenn Jesus nicht den Tod erlitt, sondern gerettet wurde, wie es auch den Propheten vor ihm widerfahren ist.

Daß die Juden über Jesus und die Kreuzigung im Zweifel waren, geht aus der nachfolgenden, wegen des unklaren Gebrauchs der Personalpronomina nicht leicht verständlichen Bemerkung hervor: „Und diejenigen, die über ihn (oder: darüber) uneins sind, sind im Zweifel über ihn (oder: darüber). Sie haben kein Wissen über ihn (oder: darüber), gehen vielmehr Vermutungen nach. Und sie haben ihn nicht mit Gewißheit getötet“ (V. 157 Schluß), wozu Paret bemerkt: „Sie können nicht mit Gewißheit sagen, ob sie ihn getötet haben.“

Was aber geschah mit Jesus, wenn an seiner Stelle ein anderer gekreuzigt worden war? Der folgende Vers gibt darüber Auskunft: „Nein, Gott hat ihn zu sich (in den Himmel) erhoben. Gott ist mächtig und weise“ (V. 158). Daraus gewinnt man den Eindruck, daß die Aufnahme Jesu in den Himmel mit dem Versuch der Kreuzigung zeitlich unmittelbar zusammenhängt. Die Juden hätten ja ihren Irrtum bemerken und weiter nach dem echten Jesus fahnden können. Nun aber ist er dem Zugriff seiner Feinde entzogen. Seine Geschichte ist aber noch nicht zu Ende, wie aus dem folgenden Vers hervorgeht: „Und es gibt keinen von den Leuten der Schrift, der nicht (noch) vor seinem Tod an ihn glauben würde. Und am Tag der Auferstehung wird er über sie Zeuge sein“ (V. 159). „Vor seinem Tod“ ist wieder unklar: Es könnte sich auf die Leute der Schrift beziehen, die vor ihrem Tod gläubig werden. Besser und einsichtiger ist es, das Possessivpronomen auf Jesus zu beziehen: „Vor Jesu Tod werden alle Leute der Schrift an ihn glauben.“ „Leute der Schrift“ sind die Juden, die nicht an ihn geglaubt haben und ihn kreuzigen wollten. Wenn Jesus „mit Herrlichkeit“ wiederkommen und zu Gericht sitzen wird, wie im christlichen Glaubensbekenntnis gesagt wird, werden sie an ihn glauben müssen. Aber das kann nicht gemeint sein, wenn von Jesu Tod die Rede ist. Der Tod Jesu muß vor der allgemeinen Auferstehung erfolgen, denn er ist zwar durch die Aufnahme in den Himmel erhöht, aber doch ein Mensch geblieben, der dem Tod unterworfen ist wie alle anderen Menschen. Vielleicht ist an die Vorstellung zu denken, Jesus werde vom Himmel herabsteigen, den Antichrist besiegen und dann sterben und begraben werden. An einer anderen Stelle heißt es, Jesus sei „ein Erkennungszeichen der Stunde (des Gerichts)" (43:61), was doch wohl so zu verstehen ist, daß durch sein Herabsteigen vom Himmel das Gericht angekündigt wird. Nachdem er seine irdische Aufgabe erfüllt hat, kommt die Welt zu einem Ende, die Toten werden erweckt und zum Gericht versammelt. Aber Jesus wird nicht, wie die Christen glauben, Richter sein, sondern Zeuge über die Christen, wenn sie zum Gericht erscheinen.

Die Kreuzigung Jesu ist ein schwieriges Problem im Koran, zugleich ist sie das Kernstück der christlichen Soteriologie. Eine ergänzende Betrachtung erscheint daher angebracht. H. Räisänen hat sich ausführlich mit den Fragen von Kreuzigung, Tod und Himmelfahrt Jesu im Koran auseinandergesetzt[26]. Nach sorgfältigem Vergleich aller relevanten Textstellen kommt er zu dem Ergebnis, daß Muhammad annahm, Jesus sei gestorben, allerdings nicht am Kreuz, sondern eines natürlichen, d. h. nicht gewaltsamen Todes. Gegen den Kreuzestod polemisiere Muhammad in der Diskussion mit den Juden, für den natürlichen Tod in der mit den Christen. Konsequenterweise bezieht Räisänen den Tod, von dem Jesus in seinem Segenswunsch in 19:33 spricht, nicht auf die eschatologischen Ereignisse, sondern auf seinen natürlichen Tod. Auch bezieht er 43:61 nicht auf Jesus und seine Wiederkehr, durch die sich das Gericht ankündigt, sondern sagt: „die natürliche Interpretation dürfte die sein, der Koran enthalte das Wissen darüber, daß („daß" bei Räisänen kursiv) die Stunde des Gerichts kommen werde." Die Aufzählung der Gnadenerweise Gottes gegen Jesus in 5:110 hatten wir auf die Situation Jesu in Gethsemani bezogen. Räisänen leugnet den Zusammenhang der dort erwähnten Rettung Jesu mit Lukas 4, 28–30 und bezweifelt, „ob Muhammad solche Einzelheiten der Evangelientradition gekannt hat". Er benutzt die Stelle weiter als Beweis dafür, daß es nach Muhammads Meinung keine Kreuzigung gegeben habe. Aber bedarf es eines solchen Beweises im Lichte von 4:157?

Vielleicht kann ein Blick in die islamische Überlieferung uns zu einem besseren Textverständnis von 4:157 verhelfen. Wir können, um es vorweg zu sagen, davon ausgehen, daß nicht alles, was zur Zeit Muhammads auf der Arabischen Halbinsel an Geschichten

[26] H. Räisänen, Das koranische Jesusbild, S. 65ff.

über Jesus (oder andere Themen) im Umlauf war, Aufnahme im Koran gefunden hat. Auch ist nicht alles, was in der islamischen Überlieferung über koranische Aussagen gebracht wird, von vornherein als sekundär einzustufen. Es könnte sich ja auch um Parallelen oder Ergänzungen handeln. Tabarī (10. Jh.), führt in seinem Kommentar zu 4 : 157 eine ganze Reihe von Überlieferungen älterer Autoritäten an[27]. Sie alle erklären die Kreuzigung Jesu im Sinne des Doketismus (den Räisänen ausdrücklich ablehnt, ohne eine andere Erklärung zu liefern). Besonderes Interesse verdient ein Bericht bei Ṭabarī, der auf Wahb ibn Munabbih zurückgeführt wird, einen Perser südarabischer Herkunft, der im 7. Jahrhundert gelebt hat und ein Kenner der jüdischen und christlichen Überlieferungen gewesen sein soll. Der Wahb zugeschriebene Bericht folgt in vielem der Leidensgeschichte, wie wir sie aus den Evangelien kennen: das Abendmahl; die Todesangst Jesu in Gethsemani und das Schlafen der Jünger trotz Jesu Ermahnung; die Vorhersage der Verleugnung durch Petrus, bevor der Hahn dreimal kräht (die ja zum Abendmahl gehört); der Verrat des Judas und die Verhaftung Jesu; die Geißelung und Dornenkrönung. Die Kreuzigung aber fand nicht statt: „Als sie ihn zu dem Holz brachten, an dem sie ihn kreuzigen wollten, erhob Gott ihn zu sich, und sie kreuzigten jemand, der ihm ähnlich war." Später erschien Jesus den Frauen, die den Gekreuzigten beweinten, tröstete sie und sagte: „Das (sc. die Kreuzigung) ist eine Sache, die ihnen vorgegaukelt worden ist."

Nach anderen Überlieferungen erhob Gott Jesus zu sich am gleichen Tag oder sogar im gleichen Moment, da seine Ähnlichkeit *(šibh)* oder Gestalt *(ṣūra)* einem anderen „übergeworfen" wurde. Nach einer Überlieferung setzte sich derjenige, dem die Gestalt Jesu übergeworfen wurde, auf dessen Platz (im Abendmahlssaal?) und wurde von den eindringenden Juden verhaftet, während Jesus in den Himmel aufgenommen wurde. Mehrere Überlieferungen stimmen darin überein, daß Jesus die anwesenden Jünger fragte, wer seine Gestalt annehmen und an seiner Stelle den Tod erleiden wolle, und demjenigen, der dazu bereit war, das Paradies versprach. Ein Jünger oder ein Mann namens Sergius erklärte sich bereit, und Judas Ischariot küßte ihn, weil er ihn für Jesus hielt. Als eine

[27] Engl. Übers. bei Charfi, Christianity in the Qur'an Commentary of Tabari, S. 123f. Ähnlicher Text in Ṭabarīs Annalen, vgl. die franz. Übers. von A. Ferré, La vie de Jésus d'après les Annales de Tabari, in: Islamochristiana 5 (1979), S. 7–29.

gerechte Strafe erscheint es, wenn erzählt wird, Gott habe dem Verräter Judas oder einem Juden namens Titanus, der Jesus verhaften wollte, ihn aber nicht fand, die Gestalt Jesu verliehen; dieser sei dann von den Juden ergriffen und gekreuzigt worden[28].

Schließlich wird im Namen des Wahb eine Geschichte erzählt, die nicht nur die Juden, sondern auch die Christen zu Getäuschten macht: Die Jünger, die mit Jesus im Haus (des Abendmahls?) waren, zerstreuten sich, nur einer blieb bei Jesus zurück. Diesem wurde die Ähnlichkeit Jesu übergeworfen, während Jesus in den Himmel aufgenommen wurde. Der Jünger wurde ergriffen und statt Jesus gekreuzigt. Sowohl die Juden als auch die Jünger glaubten aber, da sie nicht Zeugen der Verwandlung und der Himmelfahrt gewesen waren, Jesus sei gekreuzigt worden. Zu diesem Glauben fühlten die Jünger sich vor allem dadurch berechtigt, daß sie Zeugen der Todesangst Jesu in Gethsemani gewesen waren.

Der doketistische Charakter dieser Erzählungen ist eindeutig. Die Erzählungen sind Zeugen dafür, wie eine anspruchsvolle gnostische Lehre in der volkstümlichen Überlieferung konkretisiert und banalisiert wird. Sie erinnern in ihrer Naivität und ihrem Realismus an die Pistis Sophia, ein gnostisches Evangelium, in dem geschildert wird, wie der Geist, der dem Jesusknaben vollkommen ähnlich war, diesen umarmte und küßte und beide eins wurden (der Geist trennte sich, wie man ergänzen müßte, vor dem Leiden wieder von Jesus)[29]. In der bei Ṭabarī überlieferten oder einer ähnlichen Form könnte Muhammad die Erzählung von der Rettung und Erhöhung Jesu kennengelernt haben. Die Erzähler können Christen einer gnostischen Richtung gewesen sein.

Abschließend ist festzustellen, daß von der Leidensgeschichte Jesu nur drei Episoden in den Koran aufgenommen worden sind: das Abendmahl (5:112–115), die Todesangst in Getsemani (in fragmentarischer Form) (5:110) und die Rettung Jesu vor dem Kreuz, verbunden mit seiner Erhöhung (4:157–158).

[28] Vgl. Gätje, Koran und Koranexegese, S. 174.

[29] Text bei Hennecke, Neutestamentliche Apokryphen, I 181. Die Pistis Sophia ist in koptischer Fassung in einer Handschrift aus der 2. Hälfte des 4. Jahrhunderts erhalten.

6. DIE GEGENWÄRTIGE SITUATION UND IHRE GRUNDLAGEN IN DER GESCHICHTE

6.1 Einleitende Bemerkungen

Der Islam ist in hohem Grade historisch orientiert; er schöpft in Lehre und Praxis aus der intensiven Erinnerung an den Propheten Muhammad und sein Werk. Der Koran ist im Glauben der Muslime Satz für Satz, Wort für Wort, Silbe für Silbe und Buchstabe für Buchstabe göttliche Offenbarung, durch den Engel Gabriel dem Propheten mitgeteilt und durch diesen an die Gemeinde weitergegeben. Als Träger der Offenbarung ist Muhammad ein Vorbild in allem, was die Gemeinschaft und das Individuum angeht; ihn nachzuahmen ist oberstes Gebot. Wie Jesus von den Aposteln und Jüngern, war Muhammad von den „Gefährten" *(ṣaḥāba)* umgeben, die nicht nur die Worte der Offenbarung, sondern alles, was der Prophet sonst sprach oder tat, bis hin zu den banalsten Lebensäußerungen, sorgfältig registrierten und der Nachwelt als „Regel, Brauch" *(sunna)* überlieferten. Diese Überlieferungen sind in umfangreichen Sammlungen schriftlich niedergelegt, vieles davon sicherlich dem Propheten nachträglich untergeschoben. Sie gelten den frommen Muslimen als authentisch und werden noch heute neben dem Koran herangezogen, wenn es darum geht, in Glaubenssachen verbindlich zu entscheiden.

Die „apostolische" Zeit ist im Islam die Zeit der vier ersten Nachfolger Muhammads, Abū Bakr, ʿOmar, ʿOṯmān und ʿAlī, die von 632 bis 661 regierten und im Kreis der „Gefährten" eine besondere Vertrauensstellung eingenommen hatten. Tafeln mit ihren Namen sind in den sunnitischen Moscheen aufgehängt; sie erfüllen die gleiche Funktion wie in der alten Kirche die auf dem Altar aufgestellten Tafeln (Diptychen) mit den Namen der Apostel, der ersten Päpste und der Heiligen, derer man im Gottesdienst gedachte, nach dem Missale Romanum im Kanon, in dem Gebet ›Communicantes, et memoriam venerantes‹. Wie in der Zeit der Apostel und der ersten Päpste die Kirche Gestalt annahm und sich in der Welt ausbreitete, fanden in der Regierungszeit der vier ersten Kalifen die großen Eroberungen statt und wurden die Regeln für das Zusammenleben mit Juden und Christen aufgestellt, die heute noch Gültigkeit haben und wieder in das Bewußtsein zurückgerufen werden können, wenn sie „vergessen" worden sind. Die vier Kalifen führen den Ehrentitel „rechtgeleitete", weil sie enge Vertraute Muhammads gewesen waren und seine Intentionen am besten kannten; diese Qualifikation erhielt um so mehr Leuchtkraft, als ihre Nachfolger, die Omaiyaden, von den Frommen nicht mehr als legitime Führer der islamischen Gemeinde anerkannt wurden. Der fromme Muslim schaut auf die glorreiche Frühzeit des Islams und ist geneigt, alles Spätere als Verfall zu betrachten. Für ihn ist die Geschichte ein Lehrmeister, nicht ein Gegenstand gelehrter Neugier. Daß dies im Grunde eine ahistorische Haltung ist, steht auf einem anderen Blatt. Der geschilderte Sachverhalt zwingt uns, die Ursprünge in den Blick zu nehmen, wenn wir die Gegenwart verstehen wollen.

Ein Wort zum schiitischen Islam. Auch er kennt die Überlieferung, die Sunna, doch sind die Träger nicht die „Gefährten" und Muslime der späteren Generationen schlechthin, sondern die Verwandten und leiblichen Nachkommen Muhammads. Von den vier „rechtgeleiteten" Kalifen erkennen die Schiiten nur den vierten, ʿAlī, einen Vetter des Propheten, an. Aus seiner Ehe mit Muhammads Tochter Fatima stammen die „Imame" (wörtlich: Vorsteher), die den Schiiten verschiedener Richtungen als legitime Führer der Gemeinde bzw. des Staates gelten. In der Lehre vom Heiligen Krieg *(ǧihād)*, von dem gleich zu sprechen sein wird, haben sie eine von den Sunniten abweichende Meinung insofern, als sie ihn auch gegen innerislamische Gegner, in erster Linie die Sunniten, für erlaubt und gegebenenfalls auch für geboten halten. Gegenüber Juden und Christen nehmen sie im Prinzip die gleiche Haltung ein wie die Sunniten; selbst Minderheit wie jene, waren sie, wie die Geschichte lehrt, aus pragmatischen Gründen zu Konzessionen bereit. Als Beispiel seien die Fatimiden genannt: Zu den Kreuzzügen wurde erst aufgerufen, als Jerusalem aus dem Besitz der Fatimiden in den der Seldschuken übergegangen war.

6.2 Die Eroberungen. Muslime und Nichtmuslime

Im Islam existieren Militanz und Friedensbereitschaft nebeneinander[1]. Muhammad hat sich in beiden Haltungen geübt: Nach

[1] Monika Tworuschka, Allah ist groß. Religion, Politik und Gesellschaft im Islam, Gütersloh 1983, S. 96.

seiner Übersiedlung nach Medina hat er den Kampf gegen Mekka aufgenommen und ihn später auf andere Gegner ausgeweitet. Die Heiden mußten den Islam annehmen, mit den Buchbesitzern, in erster Linie Juden und Christen, wurden Friedensverträge abgeschlossen, sofern sie sich der Herrschaft des Islams unterwarfen. Sie genossen Kultfreiheit und waren zur Zahlung bestimmter Steuern verpflichtet. Der locus probans ist Sure 9:29, wo gesagt wird, der Krieg gegen diejenigen, die die Schrift erhalten haben, müsse so lange geführt werden, „bis sie kleinlaut aus der Hand Tribut entrichten“ [2].

Bald nach Muhammads Tod begann der Siegeszug des Islams, wurden die Grundlagen für die islamische Staatenwelt geschaffen, wie wir sie heute vor uns haben. Die Eroberungen dienten zunächst nicht primär der Ausbreitung des Islams, sondern der Aufrichtung der Herrschaft des islamischen Staates in den unterworfenen Gebieten. Dieser Staat war mit der islamischen Gemeinde (arabisch: *umma*) identisch. Die Gemeinde war ein Personalverband, wie der europäische Staat im Mittelalter; er verfügte über ein Territorium, füllte dies aber nicht flächenmäßig aus: Im gleichen Territorium konnten andere Personalverbände, in unserem Fall die jüdischen Gemeinden und christlichen Kirchen, die Zoroastrier *(maǧūs)* und „Sabier“ (was immer man darunter versteht), leben.

Im 11. Jahrhundert brachte der sunnitische Rechtsgelehrte al-Māwardī die Beziehungen des islamischen Staates zu seiner Umwelt auf Grund der tatsächlich oder angeblich vom Propheten überkommenen Regeln und unter Berücksichtigung der im Laufe von vier Jahrhunderten entwickelten Praxis in ein System, das auch heute noch in konservativen bzw. fundamentalistischen Kreisen als im großen und ganzen gültig angesehen wird [3]. Die Welt wird in zwei Teile unterteilt, das „Haus des Islams“ *(dār al-islām)*, wo der Islam die Hoheitsgewalt hat, und das „Haus des Krieges“ *(dār al-ḥarb)*, das noch außerhalb der islamischen Hoheitsgewalt steht. Mit diesem Teil der Welt befindet die islamische Gemeinde sich theoretisch in dauerndem Kriegszustand; nach Muhammads Vorbild, der mit Mekka im Vertrag von al-Ḥudaibiya einen Waffenstill-

[2] Über die Bedeutung des Ausdrucks „aus der Hand“ ist viel gestritten worden. Eine muslimische Tradition sagt, die Buchbesitzer sollten den Tribut unter Zwang willig leisten. M. J. Kister übersetzt: “fight them . . . until they pay the ǧizya out of ability and sufficient means”, in: Der Koran, hrsg. von Rudi Paret, Darmstadt 1975, S. 295–303.

[3] Das Werk ist ins Französische übersetzt von F. Fagnan, Les status gouvernementaux ou règles de droit public et administratif, Algier 1915.

stand (*hudna*, wörtlich „Windstille“) abgeschlossen hatte, kann der Krieg zeitweise unterbrochen werden, wenn z. B. der Feind stark ist und die eigenen Kräfte nicht ausreichen, doch sind die Muslime verpflichtet, den Kampf wiederaufzunehmen, sobald die Umstände dies erlauben. Der Eröffnung von Kampfhandlungen gegen die Ungläubigen muß die Aufforderung zur Annahme des Islams *(daʿwā)* vorausgehen. Schon al-Māwardī nahm an, daß der Islam in der ganzen damaligen Welt hinreichend bekannt war und sich daher die *daʿwā* erübrigte: Die Muslime konnten und mußten überall und jederzeit den Kampf gegen die Ungläubigen aufnehmen, ohne vorher förmlich zur Annahme des Islams oder Unterwerfung aufzufordern.

Diese Theorie des Krieges *(ǧihād)* hat viel mit dem Bellum iustum gemeinsam, wie er von Augustinus definiert worden ist. Ähnlich wie der römische Staat seit Theodosius dem Großen, duldete der islamische Staat in seinem Territorium keinen heidnischen Kult mehr. Den Heiden blieb, wie schon erwähnt, keine andere Wahl als die Annahme des Islams oder der Tod. Die Buchbesitzer dagegen waren in der Ausübung ihrer Religion frei, doch hing ihre Situation wesentlich davon ab, ob sie sich freiwillig unterworfen hatten oder im Kampf besiegt worden waren. Das islamische Recht unterschied sehr genau zwischen Städten oder Gebieten, die durch Friedensvertrag *(ṣulḥan)* oder durch Gewalt *(ʿanwatan)* in das islamische Territorium eingegliedert worden waren. In ersterem Fall blieben die Buchbesitzer im vollen Besitz ihrer religiösen Einrichtungen und weltlichen Güter; sie wurden unter Bedingungen, die gleich zu erörtern sein werden, „Schutzbefohlene“ *(ḏimmī)* und waren dem islamischen Staat zur Zahlung von Kopfsteuer *(ǧizya)* und Grundsteuer *(ḫarāǧ)* verpflichtet. Bei der Kopfsteuer konnte man sich auf den Koran berufen (9:29), die Verpflichtung zur Zahlung der Grundsteuer stützte sich, wie al-Māwardī angibt, auf mündliche Überlieferung *(ḥadīṯ)*. Brachen die Schutzbefohlenen den Schutzvertrag, mußte ihnen nach einer milderen Lehrmeinung eine Frist eingeräumt werden, innerhalb derer sie das islamische Territorium verlassen konnten. Strengere Rechtsgelehrte verwehrten diese Möglichkeit und erklären sie für vogelfrei; sie räumten den Muslimen das Recht ein, diejenigen, die den Schutzvertrag brachen, zu töten oder zu Sklaven zu machen; ihr Besitz fiel als Beute dem islamischen Staat zu und wurde unter den Muslimen verteilt.

Die Eroberungen betrafen anfangs geschlossen christliche oder zoroastrische Gebiete, waren aber nicht auf Missionierung ausgerichtet. Der Islam war unter den Arabern entstanden und hatte lange einen exklusiv arabischen Charakter bewahrt. Als die Omaiyaden 661 an die Macht kamen, bauten sie ein im Wesen arabisches Reich auf, wie Julius Wellhausen in seiner berühmten Geschichte der Omaiyaden mit dem bezeichnenden Titel ›Das arabische Reich und sein Sturz‹ (Berlin 1902) gezeigt hat. Eine dünne Schicht von arabischen Muslimen beherrschte das Reich; sie lebten von der Kriegsbeute und den Steuern, die von den unterworfenen Buchbesitzern aufgebracht wurden und sollten sich ausschließlich der Kriegführung widmen. Die Betätigung in Handel und Landwirtschaft war ihnen geradezu verboten; sie wohnten, von der einheimischen Bevölkerung isoliert, in Lagerstädten, die in der Nähe der älteren Zentren errichtet worden waren, wie Kufa (in der Nähe von Nağaf), Basra und al-Fusṭāṭ („Das Zelt"), heute ein Stadtteil Kairos. Der Islam war an das Arabertum gebunden, so daß der Übertritt zur Religion der Eroberer den Anschluß an einen arabischen Stamm als Klient *(maulā*, Plural *mawālī)* voraussetzte. Der Konvertit mußte ein Adoptiv-Araber werden. Natürlich konnten die Eroberer nicht lange so exklusiv bleiben. Als die Klienten zahlreich wurden, waren sie in der Lage, ihre Forderung nach den vollen Bürgerrechten durchzusetzen. Unter den Abbasiden (750–1258), die das Zentrum des Reiches von Syrien nach Mesopotamien verlegten und Baghdad als neue Hauptstadt gründeten, entwickelte sich der Islam zu einer Weltreligion im vollen Sinne des Wortes, durchdrang die eroberten Gebiete und griff über diese hinaus.

6.3 Die Lage der Juden und Christen im islamischen Staat

Der rechtliche Rahmen, wie er eben skizziert wurde, könnte vermuten lassen, daß die Buchbesitzer unter dem Schutz des Islams relativ unbehelligt lebten. In der Praxis verhielt es sich jedoch anders. Es ist wahr, daß zunächst Verbesserungen eintraten. Dies gilt für die Juden im Iran und in Byzanz, wo der Zoroastrismus bzw. das Christentum Staatsreligion waren. Weder der zoroastrische noch der christlichen Staat kannten verfassungsmäßig garantierte Rechte für religiöse Minderheiten wie der Islam, wo diese Rechte im Koran, d. h. im göttlichen Gesetz verankert waren. Hier konnte sich die Lage der Juden nach der Ankunft der Araber nur verbessern. Ähnlich war es in Spanien. Die Westgoten hatten die Juden hart bedrängt, es verging keine Synode, ohne daß Zwangsmaßnahmen zu ihrer Bekehrung verlangt worden wären. Auch hier kamen die Araber als echte Befreier, und es entwickelte sich im Zusammenspiel von Arabern und Juden eine blühende und in mancherlei Hinsicht beispielhafte Kultur.

Bei den Christen war die Situation je nach Denomination unterschiedlich. Die griechisch-orthodoxen Christen waren den Muslimen verdächtig, weil ihr Oberhaupt, der Ökumenische Patriarch, in Konstantinopel, der Hauptstadt des Feindes, residierte, jedenfalls bis zur Eroberung der Stadt durch die Türken im Jahr 1453. Daher nannte man sie Melkiten, Untertanen des Kaisers (von syrisch: *malka*), den man für das eigentliche Oberhaupt dieser Kirche hielt. Nur scheinbar in einer besseren Lage waren die Angehörigen der altorientalischen Kirchen, die Kopten, Syrer und Armenier; sie waren Monophysiten, hatten sich dogmatisch und jurisdiktionell von der griechisch-orthodoxen Kirche gelöst und waren vor der Ankunft der Araber mancherlei Bedrängnis von seiten der byzantinischen Autoritäten ausgesetzt gewesen. Ähnliches gilt für die Nestorianer; sie waren im Sassanidenreich lange verfolgt worden und hatten sich erst im 6. Jahrhundert nach innen und außen konsolidieren können. Auch sie empfingen die Araber zunächst als Befreier und erlebten eine Blüte, als Mesopotamien unter den Abbasiden das Zentrum des Islams war [4].

Die Kirche in Nordafrika war eine Kolonialkirche; sie hat die berberische Bevölkerung nicht gewinnen können und verschwand, als die Araber das Land eroberten und die römische Kultur unterging. Dagegen hatte das Judentum bei den Berbern Eingang gefunden. Unter der Leitung einer „Priesterin“ *(kāhina)* leistete der judäo-berberische Stamm der Dschawara den Arabern bis zum Ende des 7. Jahrhunderts hartnäckigen Widerstand. Mit dem Tod der Priesterin brach dieser zusammen, ihre Anhänger nahmen den Islam an oder zerstreuten sich im heutigen Algerien [5]. Später erhielten die Juden in Nordafrika Zuzug aus dem Osten, während und nach dem Abschluß der Reconquista auch aus Spanien.

Beim Abschluß von Verträgen mit den Eroberern traten die Bischöfe bzw. Gemeindeoberhäupter als Repräsentanten ihrer jeweiligen Gruppe auf. Den Christen mag es dabei zugute gekommen

[4] Einzelheiten über die Orientchristen in Vergangenheit und Gegenwart bei J. Assfalg, Kleines Wörterbuch des christlichen Orients, Wiesbaden 1975 (mit Hinweisen auf Quellen u. Darstellungen).

[5] Vgl. Encyclopaedia Judaica, Jerusalem 1972, s. v. Algeria.

sein, daß sie zahlreicher und stärker als die Juden waren und über eine bessere, überregional straff geführte Organisation verfügten. In den aus der Frühzeit überlieferten Verträgen werden meistens Christen als Vertragspartner genannt; wie schon im Koran, wird zwischen Juden und Christen nicht immer scharf unterschieden. Der Abschluß von Verträgen mit den Buchbesitzern war für die Muslime ein Kompromiß. Sie waren Ungläubige, doch hatte sich Muhammad mit ihrer Existenz abgefunden und ihnen ein Lebensrecht zuerkannt. Daß sie nur geduldet, nicht voll anerkannt waren, läßt sich aus den Bedingungen ablesen, die ihnen bei Vertragsabschluß auferlegt wurden. Diese werden ʿOmar b. al-Ḫaṭṭāb zugeschrieben, dem zweiten Nachfolger Muhammads, in dessen Regierungszeit (634–44) die großen Eroberungen stattgefunden haben, und sind im Prinzip bis heute gültig. Ihr ursprünglicher Zweck war es, wie Albrecht Noth neuerdings gezeigt hat, den Muslimen die Bewahrung ihrer Identität zu ermöglichen und die Buchbesitzer von den Eroberern, die zuerst nur eine kleine Minderheit waren, zu trennen. Später wurden sie mißverstanden und gegenüber den Buchbesitzern, die nun zu Minderheiten geworden waren, als Instrument der Restriktion und Unterdrückung gebraucht[6].

Die den Buchbesitzern auferlegten Bedingungen waren teils religiöser, teils politisch-sozialer Natur. Was den Muslimen aus Glaubensgründen anstößig war, mußte versteckt werden und durfte nur unauffällig geschehen: Das laute Schlagen der Gebetshölzer *(nāqūs)*, mit denen anstelle von Glocken zum Gottesdienst gerufen wurde, war verboten; das Kreuz, dem Muslim das größte Scandalum, durfte in der Öffentlichkeit nicht gezeigt werden; was dem Islam als unrein galt, mußte von den Muslimen ferngehalten werden; um die Trennung der beiden Kommunitäten in der Öffentlichkeit zu sichern, mußten die Buchbesitzer durch besondere Kleidung, einen Gürtel *(zunnār)* oder ein Abzeichen aus Stoff von auffälliger Farbe („Judenfleck") gekennzeichnet sein; der Jude oder

[6] Eine reiche Auswahl von frühen Vertragstexten und eine ausführliche Diskussion der juristischen Fragen findet man bei Antoine Fattal, Le statut légal des non-musulmans en pays d'Islam, Beirut 1958. Dazu jetzt Albrecht Noth, Die literarisch überlieferten Verträge der Eroberungszeit, in: Studien zum Minderheitenproblem im Islam I, Bonn 1973 (Bonner Orientalistische Forschungen, N. S. Bd. 27, 1), u. ders., Abgrenzungsprobleme zwischen Muslimen und Nicht-Muslimen. Die „Bedingungen ʿUmar's *(aš-šurūṭ al-ʿumariyya)*" unter einem anderen Aspekt gelesen, in: Jerusalem Studies in Arabic and Islam 9 (1987), S. 290–315.

Christ durfte nicht eine Muslimin heiraten (nur der umgekehrte Fall war erlaubt); wenn der Sklave eines Juden oder Christen zum Islam übertrat, mußte dieser an einen Muslim verkauft werden. Selbst im Tod wurde auf Trennung geachtet: Die Juden und Christen durften ihre Friedhöfe nicht in der Nähe der muslimischen Friedhöfe anlegen.

Andere Beschränkungen ergaben sich aus der Nichtzugehörigkeit zur islamischen Gemeinde. Vom Kriegsdienst waren die Schutzbefohlenen ausgeschlossen, weil die Teilnahme am *ǧihād*, einer religiösen Veranstaltung, nur den Muslimen zukam. Folglich durften sie keine Waffen tragen, auch nicht militärische Kleidung. Allerdings wurden von ihnen Beiträge zur Kriegführung erwartet: Sie mußten muslimische Reisende (gemeint sind Soldaten auf dem Kriegszug) eine bestimmte Anzahl von Tagen beherbergen und Straßen und Brücken (die militärischen Zwecken dienen konnten) unterhalten. An der Kriegsbeute der Muslime hatten sie natürlich keinen Anteil, auch keine Art von Verfügungsgewalt über die Beute: Es war ihnen verboten, Kriegsgefangene (als Sklaven) zu kaufen. Einige Theologen vertraten gar die Meinung, die Einnahmen aus der Kopfsteuer müßten für den *ǧihād* ausgegeben werden, was darauf hinausläuft, daß den Juden und Christen im Herrschaftsbereich des Islams zugemutet wurde, den Krieg zur Unterwerfung ihrer Glaubensgenossen auf der anderen Seite der Grenze zu finanzieren.

Einige Bestimmungen hatten den Zweck, die Buchbesitzer zu demütigen und die Überlegenheit der Muslime zu demonstrieren. So waren ersteren nur Esel oder Maultiere als Reittiere erlaubt, das Reiten nur im Damensitz und ohne Sattel. Es war ganz selbstverständlich, daß Juden und Christen sich erheben mußten, wenn ein Muslim sich setzen wollte. Ein Buchbesitzer, der sich erdreistet hätte, einen Muslim tätlich anzugreifen, hätte den vertraglichen Schutz verloren und wäre für vogelfrei erklärt worden.

Da die Buchbesitzer nur geduldet waren, hatten sie keine Entfaltungsmöglichkeit. Der Status quo bei Vertragsabschluß mußte gewahrt bleiben: Übertritt zum Islam war natürlich erlaubt und auch erwünscht, aber nicht umgekehrt: Renegaten drohte der Tod. Auch Übertritte innerhalb der verschiedenen Religionen der Schutzbefohlenen galten als unzulässig. Die Kirchen und Synagogen blieben im Besitz der jeweiligen Gemeinden, sofern sie sich mit den Eroberern friedlich geeinigt hatten, andernfalls konnten sie weggenommen und in Moscheen umgewandelt werden. Neue Kirchen bzw.

Synagogen durften nicht errichtet werden, doch war es erlaubt, die vorhandenen Gebäude zu renovieren. Die den Muslimen zu zahlenden Kopfsteuern mußten nach allem, was wir wissen, von den Gemeinden pauschal aufgebracht werden. Die Gemeindehäupter waren den Muslimen gegenüber für die Vertragserfüllung verantwortlich. So wuchs ihnen Macht zu, und es entwickelte sich die für die islamischen Länder typische Figur des Ethnarchen. Er führte die Gemeinde in allen geistlichen und weltlichen Angelegenheiten, war mit hoher Autorität ausgestattet und konnte auch zu Reichtum kommen. Er war von der Gemeinde gewählt, brauchte aber die Bestätigung durch die islamischen Behörden, wodurch dem Ämterkauf, der Simonie, Tür und Tor geöffnet waren.

Aufs ganze gesehen war die Lage der Schutzbefohlenen zwiespältig. Bis zum 10./11. Jahrhundert lebten sie meist in ruhigen Verhältnissen. Sie spielten im geistigen und wirtschaftlichen Leben eine wichtige Rolle als Gelehrte, Ärzte, Kaufleute und Bankiers, manche stiegen zu hohen und höchsten Stellen im Staat auf, obwohl dies bei den muslimischen Theoretikern umstritten war. Trotz allem wurden die Gemeinden der Schutzbefohlenen durch einen ständigen Strom von Konvertiten zum Islam dezimiert. Dies betraf wohl weniger die Juden, die schon vor der Ankunft der Araber Bedrängnissen ausgesetzt gewesen und im Widerstand geübt waren. Ob sie schlechter behandelt wurden als die Christen, ist in der Forschung noch immer umstritten. Es scheint, daß die Christen gegenüber den Verlockungen des Islams weniger resistent waren. Der Islam war die Religion der Sieger und wirkte schon dadurch werbend. Den größten Aderlaß erlitt das orientalische Christentum, nachdem ihm in der Mongolenzeit noch eine kurze Nachblüte beschieden war, durch die Feldzüge Timurs (1370–1405), durch die weite Gebiete entvölkert wurden. Spätestens seit dieser Zeit ist das Christentum im Gebieten, die einst geschlossen christlich gewesen waren, die Religion einer Minderheit.

Im Osmanischen Reich war die Stellung der Juden und Christen im Millet-System (von ar. *milla*: Religion bzw. Religionsgemeinschaft) geregelt und an den herkömmlichen Normen orientiert. Viele von den 1492 aus Spanien vertriebenen Juden ließen sich im Herrschaftsbereich der Osmanen nieder; unter Beibehaltung ihres angestammten romanischen Idioms, des Ladino, bildeten sie eine geschlossene ethnisch-religiöse Gruppe. Verluste erlitten sie nicht, weil sie unter Muslimen leben mußten, sondern weil der Balkan im Zweiten Weltkrieg von deutschen Truppen besetzt war. Die Juden bildeten im Osmanischen Reich aber immer nur eine relativ kleine Minderheit. Sehr viel zahlreicher waren im Gefolge der osmanischen Eroberungen in Anatolien und auf dem Balkan die Christen. In dem Maße, in dem die Macht der Osmanen schwand, wurden die Christen Gegenstand der Fürsorge der europäischen Staaten. Im 19. Jahrhundert entfaltete sich am östlichen Mittelmeer eine von amerikanischen Protestanten getragene Mission, die sich zunächst an die Muslime wandte, aber bald wegen der einem solchen Unterfangen innewohnenden Aussichtslosigkeit auf die orientalischen Christen auswich[7]. So entstanden protestantische Gemeinden, zunächst in Anlehnung an die westlichen Konsulate und Gesandtschaften, die auf Grund der ab 1535 abgeschlossenen Kapitulationen einen Sonderstatus genossen, dann in Anlehnung an die orientalischen Nationalkirchen, die ja auch immer Sprachgemeinschaften waren.

Die Lage der Schutzbefohlenen im Osmanischen Reich verbesserte sich spürbar mit der schrittweisen Einführung einer modernen Verfassung ab 1839, wodurch wesentliche Elemente des Millet-Systems mit seinen traditionellen Elementen abgeschafft wurden. Im Zuge dieser Reformen wurde der staatsbürgerliche Unterschied zwischen Muslimen und Schutzbefohlenen, der das Leben im Islam seit mehr als einem Jahrtausend bestimmt hatte, aufgehoben. Nun gab es den osmanischen Staatsbürger islamischen, jüdischen, christlichen Glaubens, vergleichbar der Situation in Europa, wo sich etwa zur gleichen Zeit die Emanzipation der Juden vollzog. Für die Schutzbefohlenen fielen alle Beschränkungen weg, sie waren wehrfähig und konnten sich theoretisch voll am Staatsleben beteiligen.

Die osmanischen Reformen hatten nicht zuletzt den Zweck, durch die Gleichstellung der Juden und Christen mit den Muslimen der Einmischung der christlichen Mächte in die inneren Angelegenheiten des Reiches entgegenzuwirken. Bei der breiten Masse der Muslime fanden die Reformen kein Verständnis. Die der Überlieferung nach von dem Kalifen ʿOmar für die Schutzbefohlenen dekretierten Regeln waren ja nicht reines Menschenwerk, sondern knüpften nach Ansicht der gläubigen Muslime an das an, was im Koran und in der mündlichen Überlieferung als göttliche Offen-

[7] Das Thema ist erschöpfend behandelt von Peter Kawerau, Amerika und die Orientalischen Kirchen. Ursprung und Anfang der amerikanischen Mission unter den Nationalkirchen Westasiens, Berlin 1958.

barung niedergelegt war. Nach überliefertem Brauch waren die Muslime berechtigt und verpflichtet, stellvertretend für die Regierung zu handeln, wenn diese ihren Verpflichtungen nicht nachkam. Damit war ein Weg vorgezeichnet, der zu schweren Ausschreitungen gegen die Christen im Libanon und in Syrien und schließlich, gegen Ende des Jahrhunderts, zu den Armeniermassakern in Anatolien führte. Die Jungtürken brachten diese Entwicklung im Ersten Weltkrieg unter nationalistischen Vorzeichen zu einem unrühmlichen Abschluß. Franz Werfel hat in seinem bekannten Roman ›Die vierzig Tage des Musa Dagh‹ die Situation treffend geschildert, auch die Versuche konservativer Muslime, sich der nationalistischen Politik Enver Paschas zu widersetzen und die Armenier unter Berufung auf islamische Gesetze zu retten[8].

Mit der Gründung der modernen Türkei auf nationalstaatlicher Basis durch Atatürk, der Abschaffung des Sultanats und Kalifats und der vollständigen Trennung des Staates von den islamischen Überlieferungen waren die Heimsuchungen der Christen keineswegs beendet. War das Ökumenische Patriarchat in Konstantinopel schon in Bedrängnis geraten, als Griechenland sich im Freiheitskrieg von der osmanischen Herrschaft befreite, so machte sich nun der nationalistisch geschürte Griechenhaß in blutigen Verfolgungen Luft. Der größte Teil der griechischen Bevölkerung verließ damals das Land, die in Griechenland verbliebenen Türken wurden in die Türkei umgesiedelt. Die Animositäten halten bis heute an. Bei antigriechischen Ausschreitungen in Istanbul 1955 wurden Kirchen beschädigt, Reparaturen oder Neubauten aber nicht gestattet, wobei man sich unausgesprochen auf die alten Bestimmungen berufen konnte. Zeitweise dachte das Ökumenische Patriarchat an eine Verlegung des Sitzes nach außerhalb der Türkei. Neuerdings bedarf das Oberhaupt der griechisch-orthodoxen Kirche wieder der Genehmigung von Auslandsreisen durch die türkische Regierung[9]. Die Juden hatten dagegen einen leichteren Stand: Die Türkei ist das einzige nahöstliche Land, das den Staat Israel alsbald nach seiner Gründung anerkannt und diplomatische Beziehungen aufgenommen hat.

Im Anschluß an die Reformen in der Türkei, die Zerschlagung

[8] Grundlegend jetzt B. Braude u. B. Lewis (Hrsg.), Christians and Jews in the Ottoman Empire. The Functioning of a Plural Society. I: The Central Lands, II: The Arabic-Speaking Countries, New York/London 1982.

[9] Bericht in ›Christ in der Gegenwart‹, Freiburg i. Br., 1. 3. 1987.

des Osmanischen Reiches nach dem Ersten Weltkrieg und die Erringung der staatlichen Unabhängigkeit nach dem Zweiten Weltkrieg haben sich die meisten islamischen Länder Verfassungen gegeben, die sich an westlichen Vorbildern orientieren, im Gegensatz zur Türkei aber islamische Traditionen zu bewahren suchen. In der Regel wird der Islam zur Staatsreligion erklärt, zugleich aber Religionsfreiheit proklamiert, und zwar mit der an die alten Bestimmungen erinnernden Einschränkung, daß die öffentliche Ordnung nicht gestört werden dürfe. Die herkömmlichen Sondersteuern und sonstigen den Schutzbefohlenen gemachten Auflagen werden nicht mehr erwähnt[10]. „Schutzbefohlene" (der Begriff taucht in den modernen Verfassungen natürlich nicht mehr auf) werden auch an der Regierung beteiligt. In einem Land mit einer starken christlichen Minderheit wie Ägypten gehörten in den letzten Jahrzehnten mehrfach Christen der Regierung an. Staatsoberhaupt kann in der Regel aber immer nur ein Muslim sein. Im Libanon, der als mehrheitlich christlicher Staat gilt und die Koexistenz der Religionsgemeinschaften in der Verfassung geregelt hat, muß der Staatspräsident Christ, der Ministerpräsident Muslim sein.

Im Irak sind die religiösen Feiertage der nichtislamischen Glaubensgemeinschaften offiziell vom Staat anerkannt worden. Jordanien hat kürzlich den Neubau von vier Kirchen für die griechisch-orthodoxen Palästinenser gestattet. Selbst Saudi-Arabien, das gemäß ʿOmars Dekret seit dem 7. Jahrhundert als „christenfrei" gilt, hat sich einer liberalen Politik geöffnet und 1975 der Gründung eines Metropolitansitzes in al-Hasa für die orthodoxen Gastarbeiter griechischer und arabischer (palästinensischer) Herkunft zugestimmt. Dies bleibt insofern im Rahmen der alten Bestimmungen, als die einheimischen Christen toleriert werden. Klerikern westlicher Denominationen war die Einreise noch 1983 verboten,[11] selbst die Einfuhr von Bibeln ist nicht gestattet. Den saudischen Behörden scheint vor allem daran gelegen, Muslime vom Kontakt mit den Christen durch Teilnahme am Gottesdienst u. ä. abzuhalten[12]. Dagegen haben Länder mit starkem Ferienreiseverkehr

[10] Einen Überblick über die Verfassungen der islamischen Länder findet man in der Encyclopaedia of Islam, 2. Auflage, Bd. II, s. v. Dustūr (mit Bibliographie).

[11] Christ in der Gegenwart, 4. 3. 1983.

[12] Nachrichten darüber bei Seymour Gray, Beyond the Veil. The Adventures of an American Doctor in Saudi Arabia, New York/Cam-

wie Algerien und Tunesien die Errichtung von Kirchen für die Touristenseelsorge zugelassen.

Die griechischen und orientalischen Christen haben an der Verbreitung westlichen Denkens in der islamischen Welt immer einen großen Anteil gehabt. Naturgemäß waren sie eher als die Muslime bereit, sich geistig und wirtschaftlich dem Westen zu öffnen. Kirchlich drückt sich dies, schon im Mittelalter beginnend, in der Union mit Rom aus, der sich ein Teil der Orientchristen anschloß. Dies hatte, vor allem in der neueren Zeit, eine Verwestlichung zur Folge und barg die Gefahr der Isolierung von der Umwelt in sich. Andererseits haben in den arabischen Ländern die alteingesessenen Christen einen wesentlichen Anteil an der Entwicklung des Nationalgedankens gehabt. Fruchtbar war diese Bewegung, wo sie sich mit dem arabischen Nationalismus verband: Christen waren die Initiatoren der Renaissance des Arabischen und der arabischen Literatur im 19. Jahrhundert; wichtige Theoretiker des arabischen Nationalismus stammen aus dem christlichen Lager. Parallel liefen die Bestrebungen, das arabische Christentum als Teil der arabischen Nationalkultur darzustellen. Gelehrte wie Louis Cheikho (1859 bis 1927) haben sich bemüht, den Anteil der Christen an den arabischen Wissenschaften im Mittelalter herauszuarbeiten [13]. Eine verbesserte arabische Übersetzung des Neuen Testaments, interkonfessionell und unter Mitarbeit eines libanesischen Dichters erarbeitet, soll dem Koran mit seinem nach Ansicht der Muslime unnachahmlichen Stil an die Seite gestellt werden, nachdem arabische, in der protestantischen Mission des 19. Jahrhunderts entstandene Übersetzungen von den Muslimen wegen sprachlicher Mängel kritisiert worden sind. Dem Nationalbewußtsein der arabischen Unierten trägt ein arabischer Katechismus Rechnung, durch den die bisher üblichen Katechismen in französischer und italienischer Sprache ersetzt wurden. Man erhofft sich davon auch ein besseres Verhältnis der heranwachsenden christlichen Generation zum Islam. In Kairo ist 1978 ein Institut eröffnet worden, das die christliche Theologie in arabischer Sprache darstellen und dadurch zum Dia-

bridge/Philadelphia/San Francisco/London/Mexico City/Sao Paulo/Sydney 1983, bes. S. 228f. Der Autor hielt sich ab 1975 mehrere Jahre im Land auf.

[13] Sein Werk ›Die arabisch-christlichen Gelehrten unter dem Islam 622–1300‹ (arabisch) ist 1984 in überarbeiteter Form in Aleppo als Bd. 5 der Reihe ›Das arabisch-christliche Erbe‹ neu herausgegeben worden.

log mit dem Islam beitragen soll[14]. Die Koptische Kirche hat in der Ära Nassers parallel zu dessen Anspruch auf Führung in der arabischen Welt eine führende Rolle im Orientchristentum angestrebt: Die 1968 geweihte koptische Kathedrale in Kairo (an deren Grundsteinlegung Nasser teilnahm) sollte zu einem Zentrum des christlichen Orients werden, was sich u. a. darin ausdrückt, daß den monophysitischen Schwesterkirchen der Äthiopier, Syrer und Armenier Seitenkapellen eingeräumt wurden. Die Kopten haben auch die Mission in Afrika wiederaufgenommen und ein eigenes Vikariat für die Glaubensverkündigung eingerichtet. Dahinter steht die Erwartung, daß die ägyptische Kirche als gewissermaßen einheimische Einrichtung in Afrika bessere Chancen habe und sich mit dem Islam eher arrangieren könne als die mit dem Makel des Imperialismus und Kolonialismus behafteten westlichen Kirchen.

Die Entwicklung des modernen Nationalstaates mit einer staatsbürgerlich homogenen Bevölkerung wird durch Gegenkräfte der verschiedensten Art behindert. Dazu gehört in erster Linie der islamische Fundamentalismus, vertreten in den arabischen Staaten am östlichen Mittelmeer seit den dreißiger Jahren durch die Muslimbruderschaft *(iḫwān al-muslimūn)*, im Iran in geradezu paradigmatischer Weise durch Khomeini und seine Anhänger in weiten Bereichen des öffentlichen Lebens in die Wirklichkeit umgesetzt. In Ägypten erhielten nach dem Sechstagekrieg von 1967 und Nassers Tod konservative Kräfte neuen Auftrieb. Die Christen wurden wieder Beschränkungen unterworfen: Der Bau neuer Kirchen wurde behindert, eine Quotenregelung für die Zulassung zu den Universitäten eingeführt; Christen wurden von hohen Stellungen in der Regierung ausgeschlossen; polemische Schriften mit Angriffen gegen den christlichen Glauben erschienen, den Christen wurde wegen der Judenerklärung des Vaticanums II Komplizenschaft mit dem Zionismus unterstellt. Die Auseinandersetzungen gipfelten 1980 und 1981 in blutigen Unruhen, bei denen auch Kirchen in Brand gesteckt wurden. Das Oberhaupt der Koptischen Kirche, Schenuda III., wurde mit dem Vorwurf, er habe sektiererische Konflikte geschürt, in ein Kloster verbannt und durfte erst 1985 auf seinen Sitz zurückkehren. Neuerdings hört man auch wieder von strafrechtlicher Verfolgung von Muslimen, die zum Christentum übergetreten sind, obwohl Ägypten 1982 das Internationale Abkommen über die

[14] Vgl. den Überblick von Peter Antes in: Christ in der Gegenwart, 6. 6. 1982.

Menschenrechte, das in Artikel 46 Glaubensfreiheit garantiert, ratifiziert hat[15].

Der aus Pakistan stammende Fundamentalist Abū'l-Aʿlā al-Maudūdī (1903–1979) setzte sich für die Schaffung eines islamischen Staates ein, in dem Juden, Christen und andere Minderheiten wieder als Schutzbefohlene behandelt werden, wie es in der Frühzeit des Islams üblich war, mit nur geringen Konzessionen an die neuere Entwicklung[16]. Vieles davon ist in der neuen Verfassung der Islamischen Republik Iran bereits verwirklicht. Die religiösen Minderheiten sind zwar im Parlament vertreten, die Angehörigen dieser Gruppen gelten aber im großen und ganzen als Schutzbefohlene im alten Sinne, was auch impliziert, daß nur solche Religionsgemeinschaften anerkannt werden, die bereits vorhanden waren, als der Islam nach Persien kam. Die Bahā'īs gelten, da diese Religion erst im 19. Jahrhundert in Persien und vorwiegend unter Muslimen entstanden ist, als Renegaten und haben im Prinzip, wie durch Prozesse und die Verhängung von Todesstrafen demonstriert, ihr Leben verwirkt[17]. Das islamische Modell der Regelung der Rechte von Minderheiten wird neuerdings für die Lösung des Konflikts in Südafrika propagiert. Im benachbarten Zimbabwe soll ein Zeitungsartikel dieses Inhalts von der iranischen Botschaft verteilt worden sein[18]. Auch in der Türkei, einst von Atatürk laisiert, regt sich seit dem Militärputsch von 1980 der Fundamentalismus mit den für die „Schutzbefohlenen" nachteiligen Konsequenzen. Die Meldungen lauten widersprüchlich. Man hört von Maßnahmen gegen Einrichtungen der griechisch-orthodoxen Kirche, der Forderung, die Hagia Sophia, seit Atatürk Museum, wieder in eine Moschee umzuwandeln, und von einem Anwachsen des Stroms von griechischen Christen, die Istanbul verlassen, so daß der Fortbestand des orthodoxen Patriarchats an seinem altangestammten Sitz als gefährdet bezeichnet werden muß. Jetzt hat sich die Lage

[15] Zur Lage der Christen, besonders in Ägypten, vgl. Sami Awad Aldeeb Abu Sahlieh, Non-musulmans en pays d'Islam (Cas de l'Égypte), Freiburg 1979 (Besprechung von Étienne Renaud in: Islamochristiana 7, 1981, S. 290–294).

[16] Siehe Abū'l-Aʿlā al-Maudūdī, Les droits des Ḏimmīs dans l'État islamique (ar. u. franz.), in: Pontificio Istituto di Studi Arabi e Islamici, Rom, 45 (1975), S. 56–67.

[17] Zur Stellung der Minderheiten in der neuen Verfassung Irans vgl. Monika Tworuschka, Islam, Göttingen 1982, S. 106ff.

[18] Christ in der Gegenwart, 8. 12. 1985.

wieder etwas entspannt; den lateinischen Christen sind Konzessionen gemacht worden, was darauf schließen läßt, daß die Haltung gegenüber den Griechen durch den seit 1974 andauernden Zypernkonflikt mitbestimmt ist.

Die Lage der Juden war im Prinzip rechtlich die gleiche wie die der Christen. Sie verbesserte sich seit dem 19. Jahrhundert wesentlich in den Gebieten, die unter direkten europäischen Einfluß kamen, wie Algerien 1830, und solchen, die von europäischen Mächten abhängig wurden, wie Ägypten 1882. In Randgebieten wie dem Yemen und Marokko lebten sie unter den mittelalterlichen Bedingungen und konnten kaum auf Schutz von außen rechnen. Besonders in Marokko waren sie der Bedrückung und Demütigung durch die Muslime ausgesetzt. Sie mußten in eigenen Vierteln wohnen, durften in der Stadt nur barfuß gehen, mußten durch ihre Kleidung als Juden kenntlich sein und Mißhandlungen, sogar von Jugendlichen, über sich ergehen lassen; sie durften nicht einmal öffentliche Synagogen haben, was ihnen in anderen islamischen Ländern gestattet war. Auch fremde Juden, die als Kaufleute das Land besuchten, mußten sich in Kleidung und Auftreten den für die marokkanischen Schutzbefohlenen geltenden Vorschriften anpassen. Erleichterungen, die der bekannte jüdische Philanthrop Sir Moses Montefiore beim Sultan durchsetzte, wurden nur in den Hafenstädten wirksam[19]. In Palästina waren sie anderen Drangsalen ausgesetzt: Zur Osterzeit mußten sie von den osmanischen Behörden vor dem Fanatismus der griechisch-orthodoxen Pilger beschützt werden[20]. Andererseits blieben sie von dem Christenmassaker in Damaskus 1860 fast vollständig unberührt; das brachte ihnen den Vorwurf von seiten der Orientchristen ein, sie seien an den Ausschreitungen beteiligt gewesen[21]. Die Lage der Juden in den islamischen Ländern besserte sich, als sich die «Alliance Israélite» (gegr. 1860) und die "Anglo-Jewish Association" (gegr. 1871) ihrer Belange annahm. Sie hatten für die Juden eine ähnliche Bedeutung wie für die Christen die Union mit Rom und die Mission.

Mit der Gründung des Staates Israel wanderten die meisten Juden ab, aus manchen Gebieten verschwanden sie fast ganz. Die von den Muslimen gern gebrauchte Unterscheidung zwischen Zio-

[19] Vgl. Bat Ye'or, The Dhimmi. Jews and Christians under Islam, Rutherford N. J. 1985, S. 304, 317.

[20] Bat Ye'or, a. a. O., S. 228 ff.

[21] Bat Ye'or, a. a. O., S. 279.

nismus und Judentum hat in der Wirklichkeit des Zusammenlebens kaum praktische Bedeutung. Wenn auch das Judentum in Ägypten, wie man heute weiß, die Zeit von 1948 bis zum Abkommen von Camp David überstanden hat, darf doch nicht übersehen werden, daß die jüngeren und aktiveren Gemeindemitglieder das Land verlassen haben. Im Libanon war die Lage etwas besser, mindestens bis zum Beginn des Bürgerkrieges 1975, da die Juden eine von den vielen Kommunitäten bildeten, aus denen sich das Staatsvolk zusammensetzt[22]. Freilich war die relative Sicherheit mit größter Zurückhaltung in der Öffentlichkeit erkauft. Auf die gleiche Weise haben kleine jüdische Gemeinden in fast allen islamischen Ländern überlebt. Die Gründung des Staates Israel hatte übrigens auch Folgen für die Bahā'īs in Iran, da man ihnen, wie seit 1979 geschehen, wegen des zentralen Bahā'ī-Heiligtums in Haifa Kollaboration mit dem Feind vorwerfen kann[23].

Die Gründung Israels als "national home for the Jews" wurde im benachbarten Libanon in christlichen Kreisen zum Anlaß genommen, Parallelen zwischen den beiden Staaten zu ziehen. So erklärte der maronitische Erzbischof Moubarac 1947, wie Palästina eine Heimstatt der Juden werden solle, habe der Staat Libanon die Funktion, eine Heimstatt der Christen des Nahen Ostens zu sein. Die beiden Staaten können insofern miteinander verglichen werden, als beide ihre Entstehung dem Eingreifen fremder Mächte verdanken und ihre Grenzen nach religiösen und ethnischen Gesichtspunkten gezogen sind. Der militante arabische Nationalismus kann sich nicht damit abfinden, daß der Libanon mit Israel verglichen und der Staat der Juden dadurch indirekt anerkannt wird. Bashir Gemayel, designierter Staatspräsident, äußerte sich am 14. September 1982 ähnlich wie Erzbischof Moubarac und wurde am Nachmittag des gleichen Tages ermordet[24].

[22] Dazu das immer noch instruktive Buch von Wilhelm Kewenig, Die Koexistenz der Religionsgemeinschaften im Libanon, Berlin 1965.

[23] Vgl. jetzt: Die Bahá'í im Iran. Dokumentation der Verfolgung einer religiösen Minderheit, hrsg. vom Nationalen Geistigen Rat der Bahá'í in Deutschland, Hofheim/Langenhain 1985.

[24] Bat Ye'or, The Dhimmi, S. 401 ff.

6.4 Der Islam in Europa; islamische Mission

Bis zum 18. Jahrhundert waren die Muslime, die nach Europa gelangten, wenn man von den wenigen Gesandten und Diplomaten absieht, meist Kriegsgefangene, da es einem frommen Muslim nicht in den Sinn gekommen wäre, sich ohne Not, geschweige denn mit friedlichen Absichten in das „Haus des Krieges" zu begeben. Die Gefangenschaft führte, freiwillig oder erzwungen, in der Regel zur Konversion; häufig war sie wohl auch vorgetäuscht. Dies änderte sich erst in der Zeit der Aufklärung, als z. B. Friedrich II. sagen konnte: „Wen Türken und Heiden Kähmen und Wohlten das Landt Pöplieren, so wolen wir sie Mosqueen und Kirchen bauen." [25] Tatsächlich nahm der König Muslime, die in den Türkenkriegen als Versprengte nach Deutschland kamen, als Soldaten in seinen Dienst auf und gestattete ihnen freie Religionsausübung.

Wenn die Muslime in der Zeit der Aufklärung nur geduldet waren, so brachte ihnen in Frankreich die Revolution von 1789, in den meisten europäischen Ländern die Einführung moderner Verfassungen im 19. Jahrhundert die rechtliche Anerkennung (in Spanien erst 1968), so daß sie sich frei in der christlichen Welt bewegen konnten. Vereinzelt haben sich auch Europäer dem Islam angeschlossen. In Deutschland hat die Einwanderung von Arbeitnehmenden islamischen Bekenntnisses erst nach 1950 in stärkerem Maße begonnen. Heute kann man mit etwa 1,9 Millionen Muslimen in der Bundesrepublik rechnen; unter ihnen bilden die Türken bekanntlich die Mehrheit[26]. Naturgemäß stärker als nach Deutschland ist der Zustrom von Muslimen nach Frankreich und England gewesen. Wie der Islam in Deutschland stark von den Türken und in Frankreich von den Nordafrikanern bestimmt ist, spielt in England der indisch-pakistanische Islam eine führende Rolle[27]. Während es den Muslimen in Deutschland noch nicht gelungen ist, in

[25] Vgl. Hans Leuschner, Friedrich der Große. Zeit, Person, Wirkung. Mit einem Essay von Erich Born, Gütersloh 1986, S. 185 (Faksimile der Bemerkung des Königs auf einer Eingabe um Gewährung des Bürgerrechts für einen Katholiken).

[26] M. S. Abdullah, Geschichte des Islams in Deutschland, S. 76ff., gibt die Zahl mit 1,7 Millionen an (1981). Zur allgemeinen Lage vgl. M. Ali Kettani, Muslim Minorities in the World Today, London 1986.

[27] Zur Lage der Muslime in Frankreich vgl. jetzt A. Saïbi, Guide pratique des musulmans en France, Paris 1984, und Annie Krieger-Krynicki, Les musulmans en France, religion et culture, Paris 1985. Zur Lage in Eng-

Anlehnung an die Stellung der großen Kirchen als Körperschaften öffentlichen Rechts anerkannt zu werden, haben sie dies in Finnland, Belgien und Österreich bereits erreicht.

Die Muslime in Europa haben sich örtlich zu Gemeinden, überregional zu Verbänden, meist auf privater Basis, zusammengeschlossen. Neuerdings nehmen sich die zentralen Organisationen der islamischen Welt ihrer Belange an; auch ist die Idee der Verbreitung des Islams durch planmäßige Missionierung in deren Blickfeld getreten. Die älteste Organisation dieser Art ist der 1949 in Karatschi gegründete „Kongreß der Islamischen Welt“ (Mu'tamar al-ʿālam al-islāmī); ihm folgte die 1962 in Mekka gegründete „Liga der Islamischen Welt“ (Rābitat al-ʿālam al-islāmī). Beide haben mehr oder weniger privaten Charakter. Eine zentrale Organisation auf Regierungsebene ist die Anfang der siebziger Jahre gegründete „Organisation der Islamischen Konferenz“ (Munaẓẓamat al-mu'tamar al-islāmī) mit Sitz in Dschidda[28]. Zwischen dem Kongreß und der Liga ist eine Aufgabenteilung in der Weise vorgenommen worden, daß erstere sich der inneren Mission, letztere sich der Betreuung der Diaspora widmen soll. Sie gibt seit 1974 eine Zeitschrift heraus, die unter dem Titel ›Journal of Muslim World League‹ auch in englischer Sprache erscheint. Ein "Islamic Council of Europe" mit Sitz in London wurde 1973 gegründet; ihm unterstehen auch die Muslime in Osteuropa und der Sowjetunion. Die Leitung hat der „Islamische Generalsekretär für Europa“, seinerzeit ein Beamter an der Botschaft Saudi-Arabiens in London. Europa ist in Zonen eingeteilt worden: Die Bundesrepublik und die DDR, Österreich und die Schweiz, also der ganze deutschsprachige Raum, gehören der Zone II mit dem Verbindungsbüro in Wien an. Die islamischen Staaten sind von der Liga aufgefordert worden, die Einigung des Islams im deutschen Sprachraum tatkräftig zu unterstützen. Eine von Abu Dhabi finanzierte Moschee mit Kulturzentrum und Religionsschule sollte in Frankfurt gebaut werden. Als theologisches Zentrum für Europa ist 1978 eine Universität in Sarajewo gegründet worden. Die Absicht, sechs weitere islamische Universitäten in Europa, den USA, der Sowjetunion und China zu gründen, ist

land vgl. P. Johnstone, Christians and Muslims in Britain, in: Islamochristiana 7 (1981), S. 177.

28 Dazu Johannes Reissner, Internationale islamische Organisationen, in: W. Ende u. Udo Steinbach (Hrsg.), Der Islam in der Gegenwart, München 1984, S. 539–547.

1979 verkündet worden. Selbst in Rom gibt es jetzt, nach Überwindung vieler Schwierigkeiten, eine Moschee mit Kulturzentrum. Die Planung hatte schon 1973, anläßlich eines Besuchs des Königs von Saudi-Arabien, begonnen[29].

Verwirklichung und Wahrung der Einheit sind im Islam, wie auch im Judentum und Christentum, immer schwierige Unterfangen gewesen. Der Aufstieg Khomeinis hat die islamische Welt gespalten. Iran und Libyen haben gegen den Kongreß und die Liga einen Internationalen Islamrat und eine Organisation der Islamischen Welt gegründet[30]. Um dem Fundamentalismus iranischer und anderer Prägung entgegenzuwirken, hat 1984 ein Kongreß muslimischer Gelehrter in Kairo von der ägyptischen Regierung die Einrichtung eines exterritorialen Führungszentrums nach Vorbild des Vatikans gefordert und die Azhar als geeigneten Ort vorgeschlagen[31].

Es lag nahe, daß der Islam, durch die Übermacht des Westens und innere Streitigkeiten geschwächt, nach Rom schaute und sich bei der Suche nach praktischen Lösungen am Papsttum und der Katholischen Kirche mit ihrer inneren Geschlossenheit und missionarischen Kraft orientierte. Die organisierte Mission war dem Islam an sich fremd. Er warb durch seine bloße Präsenz und hat Bekehrungserfolge wie kaum eine andere Religion gehabt. Auch die Muslime, die die Religion Muhammads nach Südasien und Schwarzafrika brachten, waren nicht primär Missionare. Sie kamen als Kaufleute und wirkten durch ihre kulturelle und wirtschaftliche Überlegenheit. Es ist sicherlich kein Zufall, daß die Idee der islamischen Mission in Indien entstand, wo die anglikanische Kirche und andere christliche Gemeinschaften durch ihre missionarischen Aktivitäten unter Hindus und Muslimen als Vorbild dienen konnten. Es ist auch nicht verwunderlich, daß es eine sektiererische Gruppe innerhalb des Islams war, die als erste planmäßig missionierte[32], die von Mirza Ghulam Ahmad am Ende des vorigen Jahrhunderts in Nordindien gegründete „Ahmadiyya“, deren radikalerer Zweig den Gründer als neuen Propheten betrachtete und sich damit außerhalb des traditionellen Islams stellte. In der Person des Gründers ver-

[29] Vgl. Islamochristiana 11 (1985), S. 223.

[30] Christ in der Gegenwart, 19. 9. 1982.

[31] Christ in der Gegenwart, 23. 12. 1984.

[32] Intensive innerislamische Mission betrieb z. B. die ismailitische Richtung der Schia von Ägypten aus in der Fatimidenzeit (10.–12. Jh.).

banden sich eschatologische Vorstellungen aus Islam und Christentum, was der werbenden Kraft dieser Bewegung sicherlich zugute kam und ihr in Afrika und Europa Erfolge bescherte. Die Methoden verraten christliches Vorbild: Verkündigung in der Landessprache, Übersetzung des Korans, Anpassung an die Kultur und Mentalität der Zielgruppen, Einrichtung von Schulen, Kindergärten und Krankenhäusern. In Deutschland erschien die Ahmadiyya nach 1945: Die erste Mission wurde 1949 in Hamburg gegründet, die Nur(„Licht")-Moschee in Frankfurt a. M., heute das Zentrum der Bewegung in Deutschland, 1959 eröffnet. Ihr Zentralorgan im deutschen Sprachgebiet ist die Zeitschrift ›Der Islam‹ (Zürich, seit 1948). Die Zahl der Konvertiten unter den Bundesbürgern ist sehr gering. Weltweit soll es 70 Missionsstationen geben, die Zahl der Anhänger wird von der Ahmadiyya selbst mit über 3 Millionen angegeben. Die Arbeit ist jedoch stark behindert, seit dieser Zweig der Ahmadiyya 1974 zur antiislamischen Sekte erklärt, aus der Gemeinschaft des Weltislams ausgestoßen und in Pakistan, wo sich in Rabwa (nach Sure 2:265: „flacher Höhenzug") in der Nähe von Lahore das Zentrum befindet, blutig verfolgt worden ist[33]. Der andere Zweig der Ahmadiyya, die „Ahmadiyya-Gesellschaft zur Verbreitung des Islams" (Ahmadyya anǧuman-i išāʿat-i islām), erkennt den Gründer nicht als Propheten, sondern nur als Reformer *(muǧaddid)* an und bleibt damit im Rahmen des orthodoxen Islams. Sie wirbt für den Islam durch Koranübersetzungen und ein reiches, modernistisch ausgerichtetes Schrifttum vor allem im englischsprachigen Raum. Ihr Zentrum in Europa ist Woking (in der Nähe von London).

Die Ahmadiyya repräsentiert nur eine der zahlreichen Bemühungen des Islams und islamischer Gruppen um den Gewinn von Gläubigen in der westlichen Welt. Die Suche nach einer neuen religiösen Orientierung hat überall in Europa zu einem Anwachsen der Zahl von Konvertiten zum Islam geführt. Die Zahl der deutschen Muslime wird mit weit über 6000 angegeben; 4000 gebürtige Schweizer sollen sich zum Islam bekennen; in England beherbergt allein ein neu gegründetes Moslem-Village bei Grentch 2000 neubekehrte Briten[34]; selbst in Spanien, wo nach Abschluß der Recon-

[33] Als Beispiel einer polemischen Schrift gegen diesen Zweig der Ahmadiyya vgl. Ehsan Elahi Zaheer, Qadiniyat. An Analytical Survey, Lahore 1972.

[34] Christ in der Gegenwart, 15. 8. 1982.

quista die Muslime zwangsbekehrt worden waren oder das Land hatten verlassen müssen, soll es heute mehr als 2500 einheimische Muslime geben. Von der Forderung der Rückgabe der Kathedrale von Cordoba, einer ehemaligen Moschee, wird noch zu sprechen sein.

Die zentralen islamischen Organisationen haben sich neben der Betreuung der Immigrantengemeinden der Mission unter den Einheimischen angenommen. Auch der iranische Islam war (und ist) dran beteiligt; angesichts der größeren Aufgabe, die Welt der Ungläubigen für den Islam zu gewinnen, waren (und sind) die Schiiten bereit, die konfessionellen Unterschiede gegenüber der Sunna zurücktreten zu lassen. Der Boden schien nach dem Zweiten Weltkrieg, besonders auch in Deutschland, bereitet; man war der Meinung, Europa sei weithin entchristlicht, der Islam nach dem Scheitern von Kommunismus und Materialismus in der Lage, eine neue Sinngebung zu vermitteln, Ausbeutung und Unterdrückung zu beseitigen und dem Sittenverfall entgegenzuwirken. Die Religion des Propheten ziele auf die Harmonisierung der geistigen und materiellen Aspekte des Daseins und bringe Glauben, Gerechtigkeit und Freiheit[35]. Die Liga der Islamischen Welt hatte schon bei ihrer Konstituierung 1962 die Verbreitung der Botschaft des Islams *(daʿwa)* als eines ihrer Ziele in die Satzung aufgenommen. Doch scheint es in der Frage der Mission tiefgreifende Meinungsunterschiede zu geben: 1976 wurde auf der Tagung des Kongresses der Islamischen Welt in Karatschi erklärt, die innere Erneuerung des Islams sei wichtiger als Mission, diese müsse bei den Muslimen selbst beginnen; 1984 bezeichnete die Deutsche Sektion des Kongresses die Missionierung Andersgläubiger als einen Eingriff in die Rechte Gottes und die Freiheitsrechte des Menschen, doch seien die Muslime verpflichtet, überall und immer wieder unterschiedslos alle Menschen an Gott zu erinnern[36]. Die Liga dagegen entwickelte ein Missionsprogramm, das in vielen Einzelheiten, wie schon das der Ahmadiyya, an christlichen Vorbildern orientiert ist: An allen Theologischen Fakultäten der islamischen Universitäten sollten Missionsschulen eingerichtet werden; Schaffung einer ständigen Konferenz muslimischer Gesetzeslehrer zur Beratung über die

[35] Gut zusammengefaßt und für die islamische Mission allgemein gültig im ersten Heft der vom Islamischen Zentrum in Hamburg seit 1403/1983 herausgegebenen Zeitschrift ›al-Fadschr‹ (Die Morgenröte).

[36] Christ in der Gegenwart, 9. 9. 84.

weltweite Verkündigung des Islams; Einrichtung eines islamischen Solidaritätsfonds zur Förderung der *daʿwa*; Bau eines Großsenders „Stimme des Islams" in Dschidda; Gründung einer modernen Korandruckerei und eines eigenen Büros für die Verbreitung des Korans in Europa, Asien und Afrika; die Einrichtung eines im Rahmen der Missionierung betriebenen Gesundheits- und Sozialdienstes wurden ins Auge gefaßt[37].

In den letzten Jahren sind in der Frage der Mission Initiativen auf konfessioneller und nationaler Ebene ergriffen worden. Iran und Libyen, die sich aus schon genannten Gründen vom Kongreß und der Liga getrennt haben, wollen eine eigene Gesellschaft für die islamische Missionstätigkeit gründen; deren Arbeit soll von einer „Islamischen Universität für Missionare" unterstützt werden[38]. Offenbar unabhängig vom Kongreß ist 1983 in Karatschi die „Gesellschaft für Islamische Weltmission" gegründet worden. Sie will in den Niederlanden „die erste" islamische Universität für die Muslime in Europa einrichten[39]. Kuwait hat seine Absicht erklärt, ein Programm zur Verkündigung des Islams in Afrika zu entwickeln[40]. Die Muslime in Bengal haben eine „Islamische Mission im Vereinigten Königreich" gegründet, die außer in England in der Bundesrepublik Deutschland und in Spanien wirken will. Ihr Präsident hat kürzlich die Anzahl der Muslime in Europa auf 7,5 Millionen beziffert[41]. Ägypten steht nicht abseits: Die Azhar hat im Studienjahr 1973/74 ihren Lehrplan geändert und statt des Rechts und der Überlieferungswissenschaft das Studium des Korans in den Mittelpunkt gestellt, um den Andersgläubigen die Möglichkeit zu geben, den Islam nach seinem Kern zu beurteilen und sich ein besser fundiertes Urteil als bisher zu bilden[42]. Missionare sollen durch Englisch-Schnellkurse auf eine Tätigkeit in Westeuropa und Amerika vorbereitet werden; ihr Bemühen soll nicht auf Einzelbekehrungen gerichtet sein, sondern auf die Schaffung eines islamfreundlichen Klimas[43]. Die Zeitschrift ›Mimbar ail-islām‹ (›Kanzel des Islams‹),

[37] A.a.O., 5. 8. 1984. Über den „Islamischen Weltkongreß der da ʿwa", der 1981 in Khartum stattgefunden hat, vgl. Islamochristiana 7 (1981), S. 258–259.

[38] A.a.O., 19. 9. 1982.

[39] A.a.O., 13. 3. 1983.

[40] A.a.O., 31. 7. 1983.

[41] A.a.O., 13. 4. 1986.

[42] A.a.O., 26. 8. 1973.

[43] A.a.O., 17. 8. 1980.

Organ des 1960 von Nasser gegründeten „Hohen Rates für Islamische Angelegenheiten“, soll neben der arabischen Ausgabe zu missionarischen Zwecken auch in europäischen Sprachen erscheinen. Die gleiche Organisation bringt Schallplatten mit Koranrezitationen heraus, veröffentlichte den ›Ṣaḥīḥ‹ des Buḫārī, eine der wichtigsten Sammlungen der islamischen Überlieferung, und eine Enzyklopädie des islamischen Rechts [44].

In der islamischen Missionsbewegung nimmt Japan eine besondere Stellung ein; das Land gilt wegen seiner Resistenz gegenüber dem Christentum als erfolgversprechendes Missionsfeld. Es gibt einen „Islamkongreß von Japan“, der nach dem Vorbild der Gideon-Bibelgesellschaft Koranexemplare in den Hotels auslegen und darüber hinaus jeden japanischen Haushalt mit dem heiligen Buch des Islams beschenken will. Auch der Islamische Weltkongreß ist in Japan tätig geworden und hat u. a. 1981 in Tokio eine weltweite Bewegung für einen umfassenden und gerechten Frieden ins Leben gerufen [45].

6.5 Dialog statt Mission

Während die Muslime begonnen haben, missionarische Aktivitäten zu entfalten, hat sich bei den Christen der Umschwung von der Mission zum Dialog vollzogen. Damit folgen sie, soweit dies im Religiösen überhaupt möglich ist, einer Entwicklung, die im Völkerrecht schon längst beendet ist und zu dem Ergebnis geführt hat, daß souveräne Staaten sich gegenseitig als Rechtssubjekte und gleichberechtigte Partner anerkennen. Die Bemühungen um den Dialog sind zunächst das Werk von einzelnen und von privaten Gruppen gewesen, bevor die Kirchen bzw. kirchliche Institutionen sich des Anliegens angenommen haben. Der Anfang wurde in Frankreich gemacht, weil sich Nordafrika als Betätigungsfeld anbot. Charles Lavigerie (1825–1892), ab 1867 Erzbischof von Algier, dachte noch an traditionelle Mission, als er den Orden der Weißen Väter (und Weißen Schwestern) für die Arbeit unter den Muslimen ins Leben rief. Charles de Foucauld (1858–1916) eröffnete ein Übergangsstadium: Er ließ sich als Einsiedler unter den Tuareg im Ahag-

[44] Mélanges de l'Institut Dominicain d'Études Orientales du Caire (= MIDEO) 11 (1972), S. 447. Franz. Übers. des ›Ṣaḥīḥ‹ von Buḫārī von O. V. Houdas u. W. Marçais, Les traditions islamiques, 4 Bde., Paris 1903–1814.

[45] Christ in der Gegenwart, 14. 6. 1981.

gar nieder und wollte durch sein Beispiel wirken. Seinem Vorbild eifert seit 1930 die Religiosen-Kongregation der Kleinen Brüder und Schwestern Jesu nach. In dieser Tradition stand auch noch die von dem ehemaligen Erzabt von Beuron Raphael Walzer nach Ende des Zweiten Weltkriegs in Tlemcen (Algerien) gegründete Benediktinerabtei; sie sollte der Verständigung zwischen Muslimen und Christen dienen. Noch einen Schritt weiter ging der in der Einleitung schon erwähnte Orientalist und Theologe Louis Massignon (1883–1962). Er hat sich eingehend und einfühlsam mit der islamischen Mystik beschäftigt und auf diesem Wege Verbindungen zum Islam herzustellen versucht. Auf seine Initiative ist 1940 in Kairo ein Institut mit dem programmatischen Namen Dar el-salam („Haus des Friedens") gegründet worden, eine Begegnungsstätte von Christen und Muslimen zu gemeinsamen religiösen Veranstaltungen und Vorträgen auf den verschiedensten Gebieten der Religion und Kultur in Islam und Christentum. Die am Dienstag, dem *jour fixe*, von Muslimen und Christen gehaltenen Vorträge werden seit 1951 in der Zeitschrift ›Mardis de Dar el-salam‹ veröffentlicht[46].

Louis Massignon hat den Schritt von der Mission zum Dialog vollzogen. Dieser Aufgabe widmen sich nun zahlreiche Institutionen auf katholischer und evangelischer Seite. Anfang der fünfziger Jahre haben die Dominikaner in Kairo das « Institut Dominicain d'Études Orientales » gegründet, das unter der Leitung eines ägyptischen Angehörigen dieses Ordens steht und sich der wissenschaftlichen Beschäftigung mit der Theologie und Philosophie des Islams widmet. Die Ergebnisse werden in den seit 1954 erscheinenden ›Mélanges‹ veröffentlicht. Im Rahmen dieses Instituts hat Ernst Bannerth (1895–1976) einen Kreis zur Pflege der islamischen und christlichen Mystik gegründet[47]. In Wien bemüht sich die Stiftung „Pro Oriente" um das Verständnis von Ost und West. Andere Einrichtungen widmen sich dem praktischen Zusammenleben von

[46] MIDEO 1 (1954), S. 188f., 3 (1955–56), S. 470. Weitere Informationen über andere Dialogkreise in Ägypten: Islamochristiana 5 (1979), S. 250–258; MIDEO 14 (1980), S. 385–395. Über Ch. de Foucauld vgl. jetzt Ali Merad, Charles de Foucauld au regard de l'Islam, Paris 1975, über L. Massignon: Giulio Basetti-Sani, Louis Massignon (1183–1962), Florenz 1985.

[47] Aus diesem Kreis stammt das Gebetbuch von Heinz Gstrein, Islamisch-sufische Meditation für Christen, Wien 1977, mit authentischen Texten der islamischen Mystik.

Christen und Andersgläubigen, wie seit 1959, ebenfalls in Wien, das „Afro-Asiatische Institut“, ein Studentenheim mit Kapelle, Moschee und Hindutempel[48].

Nach den Katholiken haben auch die evangelischen Christen zu einer veränderten Haltung gegenüber dem Islam gefunden. Impulse gingen von Amerika aus, wo im 19. Jahrhundert, wie oben schon bemerkt, eine kraftvolle Bewegung zur Mission im Nahen und Mittleren Osten entstanden war. Die Vereinigung “American Friends of the Middle East” veranstaltete 1954 in Bhamdoun ein Gespräch zwischen Muslimen und Christen. Es endete mit dem Beschluß, eine “World Fellowship of Muslims and Christians” zu gründen. Im Libanon hat in der Folgezeit eine ganze Reihe von Treffen verschiedener Gruppen und Organisationen zum islamisch-christlichen Dialog stattgefunden. In Beirut wurde 1965 im „Coenaculum“, einem 1946 gegründeten Kulturzentrum, eine Vortragsreihe ›Christentum und Islam‹ veranstaltet; sie fand so großen Anklang, daß beschlossen wurde, ein Institut für Vergleichende Religionswissenschaft zu gründen. Damals war man noch optimistisch bezüglich der inneren Lage und der Zukunft des Landes: In dem abschließend veröffentlichten Manifest wurde der Libanon als ein „besonders geeigneter Platz für eine Begegnung zwischen Christentum und Islam“ bezeichnet[49].

Einen entscheidenden Anstoß erhielt das Anliegen des Dialogs auf dem Zweiten Vatikanischen Konzil durch die ›Nostra Aetate‹ genannte, am 28. Oktober 1965 verkündete „Erklärung über das Verhältnis der Kirche zu den nichtchristlichen Religionen“. Sie besteht aus 5 Teilen: Teil 1, die Einleitung, verweist auf die eine, von Gott gewollte einzige Gemeinschaft aller Völker; Gottes „Vorsehung, die Bezeugung seiner Güte und seine Heilsratschläge“ beziehen sich auf alle Menschen; Teil 2 behandelt das Verhältnis der Katholiken zu Hinduismus, Buddhismus und „die übrigen in der ganzen Welt verbreiteten Religionen“. Teil 3 ist dem Islam gewidmet, Teil 4 den Juden, dem „Stamm Abrahams“. In Teil 5 werden die Katholiken zu brüderlicher Haltung gegenüber den nichtchristlichen Religionen ermahnt; jede Diskriminierung eines Menschen „um der Rasse

[48] Einen Überblick über die am Dialog beteiligten Institute gibt G. Anawati, Organe und Aspekte des Dialogs zwischen Christentum und Islam im katholischen Bereich, in: Concilium 12 (1976), S. 389–391.

[49] Vgl. Jean Corbon, Le Cénacle Libanais et le dialogue islamo-chrétien, in: Islamochristiana 7 (1981), S. 227–240.

oder Farbe, seines Standes oder seiner Religion willen" wird verworfen, „weil dies dem Geist Christi widerspricht"[50].

In der Tatsache, daß dem Islam mit Teil 3 ein eigenes Kapitel gewidmet ist, spiegelt sich das Palästinaproblem. Ursprünglich sollte sich die Erklärung auf das Verhältnis der Kirche zu den Juden beschränken. Nach arabischen Protesten gegen eine erste Fassung, in welcher neben dem Judentum andere nichtchristliche Religionen behandelt waren, dem Islam aber noch kein eigener Platz zugewiesen war, wurde nach einigen Änderungen die jetzt vorliegende Fassung im November 1964 verabschiedet. Die Gemeinsamkeiten werden unterstrichen: Glaube an den einen Schöpfungsgott und die Offenbarung; Gehorsam gegenüber Gottes Ratschlüssen, die Verehrung Jesu als Propheten und die seiner Mutter, Auferstehung der Toten und Gericht, das Gemeinsame in Ethik und Frömmigkeit. Muhammad wird nicht erwähnt, da man dann eine Aussage über sein Prophetenamt hätte machen müssen; es wird aber gesagt, daß die Muslime Jesus nicht als Gott anerkennen, so daß diese sich in der Erklärung wiedererkennen können. Die Katholiken (und Muslime: „alle") werden aufgefordert, „sich aufrichtig um gegenseitiges Verstehen zu bemühen und gemeinsam einzutreten für Schutz und Förderung der sozialen Gerechtigkeit, der sittlichen Güter und nicht zuletzt des Friedens und der Freiheit für alle Menschen".

In dieser Erklärung haben die Bemühungen Louis Massignons und anderer Vorkämpfer für eine christlich-islamische Verständigung Früchte getragen. Sie hatte organisatorische und praktische Konsequenzen. Im neu geschaffenen vatikanischen Sekretariat für Nichtchristen wurde eine Sektion für die Beziehungen zu den Muslimen eingerichtet. Diese gibt jährlich drei Bulletins heraus und hat ein Handbuch für den Dialog veröffentlicht[51]. Zur wissenschaftlichen Untermauerung des Dialogs ist in Rom das «Pontificio Istituto di Studi Arabi e d'Islamistica» gegründet worden. Es wird von Mitgliedern des Ordens der Weißen Väter geleitet, führt Kolloquien durch, veröffentlicht einschlägige Texte und gibt seit 1975 die

[50] Deutsche Übersetzung des Textes in: Karl Rahner u. Herbert Vorgrimler, Kleines Konzilskompendium, Herderbücherei, Freiburg i. Br. 1966, S. 355–359.

[51] Zuerst erschienen 1970, jetzt in deutscher Überarbeitung von Maurice Borrmans, Wege zum christlich-islamischen Dialog, Cibedo, Frankfurt 1985 (am Schluß Kalender der Veranstaltungen in den letzten 20 Jahren und Bibliographie).

Zeitschrift ›Islamochristiana‹ (mit ausführlicher Bibliographie der den Dialog betreffenden Literatur) heraus.

Nach dem Vorbild des Vatikans sind auf der Ebene der Ortskirchen Initiativen ergriffen worden. Als Leiter der Stiftung „Pro Oriente" hat Kardinal König im März 1965 in der Azhar in Kairo einen viel beachteten Vortrag über das Thema ›Der Monotheismus in der gegenwärtigen Welt‹ gehalten[52]. Bei einem Aufenthalt in Damaskus hat er die Omaiyyadenmoschee besucht und einer Predigt des Großmuftis von Syrien über Jesus und Maria beigewohnt[53]. Die Deutsche Bischofskonferenz hat eine „Ständige Arbeitsgruppe für christlich-islamische Beziehungen" eingesetzt. In Absprache mit ihr haben die Weißen Väter in Frankfurt a. M. eine „Dokumentationsleitstelle für die christlich-islamische Begegnung" (CIBEDO) gegründet. Sie verfügt über eine Bibliothek mit Lesesaal, veröffentlicht seit 1978 in regelmäßiger Folge Dokumentationen und Texte zu aktuellen Themen aus der Welt des Islams, organisiert Kolloquien und führt Beratungen in allen Fragen des Zusammenlebens von Muslimen und Christen durch. Das Erzbistum Köln hat eine Ökumenische Kontaktstelle für Nichtchristen eingerichtet. Seit den Muslimen 1964 anläßlich des Festes des Fastenbrechens, eines der beiden hohen islamischen Feiertage, ein Seitenschiff des Doms zur Feier des Gottesdienstes zur Verfügung gestellt worden ist, haben sich ähnliche Gesten wiederholt. Anläßlich einer Visitation des Dekanats Wesseling im Jahr 1983 hat der Erzbischof von Köln auch die dortige Moschee besucht[54] und dadurch symbolisch die Muslime in seine Fürsorge einbezogen.

An einer Reihe von theologischen Fakultäten sind Institute für Vergleichende Religionswissenschaft mit islamkundlichen Lehrstühlen eingerichtet worden. Im „Studienjahr der Dormition Abbey auf dem Berg Sion in Jerusalem", das seit dem Wintersemester 1973/74 existiert und akademisch-rechtlich vom internationalen Studienkolleg St. Anselmo in Rom (Pontifico Ateneo S. Anselmo) getragen wird, gehört die Islamkunde zum Lehrprogramm. Am Fachbereich Katholische Theologie der Universität Münster befindet sich eine Spezialbibliothek über die Frau im Islam und in der islamischen Gesellschaft im Aufbau[55].

[52] Abgedruckt in franz. Fassung unter d. Titel: Le monothéisme dans le monde contemporain, in: MIDEO 8 (1964–66), S. 407–422.

[53] Christ in der Gegenwart 17 (1978).

[54] A. a. O., 26. 6. 1983.

[55] A. a. O., 5. 6. 1983.

Nachdem die Katholische Kirche durch das Konzil gesprochen hatte und auch auf der protestantischen Seite auf den Dialog hingearbeitet worden war, haben die internationalen Gremien des Protestantismus und der Ostkirchen und Orientalischen Kirchen entsprechende Beschlüsse gefaßt. Auf ihrer Versammlung in Canterbury 1969 hat die "World Mission and Evangelism Division" des Weltrates der Kirchen eine Unterabteilung "Dialogue with Peoples of Living Faiths and Ideologies" (DFI) kreiert. Das erste größere Treffen hat 1972 in Broumana im Libanon stattgefunden, nachdem der Weltrat der Kirchen sich 1971 in Addis Abeba mit dem Dialog befaßt und dessen Ziele definiert hatte: Gemeinsame Aktionen im Dienst der Menschen in pluralistischen Gesellschaften; besseres gegenseitiges Verständnis; Einpflanzung des Christentums in verschiedenen Kulturen[56]. In Broumana hat man sich u. a. darauf geeinigt, Islam und Christentum nicht als zwei Religionen, sondern als zwei „Traditionen" zu bezeichnen[57].

Die Christen in den islamischen Ländern haben auf die Dialogbereitschaft des Westens unterschiedlich reagiert, da sie unmittelbar betroffen sind und sich in der Tagespolitik den Problemen des Zusammenlebens konkret stellen müssen. Die vatikanische Erklärung zur Judenfrage hat bei den Christen in den „Frontstaaten" Bestürzung ausgelöst, da sie als eine Stellungnahme zugunsten des Zionismus gewertet werden konnte. Nach der grundsätzlichen Annahme dieser Erklärung durch das Konzil im November 1964 hat das Oberhaupt der Jakobitischen Kirche, der in Damaskus residierende Patriarch von Antiochien Mar Ignatius Yaʿqūb, am 25. November eine eigene Stellungnahme zur Judenfrage abgegeben. Darin weist er an Hand einer reichen Auswahl von Zitaten aus dem Neuen Testament die Schuld der Juden am Tod Jesu und die sich daraus ergebenden Konsequenzen für das Judentum nach[58].

Es ist fraglich, ob die Judenerklärung des Jakobitischen Patriarchen notwendig war, um sich die Muslime geneigt zu machen. Letztere haben jedenfalls an der vatikanischen Judenerklärung, wie

[56] Ahmad von Denffer, Dialogue Between Christians and Muslims, I: A Survey. The Islamic Foundation, Leicester 1980/1400 A. H., S. 12ff.

[57] Ahmad von Denffer, a. a. O., III: Statements and Resolutions, S. 11. Vgl. auch den Überblick in: Christians Meeting Muslims, WCC Papers on 10 Years of Christian-Muslim Dialogue, Genf 1977, ferner: Islamochristiana 9 (1983), S. 299–300.

[58] Mir liegt eine Kopie des arabischen Textes aus einer nicht spezifizierten Veröffentlichung vor.

wir gleich sehen werden, keinen Anstoß genommen. Die griechische Orthodoxie hat darauf verzichtet, die Araber bzw. Muslime durch die Verdammung der Juden gewinnen zu wollen und hat auf der Vollversammlung des Weltkirchenrates in Addis Abeba den Verzicht auf Mission und die Eröffnung des Dialogs gefordert. Die insgesamt positive Tendenz konnte sich behaupten[59]. Auf neutralem Boden, in Boston, ist es 1985 zu einer ersten Begegnung orthodoxer und muslimischer Theologen gekommen. Auf dem von einer Synodalkommission des Ökumenischen Patriarchats vorbereiteten Treffen sind Fragen der Spiritualität, des Verhältnisses des Islams zum Judentum und Christentum im Koran, der Religionspolitik im Osmanischen Reich u. a. erörtert worden[60].

Außer den oben schon genannten katholischen Instituten sind auf konfessioneller oder ökumenischer, nationaler oder internationaler Ebene zahlreiche Einrichtungen entstanden, haben Treffen, Kolloquien und Konferenzen der verschiedensten Art stattgefunden[61]. Die „Konferenz europäischer Kirchen", ein Zusammenschluß von Katholiken, Protestanten und Orthodoxen, hat 1980 einen „Beratungsausschuß für Islam-Fragen in Europa" gegründet[62]. Mehrere Studienzentren, von denen einige ihr Programm im Hinblick auf den Dialog geändert haben, beschäftigen sich mit einschlägigen Problemen, wie die "Hartford Seminary Foundation" in Hartford, Connecticut: Die von ihr herausgegebene Zeitschrift ›The Muslim World‹ erschien von 1911 bis 1947 mit dem Untertitel ›A quarterly review of current events ... and the progress of Christian missions in Moslem lands‹; seit 1948 lautet der Untertitel ›A quarterly journal of Islamic study and of Christian interpretation among Muslims‹. Auf islamischer Seite arbeitet die 1966 gegründete "Islamic Foundation" in Leicester, England; sie veröffentlicht: ›Study Papers‹, ›Situation Reports‹, ›Documents‹ und ›Christianity, a Series of Bibliographies‹. Das "Centre for the Study of Islam and Christian-Muslim Relations" im Verband der Sellys Oaks Colle-

[59] Vgl. die zusammenfassende Darstellung von Youakim Moubarac u. Guy Harpigny, Der Islam in der theologischen Reflexion des zeitgenössischen Christentums, in: Concilium 12 (1976), S. 343–348 (mit Bibliographie).

[60] Vgl. den Bericht in: Islamochristiana 11 (1985), S. 238–240, und Christ in der Gegenwart, 12. 5. 1985.

[61] Ein Kalender der Veranstaltungen von 1968 bis 1979 bei Ahmad von Denffer, Dialogue I, S. 20–35.

[62] M. S. Abdullah, Geschichte des Islams in Deutschland, S. 199ff.

ges, Birmingham, veröffentlicht: ›Research Papers‹: ›Muslims in Europe‹, ›News of Muslims in Europe‹, ›Bimurca‹: ›Bulletin on Islam and Christian-Muslim Relations in Africa‹, ›Newsletters‹. Das "Henry Martyn Institute" in Hyderabad, das im 19. Jahrhundert für die Mission unter den Muslimen in Indien gegründet worden ist[63], hat ebenfalls sein Programm geändert und veröffentlicht seit 1972 das ›Bulletin of the Christian Institutes of Islamic Studies‹.

In Deutschland befassen sich mit Fragen des Dialogs u. a. die folgenden Einrichtungen: das Hedwig-Dransfeld-Haus in Bendorf bei Koblenz; die Evangelische Akademie Haus Ortlohn in Iserlohn; die Konrad-Adenauer-Stiftung (seit 1981 hat sie verschiedene Kolloquien durchgeführt); die 1984 gegründete Christlich-Islamische Gesellschaft Nordrhein-Westfalen; die Stiftung Oratio Dominica. Die Gründung einer „Wissenschaftlichen Fördergesellschaft für christlich-islamische Zusammenarbeit" ist 1984 angeregt worden. Schließlich sei erwähnt, daß der „Ausschuß für den kirchlichen Dienst an ausländischen Arbeitnehmern" der Evangelischen Kirche in Deutschland eine Islam-Arbeitsgruppe eingerichtet hat[64].

Muslime haben nicht nur an den von Christen initiierten Veranstaltungen teilgenommen, sondern auch eigene Aktivitäten entwikkelt und den Dialog begrüßt, heißt es doch schon im Koran: „Und streitet mit den Leuten der Schrift nie anders als auf eine möglichst gute Art" (Sure 29:46). Auf konservativer Seite gab es allerdings auch Widerstand: Auf die Neujahrsbotschaft Papst Pauls VI. auf das Jahr 1968 an die Oberhäupter aller Religionen in der Welt hat der für seine fundamentalistischen Thesen bekannte pakistanische Theologe Abū'l-Aʿlā al-Maudūdī in einem Antwortschreiben die Angriffe von christlichen Gelehrten gegen den Islam und die christliche Missionsarbeit, vor allem im Südsudan, beanstandet. Auf das Gebiet der Politik führt seine Forderung, die Unterstützung Israels aufzugeben (der „Sechstagekrieg" war noch in frischer Erinnerung); den angeblich vom Vatikan gemachten Vorschlag, Jerusalem zu internationalisieren, weist er zurück[65].

[63] Dazu Abdullah Siddiqui, The Henry Martyn Institute of Islamic Studies. An Attempt to Christianise Muslims in India, Leicester 1984 (The Islamic Foundation, Study Paper, Nr. 8). Vgl. auch Islamochristiana 5 (1979), S. 129–133.

[64] M. S. Abdullah, a. a. O., S. 188.

[65] Die Antwort ist veröffentlicht in der in Mekka erscheinenden Zei-

Die islamische Welt, vertreten durch ihre zentralen Organisationen, hat das christliche Angebot des Dialogs im Prinzip angenommen, wenn auch mit Einschränkungen, die sich aus der Tagespolitik ergeben, wie wir noch sehen werden. Der Islamische Weltkongreß hat sich 1973 auf einer Tagung in Beirut erstmals mit dem Stand des Dialogs befaßt. Zwei Jahre später hat er seine Beziehung zur Katholischen Kirche geregelt und die Einbeziehung auch der Protestanten in den Dialog gefordert. Ein wichtiges Seminar über den christlich-islamischen Dialog mit je 15 Referenten von beiden Seiten und 300 Beobachtern hat 1976 in Tripolis in Libyen stattgefunden. Wir werden darauf zurückkommen.

Die in der Diaspora lebenden Muslime sind naturgemäß in erster Linie dazu berufen, gegenüber ihrem Gastland das Anliegen des Islams zu vertreten. Dies und die geistig-kulturelle Unterstützung von Muslimen in Deutschland ist die Aufgabe der 1978 in Köln auf privater Basis gegründeten „Islamischen Wissenschaftlichen Akademie zur Erforschung der Wechselbeziehungen zur abendländischen Geistesgeschichte und Kultur" e. V.; sie nimmt sich auch des Dialogs mit dem Judentum und Christentum an[66]. Der Selbstdarstellung des Islams diente das 1976 in London veranstaltete "Festival of Islam". In der ehemaligen königlichen Münzanstalt (Royal Mint) in London ist ein Museum eingerichtet worden, das Religion und Kultur des Islams in ihrer geschichtlichen Entwicklung vorstellen soll.

Es ist dem neuen Klima zu verdanken, daß die Muslime beginnen, sich mit christlicher Theologie und Philosophie zu beschäftigen und damit das Gegenstück zur westlichen Islamkunde zu schaffen. So fand, um nur ein Beispiel zu nennen, 1974 zur Feier des 700. Todesjahres von Thomas von Aquin in der Universität Teheran ein zweitägiges Kolloquium statt. Das Thema des Eröffnungsvortrages lautete ›Die ökumenischen Ideen des hl. Thomas von Aquin‹[67]. An der Universität von Kalifornien ist ein König-Faisal-Lehrstuhl für das Studium der Religion und Kultur des Islams eingerichtet worden; Nichtmuslime sollen die Möglichkeit haben, an den Hochschulen Saudi-Arabiens Islamkunde zu studieren[68].

tung ›Aḫbār al-ʿālam al-islāmī‹ (Nachrichten aus der islamischen Welt), Nr. 65, 1387/1968, S. 2 u. 7.

66 M. S. Abdullah, a. a. O., S. 132 ff.

67 Christ in der Gegenwart 52 (1974).

68 A. a. O., 18. 4. 1982.

Die Muslime haben sich auch dem Gespräch mit den Juden geöffnet. Die praktischen Auswirkungen des Dialogs nach dieser Seite sind naturgemäß noch gering. Die Judenerklärung des Vaticanum II hat die orientalischen Christen, wie oben bemerkt, erregt, weil man fürchtete, sie werde von den Arabern benutzt werden, die Solidarität der Christen mit der arabischen Sache in Frage zu stellen[69]. Die Erklärung ist aber von den Muslimen, nachdem die anfänglichen Schwierigkeiten überwunden waren, mit großer Gelassenheit aufgenommen worden. Die Christen stießen sich am Freispruch der Juden von der Schuld am Tod Jesu, da dies dem Zeugnis der Schrift widerspreche. In Nazareth soll das Gerücht aufgekommen sein, das Konzil habe die Absicht, das Neue Testament zu „verbessern“ und ganze Abschnitte daraus zu entfernen; der maronitische Erzbischof Khoury habe die gleichen Gerüchte in einer Predigt zurückweisen müssen[70]. Die Muslime fühlten sich von der vatikanischen Erklärung nicht berührt, da sie den Text des Neuen Testaments nicht als authentisch betrachten. Nach ihrer Auffassung lügen die Juden, wenn sie behaupten, sie hätten Jesus getötet. Trotzdem klingt es für unsere Ohren befremdlich, wenn die Muslime sagen, sie hätten gegen die Judenerklärung des Konzils nichts einzuwenden, da die Juden auch nach islamischer Auffassung Jesus nicht getötet hätten[71]. Mit anderen Worten: Da die Juden Jesus nicht getötet haben, ist die Frage nach ihrer Schuld überflüssig.

Soweit es sich um Probleme von Religion und Kultur handelt, waren die Muslime zur Zusammenarbeit mit den Juden bereit. Dem Abkommen von Camp David am 1. Oktober 1978 sind Fühlungnahmen zwischen muslimischen und jüdischen Kreisen in Ägypten bzw. in den USA vorangegangen: Im Frühjahr 1978 vereinbarten der “Synagogue Council of America” und staatliche und religiöse Institutionen Ägyptens einen islamisch-jüdischen Kulturaustausch; dabei wurde u. a. beschlossen, daß muslimische Gelehrte an jüdischen Colleges in den USA und jüdische Gelehrte an islamischen Hochschulen in Ägypten lehren sollten[72].

Die eigentliche Bewährungsprobe muß der Dialog zwischen Juden und Muslimen auf dem Boden des Staates Israel bestehen, wo der Islam weitgehend mit dem Arabertum identisch ist. Daß

[69] S. o. S. 169.
[70] A.a.O., 16. 5. 1965.
[71] A.a.O., 21. 11. 1965.
[72] A.a.O., 15 (1978).

eine Verständigung mit den Arabern gesucht werden müsse, ist schon in den zwanziger Jahren erkannt worden. Diesem Ziel dienten verschiedene Organisationen und Vereine mit unterschiedlicher Mitgliedschaft und unterschiedlichen Methoden und Programmen, zuerst die "Peace Association" (Berit Shalom), dann die "League for Jewish-Arab Understanding", schließlich die "Unity" (Ihud). Nur die zuletzt genannte hat die Gründung des Staates Israel um einige Jahre überlebt. Diese Bemühungen gelten in erster Linie der Politik und Kultur. Noch schwieriger ist es, das tägliche Zusammenleben im friedlichen Miteinander zu verwirklichen. Neuerdings ist mit der Gründung der Siedlung Neveh Shalom („Siedlung des Friedens") in der Nähe von Latroun durch einen Christen, den Dominikaner Bruno Hussar, ein Versuch gemacht worden, Juden und Araber (Muslime) in einer Dorfgemeinschaft zusammenzubringen. In einer „Friedensschule" können Besucher aus Israel oder dem Ausland Erfahrungen sammeln und die Problematik des Zusammenlebens von ethnisch und religiös verschiedenen Gruppen studieren. Neveh Shalom ist in diesem Jahr (1987) vom Koordinationsrat der Gesellschaften für jüdisch-christliche Zusammenarbeit in Deutschland mit der Verleihung der Buber-Rosenzweig-Medaille ausgezeichnet worden.

Der Dialog zwischen Christen und Juden, Juden und Muslimen, Muslimen und Christen drängt von Natur aus zum Trialog. Schon kurz nach der vatikanischen Erklärung von 1965 ist eine „Ständige Konferenz von Juden, Christen und Moslems in Europa" gegründet worden. Sie führt seit einigen Jahren internationale Studienseminare im Hedwig-Dransfeld-Haus in Bendorf durch. Die Seminare stehen unter einem Generalthema, das alle drei Religionen berührt; 1977 lautete es: ›Große Lehrer im Judentum, Christentum und Islam‹, behandelt wurden al-Ghazzali, Maimonides, Thomas von Aquin, Muhammad Abduh, Karl Barth und Leo Baeck [73]. Der Verständigung von Juden, Christen und Muslimen dient auch die 1967 in Paris gegründete «Fraternité d'Abraham»; sie hält monatliche Versammlungen ab, stellt jedes Jahr ein anderes Thema zur Debatte und veröffentlicht seit 1975 eine dreimonatlich erscheinende Zeitschrift [74]. Seit 1974 finden in der Abtei Sénanque in der Provence, dem Mutterhaus der Zisterzienser von der Unbefleckten Empfäng-

[73] A. a. O., 13 (1978). Zur 1972 gegründeten British section vgl. Islamochristiana 7 (1981), S. 195 f.

[74] Vgl. den Bericht in Islamochristiana 4 (1978), S. 223–225.

nis, die «Rencontres de Sénanque entre Juifs, Chrétiens et Musulmans» statt[75]. Auch in den USA wird auf diesem Feld gearbeitet: "The Interreligious Peace Colloquium", Washington D. C., hat 1977 in Lissabon eine "Muslim-Jewish-Christian Conference on the Changing World Order: Challenge to our Faiths" veranstaltet[76]. An dem der Georgetown University in Washington angeschlossenen Kennedy Institute of Ethics, einem interreligiösen Forschungszentrum, ist 1978 eine "Jewish-Christian-Muslim Ongoing Trialogue Group" gegründet worden. Dort werden mehrmals jährlich Kolloquien über wechselnde Themen abgehalten[77]. Auch in Ägypten ist nach dem Friedensschluß mit Israel über das Zusammengehen der drei Religionen zumindest gesprochen worden: Sadat plante bekanntlich die Errichtung eines den drei Religionen gewidmeten Heiligtums auf dem Sinai, wo er auch begraben werden wollte. Der Abt des Katharinenklosters und Erzbischof des Sinai empfahl dagegen, den Berg als heilige Stätte des Judentums, Christentums und Islams für exempt zu erklären[78].

Der Gedanke des Trialogs hat auch in Südamerika mit seinem starken jüdischen und muslimischen Bevölkerungsanteil Schule gemacht. Ein in diesen Zusammenhang gehörendes Ereignis war die Einweihung der Plaza Maimonides in Buenos Aires im Herbst 1986 in Anwesenheit von Vertretern der jüdischen, christlichen und islamischen Gemeinden. Dabei ist Maimonides der „Vater des Dialogs zwischen den großen monotheistischen Religionen" genannt worden. Etwa zur gleichen Zeit hat der „Internationale Rat der Christen und Juden" in Salamanca getagt und an den Beratungen auch Muslime beteiligt[79].

[75] Islamochristiana 4 (1978), S. 225–230; 9 (1983), S. 295 f.

[76] Islamochristiana 4 (1978), S. 236–242.

[77] Journal of Ecumenical Studies 19 (1982), S. 197–200. Auch: Islamochristiana 8 (1982), S. 250–252.

[78] Christ in der Gegenwart 17 (1979). Nach Sadats gewaltsamem Tod am 6. Oktober 1981 ließ man den Gedanken an ein Mausoleum fallen. Sein Grab befindet sich in Kairo in der Nähe des Grabmals des Unbekannten Soldaten, nicht weit von der Stelle des Attentats.

[79] Christ in der Gegenwart, 7. 9. 1986.

6.6 Die Bedingungen des Dialogs und seine Themen

Der Dialog setzt ein gewisses Maß an Kenntnissen voneinander voraus und hat die Vertiefung dieser Kenntnisse zum Ziel. Die Muslime können auf eine lange Tradition der Auseinandersetzung mit Juden und Christen zurückblicken, da sie von Anfang an mit ihnen in Berührung standen. Juden und Christen, die zum Islam übertraten, brachten Kenntnisse mit, die für die Apologetik und Polemik verwertbar waren[80]. Seit Beginn der Abbasidenzeit, d. h. seit der Mitte des 8. Jahrhunderts, entstanden arabische Bibelübersetzungen. Da die Schutzbefohlenen sich ab dem 9./10. Jahrhundert in ihrer literarischen Produktion des Arabischen bedienten, hatten die Muslime Zugang zu diesem Schrifttum und konnten es für ihre Zwecke benutzen.

Die Muslime fühlten schon deshalb die Verpflichtung, sich mit Judentum und Christentum zu beschäftigen, weil der Koran sich intensiv mit beiden auseinandersetzt. So entstand schon früh eine theologische Disziplin, die man Religionsgeschichte oder Religionswissenschaft nennen kann. Sie ist nicht immer frei von Polemik, wie etwa das Werk des Ibn Ḥazm von Cordoba (994–1064), der den Beweis führen will, daß der Islam die einzig wahre Religion sei[81]. Der in Ostiran wirkende Muhammad ibn ʿAbdallāh aš-Šahrastānī (1076–1153) bemüht sich dagegen um eine objektive Analyse. Carra de Vaux nennt ihn den „Hauptvertreter der Religionsgeschichte im orientalischen Mittelalter“[82]. In seinem ›Buch der Religionsparteien und Philosophenschulen‹ behandelte er alle ihm bekannten Religionen, Sekten und philosophischen Systeme und reiht sie nach ihrer Nähe zum Islam. Das Werk ist in drei Teile gegliedert. Der erste Teil ist dem Islam gewidmet. Im zweiten Teil stellt Šahrastānī die Religionen der (übrigen) Buchbesitzer dar, und zwar in wertender Reihenfolge, je nachdem, wie ihr Gottesbegriff und ihre Bücher eingeschätzt werden: zunächst die Juden und Christen, dann die Dualisten (Magier bzw. Zoroastrier), die falsche

[80] Beispiele bei Erdmann Fritsch, Islam und Christentum im Mittelalter. Beiträge zur Geschichte der muslimischen Polemik gegen das Christentum in arabischer Sprache, Kirchhain 1930, S. 4 ff.

[81] Spanische Übersetzung von Ibn Ḥazms Hauptwerk von M. Asín Palacios, Abenházam de Cordoba y sua historia crítica de las ideas religiosas, Madrid 1927–32.

[82] Enzyklopädie des Islams, Leiden/Leipzig 1934, Bd. IV, s. v. Shahrastānī.

oder zweifelhafte Offenbarungsschriften haben. Im dritten Teil wird das Heidentum behandelt, das keinen persönlichen Gott kennt: die Lehren der Weisen und Philosophen Griechenlands, schließlich die Religionen Indiens; sie stehen im Rang am niedrigsten[83].

Über Judentum und Christentum sind die muslimischen Autoren des Mittelalters also relativ gut unterrichtet. Šahrastānī kennt die wichtigsten jüdischen Gruppen und ihre Besonderheiten, ebenso die verschiedenen christlichen Kirchen, ihre Gliederung und ihre Lehrunterschiede. Den Text des Symbolum Nicaeno-Constantinopolitanum bringt er in einer korrekten arabischen Übersetzung, die Probleme der Dreifaltigkeitslehre und der Christologie stellt er richtig dar, wenn ihm auch die Terminologie Schwierigkeiten macht und er die griechischen Begriffe meist nicht übersetzt, sondern sich mit einer Transliteration begnügt. An Hand dieses Werkes kann sich ein arabischer Muslim noch heute ein einigermaßen zutreffendes Bild von den Buchreligionen, ihrer Organisation und Lehre machen. Offensichtlich hatte Šahrastānī für diesen Teil seines Werkes gute Quellen und zuverlässige Gewährsleute; über die indischen Religionen, zu denen es im Koran keine Brücke gab, war er bezeichnenderweise nur unzureichend unterrichtet.

Im 19. Jahrhundert haben die Muslime vor allem in den ehemaligen Kolonialgebieten Anschluß an die westliche Welt gefunden und die Kenntnis europäischer Sprachen benutzt, sich mit Judentum und Christentum erneut auseinanderzusetzen. Die Situation war jetzt aber eine andere als zu der Zeit, da das Siegesbewußtsein des Islams, zumindest im Osten, noch ungebrochen war. Während Gelehrte wie Šahrastānī ihren Glaubensbrüdern in ruhiger und sachlicher Form Informationen über die anderen Religionen liefern wollten, weil wegen des engen Zusammenlebens mit Nichtmuslimen ein Bedarf danach bestand, mußten die Muslime sich nun gegen die Gefahren wappnen, die ihnen von der christlichen Mission drohten. Die Auseinandersetzung hat daher, vielleicht stärker als in der Vergangenheit, einen apologetisch-polemischen Charakter. Ein bemerkenswerter Vertreter der modernen Apologetik und Polemik ist der indische Muslim Rahmatullah. Er war in der Mitte des vorigen

[83] Deutsche Übersetzung des Werkes von Th. Haarbrücker, Religionspartheien und Philosophenschulen, 2 Bde., Halle 1850–51 (Neudruck Hildesheim 1969).

Jahrhunderts in polemische Diskussionen mit anglikanischen Missionaren verwickelt, wurde von den Engländern des Landes verwiesen und begab sich nach Mekka, wo er einige Werke, die er in Persisch und Urdu verfaßt hatte, unter dem Titel ›Iẓhār al-ḥaqq‹ (Kundmachung der Wahrheit) ins Arabische übersetzte[84]. Er hatte umfassende Kenntnisse der Bibel sowie der europäischen, insbesondere englischen Bibelkritik des 19. Jahrhunderts und benutzte diese für den Nachweis, daß die heiligen Schriften der Christen nicht in der ursprünglichen Fassung überliefert seien. Ein anderer Punkt seiner Polemik ist die Trinitätslehre. Sie widerspricht dem islamischen Bekenntnis der absoluten Einheit Gottes *(tauḥīd)*. Wie das Judentum durch das Christentum, sei letzteres durch den Islam abrogiert worden. Am Schluß beweist er an Hand zahlreicher Zitate aus dem Alten und Neuen Testament den Offenbarungscharakter des Korans und die Wahrheit der göttlichen Sendung Muhammads.

Während die Muslime relativ leichten Zugang zum Christentum und der christlichen Theologie hatten, sollte es im Westen lange dauern, bis verläßliche Kenntnisse über den Islam zur Verfügung standen. Die östlichen Christen beschäftigten sich von Anfang an apologetisch-polemisch intensiv mit dem Islam und hatten ziemlich gute Kenntnisse dieser Religion, da sie eng mit Muslimen zusammenlebten und die Sprachbarriere nicht existierte. Zu nennen ist, neben vielen anderen, Johannes von Damaskus (geb. um 650, gest. 754). Er verbrachte die zweite Hälfte seines langen Lebens als Mönch im Mar-Sabas-Kloster bei Jerusalem, war als fruchtbarer theologischer Schriftsteller tätig und behandelt in seinem Hauptwerk ›Quelle der Erkenntnis‹ auch den Islam. Doch blieb diese Literatur im Westen lange unbekannt. Hier erwachte das Interesse am Islam erst in der Kreuzzugszeit. Petrus Venerabilis (gest. 1157), Abt von Cluny, ließ aus missionarischer Absicht den Koran sowie einige andere arabische Schriften in Spanien ins Lateinische übersetzen und verfaßte selbst eine polemische Abhandlung[85]. Er hatte zahlreiche Nachfolger, doch war es, nach Vorarbeiten von Ricoldo de Monte Crucis (1243–1320), Dionysius Carthusianus (1402 bis

[84] Das Werk versteht sich als Antwort auf das von dem Basler Missionar C. G. Pfander (erst in Indien, dann in Istanbul) verfaßte Werk ›Mīzān al-ḥaqq‹ (Waage der Wahrheit), wurde später in Tunesien ins Französische übersetzt und 1880 von P. V. Carletti als Zeugnis für die Vorzüge eines geoffenbarten Theismus in 2 Bänden in Paris veröffentlicht.

[85] Vgl. James Kritzek, Peter the Venerable and Islam, Princeton UP 1964.

1471) und anderen, dem berühmten Nikolaus von Kues (1401–1464) vorbehalten, in der ›Cribratio Alkorani‹ (Durchsiebung des Korans) die erste gründliche Auseinandersetzung mit dem Koran zu liefern[86]. Daß er sein Bemühen vor allem darauf richtete, christliche Elemente (oder was er dafür hielt) im Koran zu suchen, entsprach seinem theologischen Programm, die Einheit des Glaubens in der Vielfalt der Riten nachzuweisen und zu verwirklichen. Den Rang jeder Religion bestimmt er nach der Participatio am Verbum Dei; dies ähnelt dem Verfahren des eben erwähnten Muslims Šahrastānī, der die Religion nach der Qualität der Offenbarungsschriften und der Überlieferungstreue bewertet.

Nikolaus von Kues ist an der Aufgabe, die er sich gestellt hat, gescheitert, weil er sich auf die von Petrus Venerabilis veranlaßte Koranübersetzung stützen mußte. Sie ist fehlerhaft und mißverständlich, hat aber das Feld lange beherrscht. Erst mit der Belebung der arabischen Studien seit der Aufklärung sind bessere Übersetzungen entstanden, zunächst die englische (mit Kommentar) von George Sale (1734). Unter den neueren und neuesten sind die englische Übersetzung von Richard Bell (1737–1739), die französische von Regis Blachère (1957) und die deutsche (auf die wir uns stützen) von Rudi Paret (1963–1966, überarbeitete Taschenbuchausgabe 1979) zu nennen. Außer dem Koran sind zahlreiche andere grundlegende Texte der islamischen Theologie in europäische Sprachen übersetzt worden, kaum noch zu übersehen ist die islamkundliche Fachliteratur[87]. Während die Islamkunde als akademische Disziplin bisher, wenigstens im deutschen Sprachgebiet, in der Philosophischen Fakultät beheimatet und stark historisch-literarisch ausgerichtet war, faßt sie neuerdings zunehmend mit religionsgeschichtlicher und religionstheologischer Zielrichtung in den Theologischen Fakultäten Fuß. Konservativ gestimmte Muslime verfolgen diese Entwicklung skeptisch, wenn nicht ablehnend, da sie nicht verste-

[86] Jetzt vorbildlich ediert von Ludwig Hagemann, Nicolai de Cusa Cribratio Alkorani, Hamburg 1986 (Nicolai de Cusa Opera omnia, Vol. VIII).

[87] Übersicht über die Koranübersetzungen in europäische (und andere) Sprachen bei J. D. Pearson, Translations of the Kur'ān, in: Encyclopaedia of Islam, 2. Auflage, V 429a–432b (mit Bibliographie). Zur Islamkunde in Deutschland vgl. E. Bär, Bibliographie zur deutschsprachigen Islamwissenschaft und Semitistik vom Anfang des 19. Jahrhunderts bis heute, Bd. 1, Wiesbaden 1985 (Aufsätze und Monographien lebender Gelehrter; Bd. 2 soll die Arbeiten verstorbener Gelehrter verzeichnen).

hen können, warum eine intensive Beschäftigung mit ihrer Religion nicht zur Konversion führt. Aus diesem Grunde werden die Motive und Ziele westlicher Islamkunde häufig mißverstanden, wobei freilich übersehen wird, daß die Beschäftigung mit anderen Religionen aus kognitiven Gründen, ein wesentliches Element dessen, was wir heute Dialog nennen, im Islam selbst eine lange Tradition hat.

Neben dem Dialog (oder der Vorstufe dazu, als von Pluralismus der Religionen noch keine Rede sein konnte) ist im Islam freilich auch immer die Apologetik und Polemik gepflegt worden. Diese Art der Auseinandersetzung mit den anderen Religionen hat im 19. Jahrhundert, wie wir gesehen haben, einen neuen Aufschwung genommen und wird heute in fundamentalistischen Kreisen und auch von den orthodoxen Theologen, den *ʿulamāʾ*, geübt. Weniger starr sind muslimische Theologen, die in Europa tätig sind, sich mit der westlichen Theologie und Philosophie beschäftigt haben und den Islam in einer inhaltlich und formal angemessenen Weise präsentieren können. Dazu ist, um nur ein Beispiel zu nennen, der ehemalige Leiter des Institut musulman und der für Frankreich zentralen Moschee in Paris, Cheikh Si Hamza Boubakeur, zu rechnen. Er hat u. a. einen ›Traité moderne de théologie islamique‹ (Paris 1404/1985) verfaßt. Zahlreich sind die Muslime, die in Europa und in der islamischen Welt am Dialog beteiligt sind. Islamkunde im westlichen Sinn und angestammtes Bekenntnis zum Islam treffen sich in dem bekannten Pariser Gelehrten Muhammad Arkoun. Die Muslime europäischer Herkunft fühlen sich berufen, ihre Religion in einer der westlichen Mentalität angepaßten Weise vorzustellen. Der bekannte französische Philosoph und Politiker Roger Garaudy, ehemals einer der einflußreichsten marxistischen Theoretiker Frankreichs, hat sich dem Islam angeschlossen und zeichnet als Herausgeber eines Werkes mit dem bezeichnenden Titel: ›Pour un Islam du 20ème siècle (Charte de Séville). Congrès International des Musulmans Européens‹, Paris 1985.

Größer wird auch die Zahl der Muslime im Nahen und Mittleren Osten, die westlich gebildet sind und ein «aggiornamento» befürworten. Schon nach dem Ersten Weltkrieg wurde in Ägypten die These vertreten, Muhammad habe nicht einen Staat, sondern eine Gemeinde gegründet, Islam und Staat seien deshalb zu trennen, wie Kirche und Staat in der christlichen Welt getrennt sind. Gelehrte wie Muhammad Hamidullah u. a. haben sich bemüht, das Leben Muhammads und die Entstehung des Islams kritisch zu erforschen. Auch „Laientheologen" wie Kamil Husain, ein bekannter Kairiner Mediziner, ehemaliger Rektor der Universität Ibrāhīm und Mitglied der Arabischen Akademie und des Ägyptischen Instituts, sind hier zu nennen. In seinem Roman, mit dem an eine koranische Redewendung anklingenden Titel ›Die Stadt des Bösen‹ *(qarya ẓālima)* 1954, schildert er die Ereignisse des Karfreitags in Jerusalem aus der Sicht der Juden, der Apostel und der Römer in einer Weise, die sowohl den Christen als auch den Juden und Muslimen gerecht wird. Ohne die im Koran zurückgewiesene Behauptung der Juden, sie hätten Jesus gekreuzigt, zu erwähnen (Sure 4:157), sieht er das Wirken des Bösen in dem über Jesus ausgesprochenen Todesurteil. Die Ausführung bleibt offen: Niemand weiß, was geschah, da sich eine dreistündige Finsternis über Golgotha legte. Als sie sich hob, war Jesus verschwunden. Das Buch ist ins Englische und andere europäische Sprachen übersetzt worden[88].

Die Kontroversen zwischen Islam und Christentum drehen sich um drei Hauptthemen: Gotteslehre (Einheit und Dreieinigkeit), Erlösungslehre (Muhammad Prophet und Fürsprecher seiner Gemeinde, Jesus der Gekreuzigte und Mittler des Heils), Moral und Ethik (Staat und Kirche, Ehe und Familie, usw.). Es ist hier nicht der Ort, die Kontroversen im einzelnen zu behandeln. Der Konflikt zwischen Glauben und Wissen ist im Islam schärfer als im Christentum, das durch die Aufklärung und andere Strömungen der Moderne gegangen ist und gelernt hat, Offenbarung in ihrer geschichtlichen Bedingtheit zu sehen. Andererseits fällt es den Christen sicherlich nicht leichter als den Muslimen, den religiösen Pluralismus ohne jeden Vorbehalt als gegeben anzuerkennen. Auf beiden Seiten muß noch viel gearbeitet werden, um zu einer wirklich objektiven gegenseitigen Einschätzung zu kommen.

Noch schwieriger als mit dem Christentum ist die Verständigung des Islams mit dem Judentum. Die islamische Polemik nach dieser Richtung hin ist stets schärfer als die gegen das Christentum gewesen. Dies ist, wie wir oben gesehen haben, schon im Koran grundgelegt, da Muhammads Streit mit den Juden aus mancherlei Gründen tiefer ging als der mit den Christen. Sogar mit Waffengewalt war er gegen sie vorgegangen. So kam es zu einem insgesamt härteren Urteil über die Juden, obwohl das Judentum in seinem Wesen

[88] Kenneth Cragg, City of Wrong. A Friday in Jerusalem, Amsterdam 1959. Ausführliche Würdigung des Werkes von G. C. Anawati O. P., Jésus et ses juges d'après ›La Cité inique‹ du Dr. Kamel Hussein, in: MIDEO 2 (1955), S. 71–134. Zum Titel des Buches vgl. Sure 4:75.

dem Islam verwandter ist als das Christentum. Später waren die Träger der Polemik teils jüdische Konvertiten, teils waren sie mit den Autoren, die gegen das Christentum schrieben, identisch. Darunter waren auch ehemalige, zum Islam konvertierte Christen, die ihre Argumente nur der neuen Frontstellung anzupassen brauchten. Teilweise kamen die ehemals jüdischen Polemiker wohl auch aus dem karaitischen Lager und verfügten über einen Vorrat von Argumenten gegen das talmudische Judentum, die sie weiter verwenden konnten. Obwohl im Ton schärfer, ist die antijüdische Literatur weniger umfangreich als die gegen das Christentum gerichtete, was daraus zu erklären ist, daß die Juden an Zahl weit hinter den Christen zurückstanden. Außerdem hatten die Juden keine politische Macht, auf die sich hätten stützen können; hinter den Christen stand dagegen eine Staatenwelt, die von den Muslimen als bedrohlich empfunden wurde und zur Vorsicht beim Umgang mit den Andersgläubigen zwang[89].

Seit Beginn der jüdisch-arabischen Konfrontation in Palästina und der Gründung des Staates Israel ist das islamisch-christlich-jüdische Gespräch vom Palästinaproblem überschattet, obwohl die Araber bzw. Muslime angeblich scharf zwischen Zionismus und dem Judentum als Religion unterscheiden. Schon das Vaticanum II wurde ja mit arabischen Protesten konfrontiert, als es die Erklärung über die Juden vorbereitete. Dem Staat Israel hat der Vatikan bis heute die Anerkennung verweigert, aber auch die Palästinenser hat er nicht ermutigt[90]. Andere Instanzen auf christlicher Seite waren weniger zurückhaltend. Auf dem von der Spanischen Gesellschaft für islamisch-christliche Freundschaft 1974 in Cordoba veranstalteten Kongreß, zu dem mehr als 20 islamische Länder Teilnehmer entsandt hatten, ist am Schluß eine Reihe von Empfehlungen mit eindeutiger politischer Zielsetzung verabschiedet worden: Die PLO solle als die einzig rechtmäßige Vertretung der Palästinenser anerkannt werden; der arabische Charakter Jerusalems solle erhalten bleiben; die israelischen Aggressionen in der Aqsa-Moschee (gedacht ist wohl an den Brandanschlag eines Geistesgestörten

[89] Vgl. jetzt M. Perlmann, Polemics Between Islam and Judaism, in: Religion in a Religious Age, hrsg. v. S. D. Goitein, Cambridge, Mass., 1974, S. 103–138 (mit Bibliographie der neueren Arbeiten).

[90] Heribert Franz Köck, Der Vatikan und Palästina. Ein Beitrag zur Völkerrechts- und Kirchengeschichte der neuesten Zeit, Wien/München 1973.

1969) sollen verurteilt werden; für die Befreiung der von Israel besetzten Gebiete solle man sich einsetzen[91].

Die Einbeziehung politischer Tagesfragen in die Diskussion konnte auch auf dem 1976 in Tripolis auf Einladung des libyschen Staatschefs abgehaltenen Seminar für den islamisch-christlichen Dialog nicht vermieden werden. Die in 24 Punkte gefaßte Schlußerklärung[92] ist geeignet, die Möglichkeiten und Grenzen des Dialogs zu beleuchten. Die Punkte 1 und 2 sind so formuliert, daß sie an das aus zwei Teilen bestehende islamische Glaubensbekenntnis – der eine Gott und die göttliche Sendung Muhammads – anklingen. An das beiden Religionen gemeinsame Bekenntnis der Einheit Gottes schließt sich, um das den Christen nicht akzeptable Bekenntnis der prophetischen Sendung Muhammads zu vermeiden, ein Satz an, in dem von der Ehrung der Propheten insgesamt gesprochen wird. Sie werden „Propheten der himmlischen Religion" genannt. Dem entspricht auch die Bezeichnung der heiligen Schriften beider Religionen in Punkt 12 als „himmlische Bücher", wodurch einer Stellungnahme zum Verhältnis von Bibel und Koran zueinander ausgewichen und dem islamischen Konzept vom Urkoran Reverenz erwiesen wird. An das Glaubensbekenntnis schließt sich ein Überblick über die Bedeutung der Religion für die Ethik und die Organisation von Staat und Gesellschaft an (Punkte 3–7). Der folgende Abschnitt handelt von der Religionsfreiheit, vom Weltfrieden und der Rüstungsbegrenzung, der Harmonie von Wissenschaft und Religion sowie der religiösen Erziehung der Jugend (Punkte 8–11). Dann werden Fragen berührt, die in der Vergangenheit zu Kontroversen geführt haben, nämlich die Beurteilung der heiligen Schriften durch die jeweils andere Seite und die Beschlagnahme von Gotteshäusern; um die Mißverständnisse auszuräumen, sollen die „himmlischen Bücher" übersetzt werden (Punkt 12); die Christen erhoffen von den Muslimen „historische Forschungen" und Studien der heiligen Schriften (des Alten und Neues Testaments), um sie besser verstehen und angemessen bewerten zu können (Punkt 13). Die Muslime sollen also von dem alten, gegen die Christen (und Juden) erhobenen Vorwurf der Schriftfälschung abrücken. Die Punkte 15–17 bilden wieder einen Block: Sie betreffen die Revi-

[91] Ahmad von Denffer, Dialogue III, S. 13f.

[92] Der arabische Text (mit französischer Übersetzung) von Maurice Borrmans, in: Islamochristiana 2 (1976), S. 164–170. Englische Übersetzung bei Ahmad von Denffer, a.a.O. III, S. 27–34.

sion der Schulbücher, den Austausch von Universitätslehrern und den gegenseitigen Verzicht auf die Ausübung von Druck zum Zweck der Bekehrung. Bei der Gestaltung der Schulbücher wollen die Christen in allem, was die Darstellung des Islams angeht, muslimische Theologen zu Rate ziehen und nichts aufnehmen, was von diesen nicht approbiert ist. In Punkt 18 wird der Bürgerkrieg im Libanon beklagt, die Behauptung, es handele sich um einen Religionskrieg, wird zurückgewiesen, die Teilung des Landes abgelehnt. Punkt 19 handelt von der wissenschaftlichen und technischen Entwicklung in der dritten Welt und der gerechten Güterverteilung zwischen den Industrie- und Entwicklungsländern. Die Situation der Muslime auf den Philippinen wird kurz erwähnt und die Beilegung des Konflikts gefordert (Punkt 22). Schließlich wird die Einsetzung einer gemischten Kommission zur Durchführung der Beschlüsse in Aussicht genommen und Gaddafi als dem Veranstalter des Seminars gedankt.

Die Punkte 14 sowie 20 und 21 haben wir überschlagen; sie bedürfen einer besonderen Behandlung. Punkt 14 lautet folgendermaßen: „Die muslimische Seite bittet die christliche Seite, alles in ihrer Macht Stehende zu tun, um die Kirche von der Moschee von Cordoba zu trennen. Dies sollte so bald wie möglich in die Tat umgesetzt werden." Um dies zu verstehen, muß man wissen, daß die Kathedrale von Cordoba von den Muslimen vom 8. bis 10. Jahrhundert als Moschee erbaut und nach der christlichen Rückeroberung der Stadt in eine Kirche umgewandelt worden ist. Darauf weist auch die für eine Kirche ungewöhnliche Bezeichnung «La Mezquita» hin. Da die Moschee wegen der Gebetsrichtung nach Mekka nach Süden ausgerichtet ist und bei der Kirche die Ausrichtung nach Osten notwendig war, ist letztere quer in die Moschee hineingestellt worden. Auch wegen ihrer Stilelemente ist die Kirche ein Fremdkörper in dem der islamischen Tradition verpflichteten Gebäude. Aus diesem Grunde ist von Denkmalspflegern und Kunsthistorikern seit längerem gefordert worden, sie ganz aus der Moschee zu entfernen und an einer anderen Stelle wiederaufzubauen. In Tripolis gewinnt diese Forderung eine religiöse Qualität. Die Wiederherstellung der Moschee würde keine Schwierigkeiten bereiten, da die Gebetsnische *(miḥrāb)* im ältesten Teil der Anlage unversehrt erhalten ist und ihrer ursprünglichen Bestimmung sofort zurückgegeben werden könnte. In der Kathedrale sind anläßlich der christlich-islamischen Treffen, die in Cordoba regelmäßig stattfinden, islamische Gottesdienste *(ṣalāt)* abgehalten worden.

Dies hat neuerdings Unmut in der Bevölkerung hervorgerufen, wobei die Forderung von Tripolis vielleicht eine Rolle gespielt hat. Es ist ja auch nicht leicht einzusehen, warum ein Zustand wiederhergestellt werden soll, der ästhetischen und kunsthistorischen Bedürfnissen entspricht, aber nicht der Tatsache Rechnung trägt, daß das Gebäude seit 750 Jahren christlich genutzt wird und eine autochthone islamische Gemeinde, die der christlichen vergleichbar wäre, in Cordoba nicht existiert. Der Ausdruck „trennen" *(faṣl)* in Punkt 14 läßt aber auch die Deutung zu, daß lediglich eine Teilung des Gebäudes in einen christlichen und einen islamischen Teil vorgenommen werden soll. Dies wäre technisch ohne radikale Eingriffe möglich. Die Kathedrale wäre dann eine Art „Simultankirche"[93]. Daß auch dies auf Widerstand von christlicher Seite stößt, ist unter den gegebenen Umständen verständlich, und ob die Muslime sich damit zufriedengeben könnten, bleibt fraglich.

Die Punkte 20 und 21 der Schlußerklärung von Tripolis sind rein politischer Art und zeigen mehr als alles andere die Schwierigkeiten der Verständigung mit dem Islam, solange das Palästinaproblem nicht gelöst ist: Der Zionismus wird als eine aggressiv-rassistische Bewegung verurteilt; das Recht der Palästinenser auf Rückkehr in ihre Heimat wird postuliert; der arabische Charakter Jerusalems wird hervorgehoben und die Internationalisierung zurückgewiesen; schließlich wird die Freilassung aller Gefangenen „im besetzten Palästina", vorab der *ʿulamāʾ* und der christlichen Kleriker, und die Befreiung aller besetzten Gebiete gefordert; eine ständige Kommission soll den Versuchen zuvorkommen, den Charakter der islamischen und christlichen heiligen Stätten zu verändern. – Die vatikanischen Vertreter haben diese beiden Punkte als nachträglich eingeschoben erklärt und ihre Annahme verweigert.

Gegenüber den politischen Forderungen in Tripolis darf nicht übersehen werden, daß die Muslime den Christen in anderen Punkten weit entgegengekommen sind. Auch die Christen haben Zugeständnisse gemacht, wobei es dahingestellt bleiben mag, ob sie die die Kathedrale von Cordoba betreffende Forderung ernstge-

[93] Daß in der frühislamischen Zeit im Negev Moscheen von Kirchen abgetrennt worden seien und beide nebeneinander existiert hätten, hat sich als Irrtum erwiesen: Als die Moscheen eingerichtet wurden, waren die Kirchen längst aufgegeben, vgl. Abraham Negev, Tempel, Kirchen und Zisternen. Ausgrabungen in der Wüste Negev. Die Kultur der Nabatäer, Stuttgart 1983, S. 207.

nommen haben. Das Seminar von Tripolis ist jedoch nur eine von vielen Veranstaltungen ähnlicher Art. Die Dialogbewegung hat sich einerseits geographisch ausgeweitet und mittlerweile selbst die zentralasiatischen Sowjetrepubliken erreicht[94]. Andererseits hat im Westen nach den Ereignissen in Iran und wegen der überall in der islamischen Welt wachsenden Neigung zum Fundamentalismus die Bereitschaft zum Dialog nachgelassen. Auf der christlichen Seite wird die Berechtigung eines religiösen Pluralismus auch wieder in Zweifel gezogen. Sicherlich ist es bei der Verwirklichung des Dialogs auch zu Übertreibungen gekommen, sind Praktiken der ökumenischen Bewegung unkritisch auf den Dialog übertragen worden. In dieser Situation hat der Präsident des vatikanischen Sekretariats für die Nichtchristen auf der islamisch-christlichen Konsultation, die im November 1984 in Windsor Castle stattgefunden hat, katalogartig die Felder benannt, auf denen der Dialog verwirklicht werden kann. Er spricht ganz pragmatisch vom Dialog des Zusammenlebens im täglichen Umgang und im Beruf, der sozialen Dienste, der Verteidigung der Menschenrechte, der Förderung des religiösen Lebens und der Anerkennung Gottes; auch sei eine größere Versöhnungsbereitschaft nötig. An letzter Stelle erst nennt er das, was bisher möglicherweise irrtümlich allein als Dialog betrachtet worden ist, nämlich das Gespräch über den Glauben und dessen Inhalte, die Rituale und die in den einzelnen Religionsgemeinschaften gültigen Rechtsordnungen und Verhaltensregeln[95].

[94] Ein Gespräch fand z. B. 1983 in Taschkent statt, vgl. Islamochristiana 9 (1983), S. 274.

[95] Vgl. Islamochristiana 11 (1985), S. 219–20.

VERZEICHNIS DER KORANZITATE